数学教案选

SHUXUE JIAO'AN XUAN

丛书主编 宋乃庆 **本册主编** 尤 一

一年级 上册

西南大學出版社
SWUPG 国家一级出版社 全国百佳图书出版单位

图书在版编目(CIP)数据

数学教案选. 一年级 上册 / 宋乃庆主编. -- 重庆 : 西南大学出版社, 2024. 7. -- ISBN 978-7-5697-2476-9

Ⅰ. G623.502

中国国家版本馆CIP数据核字第2024Z4X974号

数学教案选 一年级 上册

SHUXUE JIAO'AN XUAN YI NIANJI SHANGCE

丛书主编 宋乃庆 本册主编 尤 一

责任编辑:胡君梅
责任校对:周万华
装帧设计:谢元明
排 版:瞿 勤
出版发行:西南大学出版社(原西南师范大学出版社)
网址 www.xdcbs.com
地址 重庆市北碚区天生路2号
邮编 400715
经 销:全国新华书店
印 刷:重庆市国丰印务有限责任公司
成品尺寸:185 mm×260 mm
印 张:20.5
字 数:380千字
版 次:2024年7月 第1版
印 次:2025年7月 第2次
书 号:ISBN 978-7-5697-2476-9
定 价:79.00元

前言

2022年4月，教育部颁布了《义务教育数学课程标准(2022年版)》(以下简称《课标》)，西南大学版小学数学教科书根据《课标》进行了全面编修，并于2024年6月已经国家教材委员会专家委员会审核通过。2024年9月开始逐渐在全国使用。

为了帮助广大教师更好地领会《课标》的基本理念和要求，掌握编修后的西南大学版小学数学教科书的编修理念及意图，我们在收集各实验区优秀教案的基础上编写了这套《数学教案选》，为教师教学提供参考。以期广大教师能将使用教科书的过程成为理解数学新课程、提高教学能力、促进学生发展的过程。

这套教案以西南大学出版社出版的《义务教育教科书·数学》为依据，按新课程的教学进程进行编排，具有以下特点：

1.突出新课程理念。每个教案都重视突出新的课程理念，突出学生在数学学习中的主体地位，尽可能地使学生的经验作用于学习过程，用独立思考、自主探索与合作交流的有机结合，推动学生的学习和发展；在强调学生主体作用的同时，也体现了教师的主导作用，每个教案都尽可能地体现教师的组织作用、引导作用、激励作用和熏陶作用，为教师的教学提供一些组织策略。

2.重视教学的选择性。在这套教案中，有的教案现代化的教学手段用得多一些，学习起点也设计得高一些，适合一些城镇学校；有的教学片段采用一些自制的教具和学具，因地制宜地实施新课程的教学。这些教案都尽可能地突出教案的参考价值和启迪作用，让教师们根据自己的实际情况灵活地进行选用。

3.重视对教学过程的指导。每个教案都结合教学过程编排了教学点评，力图通过这些点评来指导教师理解教案的设计意图，理解课程理念对教学的指导作用。通过点评的导向作用，提升教师的课程意识，提高教师实施新课程的能力和水平，促进教师的发展。

4.充分展示教科书使用过程中所形成的教学成果。本套教案不是由几个编写者坐在家里闭门造车，而是收集全国各地实验区的教学成果而成的。因此，这些教案体现了各个实验区的教学风格，在促进各个实验区的交流与研究的基础上使这套教案更贴近教学实际，实用性更强。

5.与教科书配套。按照一本教科书一本教案的原则编写，与西南大学出版社出版的《义务教育教科书·数学》配套使用。

本册教案选主编：尤一。编委：向东、张莹、郭勇、王善合。

当然教案的设计不可能十全十美，有许多问题还需要不断地探索和完善，我们将根据教学实践中广大教师提出的意见，不断地进行修改和充实；同时继续吸收在教学实践中涌现出的优秀教案，力争把这套教案编得更好。

西南大学版义务教育教科书小学数学教案选

一年级上册编写组

2024年7月

目录

第二单元　0~9的加减法

第三单元　认识立体图形

综合与实践 我的伙伴我的班

第四单元 10~20的认识

第五单元 20以内的进位加法

第六单元　总复习

综合与实践
我的幼儿园

单元教学导引

一年级是幼小衔接的关键期，要基于学生年龄特点和认知发展规律，合理设计活动化、游戏化、生活化的入学课程；牢牢把握幼小衔接的关键期，创设学生喜闻乐见的学习和生活情境，调动学生已有学习和生活经验，帮助学生转变角色，顺利实现幼小衔接。

一、幼小如何进行科学衔接？

从幼儿园生活到小学学习是一个非常重要的过渡阶段。学生在幼儿园时期认识了一定的“数”和“形”，了解了一些基本的数学游戏活动，为小学的学习奠定了良好的基础，起到了关键性的作用。在幼小衔接阶段，一是要设置游戏化的学习活动，调动学生主动参与，大胆表达内心真实想法；二是在教学过程中要善于倾听学生的表达，从中了解学生已有的认知基础和学习经验，为制订后期的教学计划做准备；三是要引导学生养成良好的学习习惯，树立正确的学习观。

二、如何培养学生运用数学的眼光观察、思考？

数学眼光有助于打通数学学习与社会生活之间的联系。开学第一周为新生适应周，教科书安排了四个学习活动，重点了解学生数学眼光的具体表现，即通过用“数”和“形”描述幼儿园，用数学方法比较生活中的大小、高矮、长短和多少，用数学眼光观察、思考游戏中的窍门等学习活动，唤醒学生的认知经验，激发学生的数学学习热情。

活动教学目标

1. 通过用“数”和“形”介绍幼儿园，初步了解学生对数形的掌握情况，唤醒学生的学习经验。

2. 通过比一比，使学生了解大小、高矮、长短、多少等基本概念，初步体验数学与生活的联系，激发学习数学的热情。

3. 通过游戏活动，了解学生的数学观察、数学思考与数学语言表达习惯，为教师有效把握教学起点做好准备。

4. 通过入学适应教育，渗透思想品德教育，使学生逐步养成良好的学习习惯。

（重庆市北碚区朝阳小学　唐青杰）

活动一：介绍我的幼儿园

教学内容

教科书第1~4页：活动一。

教学目标

1. 能用语言来描述学生熟悉的环境里面的“数”和“形”，初步感知数学学科中的“数”和“形”。

2. 做好幼小衔接准备，使学生尝试用数学的眼光去观察现实世界。

3. 引导学生养成良好的学习习惯，树立正确的学习观。

教学重难点

教学重点：能够用“数”和“形”描述出自己身边观察到的物体。

教学难点：较为准确地用“数”“形”描述物体。

教学准备

多媒体课件、一支笔、一个乒乓球、一个固体胶棒、一包纸巾。

教学过程

一、观察谈话，引入新课

1. 教学教科书第1页主题图“开学了”。

教师：孩子们，从今天开始，你们成为一名小学生了，高兴吗？

学生：高兴。

教师：刚才老师带领你们参观了校园，我们的校园漂亮吗？

学生：漂亮。

教师：在参观校园的过程中，你看到了什么？

引导学生回答：看到了5个小朋友、10只小鸟、1面红旗、2位老师、7棵小树苗、8朵花。

教师：孩子们真棒！你们已经能带着数来介绍身边的事物，真有数学眼光。

2. 教学教科书第2页的主题图。

教师：孩子们，回想一下你们在幼儿园都学到了哪些本领呢？

引导学生说：学会了比较，会介绍自己的幼儿园，知道了发言要举手。

3.出示课题。

教师:孩子们在幼儿园学到的本领还真不少,为你们点赞!老师对你们的幼儿园很感兴趣,你们能介绍自己的幼儿园吗?

引出课题“介绍我的幼儿园”,全班齐读课题。

点评

通过参观校园,在教师和学生的谈话中,既引出了课题,又和用“数”介绍身边的事物结合了起来。

二、自主学习,探究新知

1.用“数”说一说——观察·思考·表达。

(1)创情导“数”。

课件出示一张学生熟悉的××幼儿园的照片。通过问题引导学生去观察、思考,用数来介绍幼儿园。

教师:谁来介绍一下你的幼儿园?

引导学生先观察图,然后准确地表达:进校门有1面红旗、2排树、1栋楼房。

教师:大家听见了他在介绍幼儿园时,讲到了哪些数吗?

学生:讲到了数字1和2。

教师:谁还能像刚才那位同学一样,用数来介绍一下我们的幼儿园?

抽学生回答。

教师:你们能像刚才的两位同学一样,和同桌相互用“数”说一说我们的幼儿园吗?

教师:你的同桌是怎么介绍幼儿园的?

教师:看来虽然我们有不少同学都来自同一所幼儿园,但是在用数描述幼儿园的时候,我们关注的数还是不一样的。你们觉得在介绍幼儿园时加上了数,感觉数怎么样?

引导学生得出:感觉好,准确,棒,很实用……

点评

本环节通过学生熟悉的环境,先随意介绍幼儿园,在介绍的时候代入了一些数,教师顺势抓取了这些数,然后利用有层次性的问题,引导学生知道介绍幼儿园时,可以借助数来介绍。

(2)观图说“数”。

课件出示教科书第3页教学楼的图片。

教师:小淘气想把自己的幼儿园介绍给他的朋友,你能帮他用“数”来介绍一下吗?先仔细观察图片,想好了再举手。

学生:有3个小朋友、2个球、1个滑滑梯、1个秋千、2栋楼。

教师:孩子们用很多“数”介绍了小淘气的幼儿园,但是还有好多孩子想表达。现在请跟你的同桌相互试着用“数”介绍小淘气的幼儿园。

教师巡视、指导,并引导学生较为规范地用“数”表达。

课件出示教科书第3页教室的图片。

教师:小淘气除了想介绍他的幼儿园,还想介绍他的教室。你们还愿意继续帮他用“数”介绍教室吗?先仔细观察他的教室,想好后和同桌说一说。

点评

利用教科书创设的情境,引导学生仔细观察和认真思考后,组织语言进行表达。通过学生展示说“数”、同桌相互说“数”,落实用“数”来表达。同时,注重学生同桌交流,逐步引导学生进行合作学习。

(3)身边的“数”。

教师:除了在幼儿园能发现数,其实在我们的身边也有许多的“数”。比如:我有1个儿子,我们教室里有2块黑板,有4扇窗户。那么,你们发现了身边的“数”了吗?来和大家说一说。

引导学生找身边的“数”。

教师:看来我们身边还有不少的数,小小的一个数字还有大作用呢!数学课上除了有“数”这个好朋友,还有一个好朋友是“形”。

点评

把数学和生活联系起来,通过让学生去回顾,去探索发现生活中的“数”,发散学生的思维,那么学生在今后的生活中就会下意识地去关注“数”这个方面。

2.用“形”说一说——观察·抽象·描述。

(1)以物感“形”。

教师:你们知道什么叫形状吗?比如:我手上的胶棒,胶棒外形给你的感觉是什么?

学生先观察，试着用自己的语言进行描述。

教师再利用教具1支笔、1包纸巾、1个乒乓球，让学生知道一些常见形状的描述方法：大大的、方方的、长长的、圆圆的、尖尖的、细细的、直直的……

点评

通过聚焦到某一具体物体，让学生通过直观观察，发现物体的外形有一定的特征，并尝试用自己会的语言把物体的形状描述出来。

(2)观物说“形”。

出示教科书第4页的图片，介绍活动区的一角。

教师：活动区有很多的物体，你们能用“形”介绍一下它们吗？先仔细观察图片，想好了再举手发言。

同桌互说，全班交流，说出有圆圆的球、方方正正的柜子、方方的书包、圆圆的凳子……

教师：同桌给你介绍的活动区，你听懂了吗？他怎么给你介绍的？请你说一说。

(3)观图说“形”。

出示一张小淘气卧室的图片，让学生仔细观察，再用“形”来描述一下小淘气的卧室。

教师：同桌给你介绍的小淘气的卧室，你听懂了吗？他怎么给你介绍的？请你说一说。

点评

本环节通过利用教科书创设的情境和学生熟悉的卧室，描述自己看到物体外形时的感觉，并较为准确地描述出来；关注学生学习方法的引导，从仔细观察、认真思考、同桌交流、认真倾听、流畅表达等方面培养学生的学习习惯。

(4)听“形”比“形”。

教师说长长的、短短的、圆圆的、方方的、直直的、弯弯曲曲的等形容形状的词语，学生用身体来比画，找形状的感觉。

三、巩固提升、实践运用

1.用“数”和“形”一起来介绍一下我们今天的教室。

2.根据听到的，画一画“数”和“形”。

教师说，学生画：1个圆圆的太阳，太阳旁边有2朵胖胖的云，云朵下面是3只小小的鸟，小鸟的下面有2棵高高的树，树的旁边有1条弯弯曲曲的小河。

点评

本环节与学生的生活情境相联系，把“数”和“形”结合起来说一说，既是对刚才活动内容学习的一次巩固，也是进一步的深化，还激发了学生的学习兴趣。数里有形，形中有数。

四、课堂小结

教师：说一说今天我们用什么来介绍幼儿园，对“数”和“形”有什么样的感受？

五、课后作业

下面的作业任选其一：

①回家给爸爸妈妈说一说家里的“数”和“形”。

②设计一幅有“数”和“形”的画。

（四川省资阳市乐至县教师进修学校　毕晓莉）

（重庆市北碚区朝阳小学　唐青杰）

活动二：幼儿园里的“比较”游戏

教学内容

教科书第5页：活动二。

教学目标

1.在数一数、比一比、摆一摆的活动中，体验一些比较的方法，能大胆地用数学语言表达比较的结果。

2.感受数学与生活的联系，培养学生学习数学的兴趣，以及认真观察事物的良好习惯。

3.在比多少的过程中渗透对应的思想。

教学重难点

教学重点：会比较物体的长短、大小、多少和轻重。

教学难点：在操作活动中体验一些比较的方法，能用数学语言表达比较的过程和结果。

教学准备

多媒体课件、一个黑板贴。

教学过程

一、创设情境，激发兴趣

教师：孩子们，老师给你们带来了好玩的游戏，你们喜欢吗？

课件出示游戏规则：对口令——《正话反说》，教师说上句，学生对下句。

“我说大”。“我对小”。“我说高”。“我对矮”。

“我说低”。“我对高”。“我说长”。“我对短”。

“我说薄”。“我对厚”。“我说轻”。“我对重”。

“我说宽”。“我对窄”。“我说远”。“我对近”。

揭题并板书：幼儿园里的“比较”游戏。

二、探究新知，主动探索

（一）比大小

1.谈话引入。

同桌两个同学的书包都放在桌面上。

教师:每组桌上都有大小不同的2个书包,你知道哪个大,哪个小吗？你是怎么知道的?(把两个书包编号,1号书包和2号书包,可以比一比)

引导学生比一比。

2.探究比较大小的方法。

教师:同桌2人想想办法,怎么比出哪个物体大些,哪个物体小些?

学生回答是看出来的。

教师小结:看就是观察,观察是我们比较时常用的方法。

3.表达比大小的结果。

教师:你能把比大小的结果说一说吗?

引导学生说出:1号书包和2号书包比大小,1号书包大,2号书包小;1号书包比2号书包大,2号书包比1号书包小。

教师:说得真完整,还配上了动作,真棒！谁能像他这样说一说?

4.应用。

同桌两个同学拿出自己的笔袋。

教师:仔细观察两个笔袋,比一比,说一说谁比谁大,谁比谁小。

点评

经历比较的完整过程,学会运用数学的表达方式进行描述,让小朋友们在愉快的氛围中积极参与学习,提高他们对比较大小概念的理解能力。

(二)比高矮

1.情境引入。

教师:我想请一个同学帮帮我,帮我把这个黑板贴贴在黑板上。谁来帮帮我呢?(教师指定黑板上一个高高的位置,请一个个子矮的同学来贴。)

教师:请孩子们仔细观察,你发现了什么?

学生回答,发现这个同学矮了,贴不到指定位置。

教师(贴完黑板贴后问):你们发现了什么?

引导学生发现老师高,能贴到指定位置。

2.探究比较高矮的方法。

抽两名差不多高的学生,一人站在讲台的台阶上,一人站在讲台的台阶下。

教师:请仔细观察,谁比谁高？谁比谁矮?

学生发现他们站的位置不一样,所以比较起来不太公平。

教师小结：比较时，要站在一个相同高度的地方。

3. 表达比高矮的结果。

教师：同桌合作，比一比，说一说谁比谁高，谁比谁矮。

抽一组同桌，一边展示一边说比较的结果。

教师：说得真清楚，还配上了动作，真不错！谁能像他们这样说一说？

点评

通过创设情境，让小朋友们和同桌之间比较高矮，让他们在游戏中学会比较高矮的方法和规则，帮助他们更好地理解这一概念，同时培养他们一人说一人听，同桌之间互动交流的能力。

（三）比长短

1. 迁移学习。

教师：孩子们，我们已经会比较大小和高矮了。那你们会比较长短吗？

请一个小朋友上台，和老师比手臂长短。

探究比较长短的方法。

教师：孩子们想想办法，怎么比出哪个物体长些，哪个物体短些？

全班交流汇报。

教师小结：在比较长短时，不管是竖着比，还是横着比，都应该把这2件物品的一端对齐，比另一端，看谁长谁短。

2. 表达比长短的结果。

教师：你能把比长短的结果说一说吗？

学生汇报。

3. 拓展应用。

课件出示教科书第5页比绳子长短的图片。

教师：说说谁比谁长，谁比谁短。

学生发表自己的看法。

点评

通过迁移学习的方式，帮助小朋友们学习和理解比较长短的方法和规则，激发小朋友们参与活动的学习兴趣；通过师生互动的方式，加强了小朋友们与教师之间的互动和沟通。

(四)比多少

1.感知多少。

课件出示教科书图片:第一个小朋友有2支铅笔,第二个小朋友有6支铅笔,引导学生观察。

教师:比一比,谁的铅笔多,谁的少。你是怎么比的?

学生有了前面的知识基础,会表达出第一个小朋友的铅笔少,第二个小朋友的铅笔多。

2.认识"多"与"少"。

课件出示铅笔图:一支铅笔对应另一支铅笔。

教师示范,边说边在铅笔和铅笔之间用虚线一支一支地连接起来。

教师:第一个小朋友的铅笔多还是第二个小朋友的铅笔多?你是怎么知道的?

学生用自己的语言表达。

小结:一支铅笔对应另一支铅笔,这样一个对一个,第一个小朋友的铅笔用完了,第二个小朋友还剩4支。我们就说:第一个小朋友的铅笔少,第二个小朋友的铅笔多。

点评

通过前面比长短、大小、高矮的活动,学生已经有了一定的知识基础,会初步表达谁多谁少,再通过一一对应,进一步体会多与少的概念。

三、拓展练习,巩固延伸

教师:孩子们太棒了,学会了比高矮、长短、大小、多少,这些都是生活中常见的数学现象,可见生活中处处有数学。现在,我们要进行一个有趣的游戏,测试一下大家的能力。

游戏规则:说一说,老师说上句,学生对下句。

我说大,是大大的大象;

我对小,是小小的小猫;

大象比小猫大,小猫比大象小。

我说高,是高高的大树;

我对矮,是矮矮的小草;

大树比小草高,小草比大树矮。

我说矮，是矮矮的小乌龟；
我对高，是高高的长颈鹿；
……

我说长，是长长的小蛇；
我对短，是短短的小虫；
我说薄，是薄薄的纸片；
我对厚，是厚厚的书本；
我说轻，是轻轻的羽毛；
我对重，是重重的石头；
我说宽，是宽宽的大路；
我对窄，是窄窄的小巷；
我说远，是远远的小星星；
我对近，是近近的小朋友。

点评

通过师生互动游戏的方式，巩固小朋友们对比较多少的知识和技巧的掌握，并通过比拼赛的形式增强小朋友们之间的互动和合作。

四、课堂小结

教师：孩子们，时间过得很快，这节课就要下课了，游戏好玩吗？通过这节课的学习，你有什么收获？

五、课后拓展

利用身边的物体比大小、比多少、比高矮、比长短。

（重庆市北碚区朝阳小学 唐青杰）

（四川省资阳市乐至县城西小学校 徐小霞）

活动三：玩游戏的窍门

教学内容

教科书第6~7页：活动三。

教学目标

1. 结合具体游戏，引导学生明白玩游戏要遵守游戏规则，并发现游戏的窍门，学会观察和思考。

2. 能按规则参与游戏，并感悟游戏中的窍门，激发学生数学学习兴趣。

3. 感受玩游戏的乐趣，增强学生的观察意识、自主思考能力和表达能力。

教学重难点

教学重点：知道玩游戏的规则，发现游戏的窍门。

教学难点：会用数学语言来描述玩游戏的规则和窍门。

教学准备

教师准备：14套积木盒子和不同形状的积木、红色和白色的纸杯各14个、棋子14颗。

教学过程

一、创设情境，引入新课

（一）游戏引入

1. 玩“石头、剪刀、布”的游戏。

教师：孩子们，你们喜欢玩游戏吗？

学生回答喜欢。

教师：那我们先来玩一个简单一点儿的“石头、剪刀、布”的游戏，开心吗？按我的指令做一做！

教师：你们都出剪刀哟。

学生先出剪刀，教师再出“布”，然后故意说：“我赢了！”看学生的反应，看他们懂不懂“石头、剪刀、布”的游戏规则。

2. 让学生用自己的话说说“石头、剪刀、布”的游戏怎么玩。

教师：“石头、剪刀、布”的游戏怎么玩呢？

引导学生回答出剪刀剪布、布包石头、石头砸剪刀。

教师引导补充:还要同时出才公平。

3.引导理解什么是游戏规则。

游戏该怎么玩,就叫游戏规则。

(二)生活中的游戏

教师:孩子们,除了“石头、剪刀、布”,你们还会玩什么游戏呢?

学生根据自己的经验回答。

教师:老师这儿也有一些游戏,你能说说这些游戏的规则吗?(依次出示:老鹰捉小鸡、捉迷藏、套圈游戏。)

学生说游戏规则。

引导学生弄明白:不管是什么游戏,都是有规则的。玩游戏时,一定要遵守游戏规则,这样才公平。

(三)引出课题

教师:那今天这节课,老师带着孩子们一起玩游戏,好不好?看哪些孩子最厉害!(出示课题:玩游戏)

点评

游戏导入环节从学生已有生活经验和认知出发,通过具体游戏,让学生初步感知什么是游戏规则,这符合一年级学生的认知规律和年龄特征,同时也激发了学生的学习兴趣。

二、自主探索,构建新知

(一)我会观察——“过山洞游戏”

1.通过观察和思考“过山洞游戏”,总结游戏规则。

出示积木盒子和积木。

教师:这里有两套学具,我们认真观察一下,盒子上有什么?

学生观察有形状不同的洞。

教师:再观察一下这些积木,它们的形状一样吗?

引导学生说出它们的形状不一样,有方的、有圆的……

教师:你能想到这个游戏的游戏规则吗?

引导学生理解:大家要同时开始游戏,游戏过程中不能打开盒子把积木直接放进去……

教师引导小结“过山洞游戏”的游戏规则:在老师发出指令后,开始游戏,不能打开盒子直接放积木，要把积木从洞里放进去，看谁最先将积木全部穿过山洞，也就是让积木在最短的时间里全都放进盒子里。

2.总结出“过山洞游戏”的窍门。

请两个学生上台玩“过山洞游戏”，比赛哪个最先将积木全部放进盒子里，其余孩子认真观察，当小评委。

教师采访获胜的小朋友：说说你为什么能又快又准地将积木放进去了呢？

学生说自己的想法。

教师引导学生弄明白玩“过山洞游戏”的窍门，就是要认真观察积木的形状是否与盒子上的山洞一致，形状一致才能更快地放进去。

3.运用“过山洞游戏”的窍门，小组再次比赛。

小组合作比赛玩“过山洞游戏”，看哪组的速度最快。

教师再次采访获胜的小组代表，说说获胜的窍门；采访没有获胜的小组代表，说说没有获胜的原因。

引导小结：通过刚才的游戏，说明玩游戏要学会观察，找到窍门，才容易成功。（板书：会观察）

点评

“过山洞游戏”，先让学生通过观察盒子与积木的特点，引导学生说出游戏规则，并通过两个同学比赛，引导学生发现游戏窍门，让学生初步感知，要想取得胜利，先要找到游戏的窍门；然后通过两轮小组合作比赛，对比发现只有找到游戏窍门，才会更快地取得胜利。

（二）我会思考——“猜棋子游戏”

1.通过观察和思考“猜棋子游戏”，总结游戏规则。

让学生观察学具2：一个红色杯子、一个白色杯子和一颗棋子。

教师：你能想到“猜棋子游戏”的规则吗？

学生观察和思考，说游戏规则。

教师引导小结“猜棋子游戏”的游戏规则：一个同学将棋子放在其中一个杯子的下面，另一个同学闭上眼睛并猜一猜，然后用完整的语言说说看到的情况。

2.玩“猜棋子游戏”，总结出游戏的窍门。

教师让学生闭上眼睛，将棋子偷偷放在白色杯子下面，让学生猜一猜，然后打开红色杯子，问学生：你看到了什么？

引导学生理解棋子不在红色杯子下面，就一定在白色杯子下面。

同桌一起玩一玩，一人操作一人猜，然后交换玩。提醒同学们用完整的语言来描述。

教师引导小结：通过这个游戏，说明玩游戏不仅要认真观察，还要认真思考，并用完整的语言来描述游戏的规则和窍门，也就是要学会思考，学会表达。（板书：会思考、会表达）

点评

“猜棋子游戏”，先让学生观察杯子与棋子的特点，引导学生说出游戏规则，然后通过师生互动游戏、同桌一起玩游戏，引导学生弄明白，玩游戏要认真观察、积极思考，会用完整的语言来描述游戏的规则和窍门。

三、练习应用，巩固深化

玩“说相反”的游戏。

教师示范，边说边比画：“我说大，你说小。”

让学生说出游戏规则。

玩游戏：①师生合作；②生生合作。

点评

“说相反游戏”，通过前两个游戏的经验总结，放手让学生说游戏规则和窍门，并将经验用于任何游戏中去，在活动中培养学生的核心素养。

四、反思评价，总结提升

教师：孩子们，时间过得很快，这节课就要下课了，游戏好玩吗？通过这节课的学习，你有什么收获？

学生回答略。

教师：最后，老师想对大家说，虽然我们今天这节课都在玩游戏，但老师希望孩子们在玩游戏的过程中，认真观察、积极思考、学会表达，做一个不仅会玩还会学的乖孩子。

点评

学生在幼儿园经常玩游戏，这节课通过玩四个有趣的游戏，利用学生已有的游戏经历和经验，更深入地进行学习，知道玩游戏要弄懂游戏规则和窍门，知道在玩游戏的过程中要仔细观察、积极思考、大胆表达，明白不仅会玩游戏，还要从中学习一些数学思想，这是本节课的重要意义，也是幼小衔接的重要一课。同时，这节课有意识地培养了学生会用数学的眼光观察现实世界、会用数学的思维思考现实世界、会用数学的语言表达现实世界的核心素养。

（四川省资阳市乐至县希望小学 赵杨）
（重庆市北碚区朝阳小学 唐青杰）

活动四：交流养成的好习惯

教学内容

教科书第8~9页：活动四。

教学目标

1. 引导学生养成上课坐姿端正、集中精力听讲、动脑筋思考问题、同桌交流、合作学习等好习惯。

2. 学习整理书包，培养有序整理文具、书本的好习惯，提高自我服务能力。

3. 通过观看视频和动手操作，养成良好习惯，提高辨别能力。

教学重难点

教学重点：培养学生上课的好习惯。

教学难点：培养整理物品的能力。

教学准备

每人一个书包、幼儿用书、田字格本、绘画本、铅笔、橡皮、铅笔盒。

教学过程

一、师生谈话，引入新课

教师：恭喜小朋友们成为一名小学生了，美好的小学生活开始了！在幼儿园时，你们已经养成了哪些好习惯呢？

学生自由发言。

教师：那今天这节课，我们一起交流孩子们在幼儿园养成的好习惯吧！（板书课题）

二、交流课堂上养成的好习惯

（一）交流正确的坐姿

1. 谈话交流正确的坐姿。

教师：孩子们在幼儿园时，上课的时候应该怎么做呢？

引导学生说出上课认真听讲，坐姿要端正，积极回答老师提出的问题……

教师：刚刚孩子们说到了坐姿，我们上课时该怎样坐呢？我来寻找坐姿端正的小朋友。

学生都坐得端端正正的。教师抽学生示范正确坐姿。

教师:谁来说一说这位小朋友的坐姿是怎样的?

引导学生汇报:头摆正、身体坐直、双手叠放在课桌面、双脚平放在地面上。

2.播放视频,学习正确的坐姿。

教师:我们一起看看视频里面的小朋友上课的坐姿是怎样的呢?

学生观看视频。

教师:视频里面的小朋友是怎样坐的?你们能像他一样坐姿端正吗?试一试!

学生模仿学习。

教师:为了训练同学们正确的坐姿,以后老师会说口令,“123”表示提醒小朋友要坐端正,我们来试一试!

教师:123。

学生:要坐端正。

(二)交流如何倾听、观察

1.交流倾听的习惯。

教师:孩子们,我们的小耳朵是用来做什么的?上课时我们该怎样听课呢?

引导学生汇报出小耳朵认真听,倾听老师讲知识,倾听同学如何回答问题,倾听他们讲了什么,看看同学和自己的想法是否一致。

2.交流认真观察的习惯。

教师:孩子们,我们的小眼睛是用来做什么的?

引导学生说出眼睛是用来观察世界上一切事物的,可以发现很多美好的事物。

教师:上课的时候小眼睛是用来做什么的?

引导学生说出小眼睛用来看黑板、看老师。

教师:为了提醒同学们上课仔细听讲、眼睛看黑板,老师会用口令来提醒你们。我们来试一试!

教师:小眼睛。

学生:看黑板。

教师:小耳朵。

学生:仔细听。

(三)交流如何发言

教师:当老师问我们问题时,我们要怎样做?

引导学生回答要动脑思考，积极回答问题，想发言要先举手。

教师：发言时我们的声音要怎么样？

学生汇报声音要洪亮。

教师：发言时，我们应该有怎样的站姿呢？谁来示范？

抽学生进行正确示范。

教师小结：孩子们在回答问题时，要做到想发言先举手，声音必须要洪亮，站姿要端正。

（四）交流上课时该如何进行同桌合作学习与交流

1. 交流如何进行"合作学习、同桌交流"。

教师：在课堂上，我们同桌之间该如何合作学习与交流呢？请孩子们观看这两个视频，说一说你更喜欢哪一种交流方式。

播放视频，学生交流自己的看法。

引导学生汇报同桌之间要积极发言，一个同学说，另一个同学认真倾听，在倾听的过程中还可以做笔记，把同桌的想法写在本子上，等同桌发言结束后，另一个同学再补充。同桌交流结束以后，坐端正，发言请举手，发言时声音要洪亮。

2. 创设情境，学以致用。

教师：下面我们就来学习一个数学小知识，希望同学们能按照视频里面小朋友的做法来合作学习。

课件出示图片：有一堆苹果，这堆苹果有4个，要把这4个苹果分给2个朋友。

教师：请孩子们同桌交流，合作学习，交流有几种分法，可以怎样分？再举手汇报你们讨论的结果。

抽学生上台汇报结果，提醒其他小朋友要学会倾听。

点评

通过师生交流、学生示范、观看视频，训练学生课堂上的好习惯，如上课正确的坐姿、发言先举手，让学生思考该如何举手、如何回答问题、如何小组交流、如何倾听等。

三、交流整理物品的好习惯

（一）交流怎样整理课桌

教师：在幼儿园时，孩子们已经会整理自己的课桌了。哪个小朋友来说说怎样整理自己的课桌？

引导学生汇报：把数学书放在课桌的左上角，铅笔放进笔袋。

（二）交流怎样整理书包

1. 整理书包的理由。

课件出示杂乱的书包图片。

教师：孩子们，看到这张图片，你们想说什么？

引导学生汇报太杂乱了。

小结：书包太杂乱，会导致我们不能快速找到需要的东西，书包不整齐，说明我们的收纳能力太差，做事没有条理性。

2. 如何整理书包？

教师：我们该如何整理书包呢？同桌合作交流、讨论。

请一个小朋友上台整理自己的书包，边整理边说一说是怎样整理的。

教师：孩子们能像这位小朋友一样整理书包吗？需要注意什么？

小结：大书放在最大的夹层里面，文具盒放在中间较小夹层，纸巾及生活用品放在最外面夹层里面，侧面小袋子里面装水杯和雨伞。

3. 整理书包的好处。

教师：小朋友们学会了整理书包，你知道整理书包的好处有哪些吗？

小结：整理书包可以让书包里面看起来很整齐，容易找到我们需要的书本及生活用品，可以培养我们条理性思维，提高自我服务能力。看来学会整理书包非常重要。

（三）延伸整理生活中的事物

教师：你还会对生活中的哪些方面进行整理呢？

引导学生思考可以整理文具盒、整理房间、整理玩具等。

小结：我们不仅学会了整理书包，还学会了整理生活中的一些物品，这会让我们养成做事有头有尾、细心、有条理的习惯。好处真多呀！

点评

先让学生交流为什么要整理书包，该怎样整理书包，整理书包的好处有哪些，然后通过动手操作，让学生学会了整理书包，培养了有序整理文具、书本的好习惯，提高自我服务能力。

四、课堂小结

教师：通过本节课的学习，你有什么收获？

学生汇报。

总结：良好的学习习惯贵在每天坚持，在反复练习中形成，祝愿小朋友们在小学阶段学习快乐，做一名有良好学习习惯的孩子！

点评

学生在这节课之前对上课的好习惯有初步感知，这节课利用学生已有的经验交流上课的好习惯，交流课前准备、坐姿端正、认真聆听、仔细观察、动脑思考、举手发言、同桌交流、合作学习、整理书包等好习惯。这样的设计不仅能兼顾不同起点学生的学习需求，激发学生的学习兴趣，满足不同层次学生发展的需求，还能很好地展示不同个性学生的学习表现。

（四川省资阳市机车天池希望小学　曾倩）

（重庆市北碚区朝阳小学　唐青杰）

第一单元
0~9的认识

单元教学导引

0~9的认识属于"数的认识"教学,我们要引导孩子经历数的抽象、数的表示以及数的应用等过程,帮助学生建立起数的概念,实现对数意义的理解,在教学过程中要借助"数"这一研究对象培养孩子的数感、符号意识以及推理意识等数学核心素养。

一、经历抽象过程,建立数的概念

为帮助学生建立起"数是对数量的抽象"这一认知,为数的认识提供一条行之有效的路径,同时起到培养学生的数学眼光、数学思维和数学表达的作用,0~9的认识建议采用"三步递进"的教学方法进行教学。

第一步,先从数量为1的物体中抽象出"1",从具象到抽象,让学生通过从表示1的物体甚至是现象中抽象出"1"这个数,如1个、1只、1朵、1条、1头,1箱、1袋、1声……再用1来表示生活中的事物,从抽象回到具象。

第二步,认识2~5,让学生运用学习1的经验继续学习2~5。

第三步，认识6~9和0，让学生将认识1~5的知识和经验迁移到6~9和0的认识上来。

二、借助数学知识，培养学生表达能力

教学时建议借助教科书提供的教学资源，多方面培养学生的表达能力。一是将自己观察、思考的结果运用多种方式进行表达，如通过手势表示1~9各数，用学具（如圆片、三角形等）来表示物体的个数，用数来表示物体的个数或事物的顺序，用符号和图形来表示自己的想法（如数的分解与组成、数的大小关系等），用语言来表达自己的想法；二是将自己在动手操作过程中的所思所悟进行表达，如借助摆小棒的实际操作表达数的分解与组成，通过对数字卡片的摆放对数序进行表达；三是通过与同伴的交流，借助教科书中的每个课堂活动或其他教学资源，让学生通过交流与合作来完成数学学习任务，提升语言表达能力、交流沟通能力和思维能力。

单元教学目标

1.能从实际情境中感悟、抽象出0~9，并理解其意义；能正确认、读、写这些数；会用这些数表示日常生活中一些物体的个数或事物的顺序，并能与同学进行交流。

2.认识0~9的大小，了解“=”“>”和“<”的含义；通过数的大小比较，感悟相等和不等关系，感悟大小关系的传递性（不作为学业要求）；会比较9以内数的大小并能用词语进行描述。

3.在真实情境中，体会数的意义，能正确书写数字和“=”“>”和“<”等符号，培养学生主动观察、动手操作、积极思考、规范书写等良好学习习惯。

4.鼓励学生积极参与数学活动，培养学生对数学的好奇心和求知欲，使学生获得一些初步的活动经验。

5.通过对数的抽象、思考、表达以及应用，初步形成数感、符号意识和推理意识。

（四川省资阳市教育科学研究所　向东）

认识0~9

第1课时 1的认识

教学内容

教科书第11页例1、例2,第12页课堂活动。

教学目标

1.结合具体情境,经历从熟悉的事物中抽象出1的过程,能正确地认、说、写出数字1,感知1所表达数量的实际含义。

2.能够正确用1来表述日常生活中的事物,培养学生认真观察和独立思考的能力,在合作交流中初步建立数感。

3.感受数学与生活的联系,初步感知学数学、用数学的乐趣。

教学重难点

教学重点:认、说、写出数1,会用1表示生活中的事物。

教学难点:感知1所表达数量的实际含义。

教学准备

多媒体课件、一个皮球、一个书包、一本书、一束花。

教学过程

一、游戏互动,引入新课

教师:小朋友们,老师想邀请大家一起来玩一玩"我来说你来做"的小游戏,你们准备好了吗?

教师:请大家眨眨眼、摇摇脑袋、张张嘴。我们的眼睛是用来干什么的?脑袋又是用来干什么的?嘴巴呢?

学生做动作并回答。

教师:这节课,我们就来比一比,谁的眼睛最会看,也就是会观察;谁的脑袋最会想,也就是会思考;谁的嘴巴最会说,也就是会表达。现在我们开始上课。

点评

点评：游戏导入环节针对一年级学生的认知规律和年龄特征而设计，促使学生用眼睛观察、用脑思考、用语言表达，以此践行核心素养统领性的“三会”目标。

二、自主探索，构建新知

（一）教学例1：认识1

1.从具体事物中抽象出数1。

教师：大家请看，这是什么？

教师接着依次出示一个球、一个书包、一本书。

学生：一个球、一个书包、一本书。

教师：同学们，我们刚才在说“一个球、一个书包、一本书”的时候，都说到了哪个数呀？

教师引导学生通过观察、思考和表达，从这三件常见的事物中抽象出数1。

2.用1表达具体情境中的事物。

教师：请用“一”来说一说现在看到的其他东西？

学生先独立思考，再与同桌交流用1来表达熟悉的学习场景中的事物，如一张桌子、一支笔……

点评

数学来源于生活，数的产生与发展来源于人类的生活实践，因此该环节通过向学生展示常见的一个皮球、一本书和一个书包，从中抽象出数1，并让他们观察自己的四周，根据用眼观察到的真实情境说一说自己看到的“1”，让学生在真实情境中理解“1”所表示数量的实际含义。

3.多种方式表示1。

教师：同学们，刚才我们所说的一个球、一个书包、一本书、一张桌子、一支笔……这么多的“一”可不可以用一个动作来表示呢？

学生伸出一根手指表示。

教师：可以用1根小棒来表示吗？可以画1个圆来表示吗？还能不能用一个更简单的符号来表示呢？

学生：可以。

教师课件出示“1”,学生齐读1。

4.1的书写。

教师:“1”我们可以用这样的一竖来表示,但有时会把它写得长,有时写得短,有时倾斜得过多,有没有什么好办法可以把1写得更漂亮呢?

学生:用田字格可以帮助我们把1写得更工整。

教师:你们真会想办法,那我们一起来认识一下田字格吧!

教师出示一张正方形纸,左右、上下对折,教学田字格的左右半格和上下半格。随即用课件出示田字格,让学生认识田字格的左上格、右上格、左下格、右下格、横中线、竖中线、上边线和下边线。

教师:请大家仔细观察,1怎么写在田字格里?

引导学生观察课件中1的书写过程,并自主说出1的书写方法。

教师总结写法,学生在田字格里书写数字1。

点评

抽象出数1后,学生将数与物体联系了起来,这时在教师的引导下用一根手指、一根小棒、一个圆片、一个三角形来表示数1,自然地进行知识迁移,体会到了符号的意义;教师顺势引入1还可以用更简单的符号阿拉伯数字“1”来表示。通过折叠一张正方形纸,让学生直观感受到田字格的组成部分,为规范书写1奠定基础,通过1的书写培养学生观察、思考和表达能力。

(二)教学例2:寻找生活情境中的“1”

1.找一找图中的“1”。

教师出示卡通情境厨房图。

教师:请大家找一找这张图里的“1”,看看谁找得又多又快。

引导学生观察厨房情境图,找出图中能用1表示的物品。

学生:1台冰箱、1台榨汁机、1箱牛奶、1袋大米……

教师用课件将学生找出来的1箱牛奶、1束花、1袋大米圈出来。

教师:花瓶里这些花怎么描述?

学生:1瓶花、1把花、1束花。

教师:(出示1朵花和1束花)关于1朵花和1束花,你们有什么想说的呢?

学生:很多朵花合在一起就是1束花,1束花里有很多朵花。

教师:1箱牛奶和1盒牛奶有什么区别?1袋大米和1粒大米呢?

进一步引导学生初步理解1既可以表示1个物体,也可以表示由一些物体组成的1个整体。

2.想一想生活中的“1”。

教师:请同学们闭上眼睛,想一想在家里、在上学路上、在森林里、在河边、在天空中……你能想到哪些不一样的“1”?看看谁想到的“1”更有意思。

组织学生同桌交流,说出自己想到的“1”,把抽象得到的1用到具象中去。

学生:1条河、1朵云、1个大脑……

教师:有很多的1虽然我们看不到,但我们能像刚才一样想到它们。请看老师想到的1。

教师做跳一下的动作。

学生:跳1下。

教师:这是老师自己想到的1,你们还能想到其他的1吗?

引导学生理解如跑1圈、拍1下、1声响,这些更为抽象的动作和声音也可以用1来表示。

3.说一说故事中的“1”。

教师播放故事——1天早上,1个小女孩戴着1顶漂亮的帽子,牵着她的弟弟,经过1片草地后,来到1座大山下。突然1阵风吹来,把小女孩的帽子吹起来了,她急忙用两只手把帽子……

教师:和同桌交流,在这个故事中你又发现了哪些“1”呢?看看谁发现的1最多,大家一起来当当小裁判。

学生找出故事中的“1”,还通过眼睛观察到视频中的1片草地、1座山、1阵风,还有小女孩的1双手。

教师:请这位同学把1双手给大家展示一下。

引导学生一边出示一边说出自己的1只手和另1只手合起来是1双手。在此基础上引出1双筷子、1双鞋、1双脚、1副手套等都可以用数1来表示。

点评

本环节提供了丰富的、充满童趣又紧密联系生活的场景,让学生协同眼睛、耳朵、脑袋、肢体、嘴巴多个器官参与数学活动,充分自主思考,合作交流中巩固对1的理解,体会1既可以表示1个物品,还可以表示由一些物品组成的1个整体,既可以表示看得见的具体事物,还可以表示抽象的1个过程、1种现象,并将抽象出的数1应用到实际生活中去,充分培养学生的观察、想象、创造等方面的意识和能力。

三、回顾提升，巩固应用

（一）回顾课堂

教师：我们一起回顾这节课学了些什么？

引导学生回忆，得出：一个球、一本书、一个书包……我们都可以用1来表示；由很多盒牛奶装在一起的一箱牛奶、由很多很多粒米组成的一袋大米也可以用1来表示；怎样才能把1写得更漂亮……

（二）画一画1

教师：还可以把我们看到的1、想到的1，还有说出来的1，把它画下来，请大家画一画你们心目中的1。

学生画好后，展示学生作品。

（三）课后作业

说一个关于1的小故事。

点评

在学习本课之前，学生对数已有初步感知，本课利用学生已有的生活经验为学生提供具有趣味性、实践性的广阔学习空间。通过层层递进的教学环节，让学生在教师创设的各种情境中更加系统地经历由具体到抽象，再从抽象回到具象这一过程，引导学生在活动中仔细观察、独立思考、大胆表达。通过活动完整地展现了数的抽象、表达、理解和应用的过程，为接下来学习其他数打下了全面而坚实的基础。在引入、探究、应用的整个过程中，通过让学生"认一认""说一说""写一写""找一找""画一画""讲一讲"等多种丰富的实践活动，理解1的意义以及数学与生活的联系，加强对学生数感和符号意识的培养和发展。

（四川省资阳市教育科学研究所　向东）

第2课时 认识2~5

教学内容

教科书第12~13页例3、例4，第14页课堂活动，第19页练习一第1~3题。

教学目标

1.能够正确认、读、写2~5各数，理解基数的意义，知道2~5的顺序。

2.通过比、画、摆的活动深化对数的理解，能用2，3，4，5表示日常生活中事物的数量，并能在同学之间进行交流。

3.规范书写数字，培养学生认真观察、书写的良好习惯。

4.鼓励学生积极参与数学活动，培养学生对数学的好奇心和求知欲。

教学重难点

教学重点：掌握2~5各数的写法，养成使用学具的常规。

教学难点：理解2~5各数所表示的意义，初步建立数感。

教学准备

多媒体课件、小棒、学习单。

教学过程

课前谈话。

孩子们，你们认识数字吗？那你想知道关于数字的更多知识吗？我们今天一起来讲一个关于数字的故事。

一、故事引入新课

教师：在古老的数字王国，1宝宝诞生了，它非常的了不起，看！

PPT出示：1个足球、1棵树……

教师：它可以表示……可以表示……还可以表示……

预设生：根据PPT图片回答。

教师：太多地方需要它啦！可是，它时常觉得很孤单，整个家里，就只有它一个成员。于是它决定走出它的家，去外面寻找新朋友。

点评

故事导入环节针对一年级学生的年龄特征而设计，激发学生学习兴趣，通过复习数字1引出数字2~5。

二、自主探索、构建新知

(一)认识2~5各数

PPT出示情境图：草地上有2个踢足球的小朋友、4盆花，大树上有5个苹果，天上有3只小鸟。

1.认识2。

教师：哇！外面的世界真美啊！还有好多数字好朋友呢！谁能告诉老师，你都发现了哪些数字朋友？

预设学生：有2个小朋友在草地上踢足球。

教师：2个小朋友，二二二。你能像老师这样说吗？

学生照说。全班齐说。

教师：哪位小朋友能用手中的小棒表示这2个小朋友呢？

抽学生拿出2根小棒。

教师：你能说说你拿了几个1根表示2根？

预设学生：2个。

教师：非常好！1根又1根，2根小棒，二二二。你能像老师这样说吗？

学生照说。教师再抽几位小朋友边拿小棒边照说，然后全班齐说。

2.认识3~5。

教师：除了2宝宝，1宝宝还看见了谁？

预设学生：还有3只小鸟。

教师：3只小鸟，三三三。全班齐读。

教师：谁能用小棒表示3宝宝？告诉大家你拿了几个1根？

预设生：我拿了3个1根。

教师：很厉害！1根、1根再1根，3根小棒，三三三。你能像老师这样说吗？

学生照说。

两句连起来读："3只小鸟，三三三，1根1根再1根，3根小棒，三三三。"

教师再抽几位小朋友边拿小棒边照着说，然后全班齐说。

教师：在小朋友的帮助下，1宝宝认识了两位新朋友，2和3。它还看见了谁呢？请你用小棒告诉你同桌的小朋友。

抽学生回答。同桌合作：一学生找数字，一学生用小棒演示表达。

预设学生1：4盆花，四四四。

预设学生2：1根、1根、1根、再1根，4根小棒，四四四。

预设学生3:5个苹果,五五五。

预设学生4:1根,1根,1根,1根,再1根,5根小棒,五五五。

全班看课件齐说。

点评

数学来源于生活,数的产生与发展来源于人类的生活实践,因此该环节通过在学生直观看见的2个人、3只鸟、4盆花、5个苹果图中抽象出数字2~5,并让他们用小棒进行操作,一根一根地拿,再通过大量地说,从而使其感悟"1"是自然数的基本单位,2是一个小朋友再来一个小朋友……让学生建立2是由2个1合起来的基本经验,这样才更能理解3,4,5的组成,甚至更大的数都是由多个1合起来的。

(二)生活中的2~5

教师:5个数字宝宝聚在一起真开心！它们迫不及待地向小伙伴介绍自己的用处。2宝宝说:"我除了能表示2个小朋友,还能表示2件衣服、2颗糖。"……你猜3宝宝、4宝宝、5宝宝都说了些什么?

抽学生说。同桌说。

教师:5个数字宝宝都很了不起,小朋友们也非常厉害！老师给你们点个赞！1宝宝终于不孤单了,因为它认识到了……

预设学生回答2,3,4,5。(板书课题:认识2~5)

点评

上一环节引导学生理解自然数所表示的基数意义,学生能够把具体实物与自然数一一对应,此环节让学生把抽象出的数字又回归到生活,用数去表示生活中物体的量,让学生经历"具体—抽象—具体"的过程。

(三)摆、比、画、写2~5

1.游戏:摆小棒,感悟2~5的递增关系。

教师:真好！现在5个数字宝宝要邀请小朋友玩一个游戏,你们愿意吗?

学生:愿意。

教师:请用正确的坐姿告诉老师。

教师:听游戏规则,准备5根小棒,放在自己的右边;老师喊"1宝宝",小朋友要快速从右边取出1根小棒放到左边,同时要回答"到";老师喊"2宝宝",小朋友要快速取出2根小棒放到左边,同时要回答"到"……比一比,看谁取小棒取得又快又好！听明白了吗？

游戏开始。

教师：1宝宝、2宝宝、3宝宝、4宝宝、5宝宝。（教师观察，如果孩子们能顺利地用递加的方式取小棒，教师就连续喊到5。如果大部分孩子有困难，则先引导如何从1根变成2根）。

教师：小朋友们的动作像闪电一样快！聪明的闪电侠，你是怎么做到这么快的？你发现了什么？谁来分享秘诀给同学们？

预设学生1：我发现1根添上1根就是2根啦！

预设学生2：2根再添上1根就是3根啦！

……

教师：你们的发现太棒了。原来数字1，2，3，4，5之间还有这样的关系呀！

教师：我们用小手再演示一遍好不好呀？

分大组用手指依次演示表达：

一大组：1添上1是2；

二大组：2添上1是3；

三大组：3添上1是4；

四大组：4添上1是5。

全班再一边用小棒演示一边说：1添上1是2，2添上1是3，3添上1是4，4添上1是5。

点评

此环节设计游戏让学生感悟2~5相邻各数之间的递增关系，通过快速取小棒让学生感悟1添上1就是2，2添上1就是3……感知到了量增多就用不同的数字来表示，从而知道数字间量的关系。游戏的设计也吸引了学生的学习兴趣，让学生在不知不觉中学到了知识，锻炼了能力。

2.比、画、写。

教师：现在数字宝宝的关系更加亲密啦！小朋友们想和它们做朋友吗？你能把它们漂漂亮亮地写出来吗？

教师：请小朋友仔细看大屏幕，看看我们需要做哪几件事情？

抽学生预设：先比，再画，最后写。

教师：怎样才能写得好呢？每一个数字都是由一些线条组成的。我们可以把它当成一条路线。关键要找到线条上的起点和终点，还有经过的关键点。用铅笔把这些点轻轻地描出来。

教师：好的，再听老师讲规则。

教师在黑板上示范：先用左手比出1，再用右手把1画下来（比如：在纸上画1个圈）。画完以后，把数字宝宝写出来。写好以后，左手再伸出1根手指，然后一边说“1添上1是2”一边画2个圆圈，再写2。

教师：继续把3宝宝、4宝宝、5宝宝写出来。

教师：好，请看大屏幕。谁观察仔细，谁就会写得更好！

PPT出示2~5的书写格式。抽学生板演3，4，5。

预设学生1：“火车火车这里开。”学生齐说：“我就上车来。”

预设学生2：”火车火车这里停。”学生齐说：”我就下车去。”

点评

感知数字的由来后，这时在教师的引导下用手指、圆圈来表示数字，让学生自然地进行知识迁移，体会符号的意义，教师顺势引入还可以用更简单的符号阿拉伯数字来表示。通过让学生观察田字格中几个数字的正确写法，从而能正确地书写数字，培养学生的观察、思考和表达能力。

（四）分解与组成

1.5的分解与组成。

教师：小朋友们写得真漂亮。现在我们都是好朋友啦！可是，我们的数字好朋友遇到了问题，我们能去帮助它们吗？

PPT出示问题：5个苹果，2个盘子。

教师：你看见了什么？

预设学生：5个苹果，放在2个盘子里。

PPT先出示5个苹果，再出现数字5。

教师提问：5个苹果五五五五五，五宝宝是一堆。要把它们放在2个盘子里，该怎么办呢？

预设学生：把5个苹果分开，分成两堆。

教师：这个办法非常好。看来，有的时候，我们要把数字宝宝进行分解。把1堆变2堆。明白了吗？

教师：那5个苹果分成2堆，可以怎么分？

同桌合作：一个小朋友用小棒分，另一个小朋友把分的情况用自己的方式记下来。

学生合作探究。

展示两种画法：有序和无序。学生汇报。引导学生表达：5可以分成1和4，1和4组成5……

教师：有什么好方法能记住这几种结果？

引导学生一组一组地记，或者按从小到大的顺序记。

教师：要是把这5个苹果分在3个盘子或4个盘子里，又该怎么分呢？

2.4的分解与组成。

教师：好啦，5宝宝的问题解决了。那4又可以分成几和几呢？有几种分法？请用小棒分一分，再给同桌说一说。

抽学生汇报。

教师：你还能知道3和2的分解吗？

点评

此环节通过生活情境让学生感悟到分解的必要性，也就是为什么要把数进行分解；然后引导学生探究怎么分解，有几种不同的分解方法，再次感知5是由5个1组成的，所以可以拆成1个1和4个1，或者2个1和3个1，最后通过学生汇报发现拆分的规律，感悟有序思维的好处；最后让学生拓展迁移到2，3，4的分解。整个环节通过想、分、说等活动锻炼学生的思维能力、语言表达能力。

三、巩固练习

1.完成教科书第14页课堂活动第1题。

(1)齐读题目，圈出关键任务“摆”和“说”，抽学生说题意。

(2)同桌合作，一人摆，一人说。

(3)抽同桌合作展示。

2.完成教科书第14页课堂活动第2题。

(1)齐读题目，圈出关键任务“分”和“填”，抽学生说题意。

(2)让学生独立完成，要求一边操作，一边填。

(3)展示评讲。

3.完成教科书第19页练习一第1题。

(1)齐读题目，圈出关键任务“数”和“连”，抽学生说说题目的意思。

(2)学生独立完成。

(3)展示讲评。

4. 完成教科书第19页练习一第2题。

(1) 齐读题目,圈出关键任务"圈"和"写",抽学生说说题目的意思。

(2)学生独立完成。

(3)展示讲评。

5. 完成教科书第19页练习一第3题。

(1) 齐读题目,圈出关键任务"填"和"说",抽学生说说题目的意思。

(2)学生独立完成。

(3)抽学生用手指一边比画一边说,再全班齐说。

四、课堂小结

教师:这节课1宝宝非常的开心,交到了这么多的数字朋友。那小朋友们又有哪些收获呢?

学生回答(略)。

五、课后拓展提升

用你喜欢的方式画一画2,3,4,5的故事。

点评

在巩固练习环节中,完成每一道题前都要求学生先圈出任务的关键字,让学生从小养成仔细审题的好习惯。然后通过分一分、摆一摆、说一说、圈一圈等活动加深对2~5的理解,使学生熟练掌握2~5的分解与组成,初步渗透数形结合思想,为后续学习6~9的认识做好铺垫。

(四川省资阳市雁江区第八小学 彭玉)

第3课时 6~9的认识

教学内容

教科书第14~15页例5、例6,第15~16页课堂活动,第19~20页第4~6题。

教学目标

1.结合创设的情境,使学生经历从实际情境中抽象出6~9各数的过程,感知并掌握不同的数数方法,认识、会读、会写6~9各数并掌握顺序。

2.学会用具体的数描述生活中的简单现象,建立初步的数感,感受生活中处处有数学,能够运用数解决生活中的简单问题。

3.培养学生参与学习数学的兴趣和积极性,体验与同学交流学习的乐趣。

教学重难点

教学重点:能认、读、写6~9各数,会用6~9各数表示物体的个数。

教学难点:感知6~9所表达数量的实际含义。

教学准备

课件、田字格书写板、计数器、学具盒(各种图形)。

教学过程

一、复习旧知

教师:小朋友们,我们前些天学习了哪些数?现在请举起你的一只小手,我们一起来数一数我们的手指。你能根据这些数说一句话吗?生活中哪些地方会用到这些数呢?

学生回答。

点评

通过谈话这一环节,让学生从已有知识经验出发,使他们能轻松地进行新的学习,引发学习数学的兴趣和积极性。

二、探究新知

(一)创设需求(例5)

观察例5情境图,获取数学信息。

出示主题图，教师：能说说你看到的信息吗？

预设学生：我看到了6只鸭子。

预设学生：我看了7只鸡……

教师：还能用以前学过的数字来表示吗？为什么？

预设学生：不能，都比5多。

教师：没错，1~5这些数字已经不能表示刚才看到的数量。今天，我们一起再认识一些新的数字。（板书课题：认识6~9）

（二）认识数字6~9（例5）

1.认识6。

（1）数6。

教师：观察这幅图，你看到了什么？

预设学生：我看到了5只鸭子。

教师：以前我们可以这样表示。再来1只，现在怎么表示呢？是怎么数的呢？

预设学生：我是从前往后数的，1，2，3，4，5，6，一共6只鸭子。

预设学生：我是从后往前数的，1，2，3，4，5，6，一共6只鸭子。

教师：看来无论从哪个方向开始数，数出来的结果都一样，都是6只鸭子。

教师：如果要表示6只鸭子，你想怎么表示？还用以前比手指的方法吗？

预设学生：不会，太麻烦了，我们用数字表示更简单。

（2）写6。

教师：那怎样写6这个数字呢？请仔细观察动画。

课件演示：6的写法。学生说听到了什么，要注意什么。

教师：范写6。强调起笔、中间的过程及最后，在黑板上注明几个要点。

学生试写。教师纠正错误后，再让学生写两次。

2.认识7。

（1）数7。

课件出示：6只鸡，又来了一只鸡。

教师：这是几只鸡？

教师：看来6不仅可以表示刚才看到的6只鸭子，还可以表示现在看到的6只鸡。

教师：可以这样表示6只鸡。现在又来了1只鸡，怎么表示？是几只鸡了呢？怎么数的？

预设学生1：在原图上增加进行表示。

预设学生2:我是从这只鸡开始数的,向这个方向数(顺时针)1,2,3,4,5,6,7,一共7只鸡。

预设学生3:我是从这只鸡开始数的,向这个方向数(逆时针)1,2,3,4,5,6,7,一共7只鸡。

教师:看来无论是从哪开始数,数出来的结果还是一样,都是7只鸡。

(2)写7。

教师:请仔细观察"7"是怎么写的。

课件演示:7的写法。学生说听到了什么,要注意什么。

教师范写7。强调起笔、中间的过程及最后,在黑板上注明几个要点。

学生试写。教师纠正错误后,再让学生写两次。

3.认识8。

(1)数8。

课件出示:7只兔。

教师:这是几只兔?

教师:可以这样表示7只兔。又来了1只兔,现在怎么表示?一共有多少只兔?是怎样数的?

预设学生1:8只兔。

预设学生2:我是从这只兔开始数的,向这个方向数(顺时针)1,2,3,4,5,6,7,8,一共8只兔。

预设学生3:我是从这只兔开始数的,向这个方向数(逆时针)1,2,3,4,5,6,7,8,一共8只兔。

预设学生4:我还可以两只两只地数,2,4,6,8,一共8只兔。

教师:同学们,不仅可以从不同方向一只一只地数,还可以几只几只地数。方法真是多种多样,但最后的结果都一样,都是8只兔。

(2)写8。

教师:请仔细观察"8"是怎么写的。

课件演示:8的写法。学生说听到了什么,要注意什么。

教师范写8。强调起笔、中间的过程及最后,在黑板上注明几个要点。

学生试写。教师纠正错误后,再让学生写两次。

4.认识9。

(1)数9。

课件出示:8只鹅。

教师:这是几只鹅?

教师;可以这样表示8只鹅。又来了1只鹅,现在怎么表示?一共有多少只?你是怎样数的呢?

预设学生1:我是从左边这只鹅开始数的,1,2,3,4,5,6,7,8,9,一共9只鹅。

教师:他是从左边开始一只一只地数的。

预设学生2:我也是从左边这只鹅开始数的,3,6,9,一共9只鹅。

教师:他是从左边开始三只三只地数的。

预设学生3:我还可以从右边这只鹅开始数,3,6,9,一共9只鹅。

教师:他是从右边开始三只三只地数的。

教师:同学们真能干,用了很多不同的方法数出了6,7,8,9,但不管是从哪个方向开始数,还是几只几只地数,只要数的时候按照一定的顺序,不遗漏、不重复,数出的结果都一样。

(2)写9。

教师:现在,我们又来看看这个新的数字宝宝"9"怎么写。

课件演示:9的写法。学生说听到了什么,要注意什么。

教师范写9。强调起笔、中间的过程及最后,在黑板上注明几个要点。

学生试写。教师纠正错误后,再让学生写两次。

点评

学生直观地数出物体的数量,经历由具体事物抽象出数字的过程,感知每一个数都是在前一个数的基础上添1得到的,不仅可以感受数学的简约和表示量的优化,还能进一步体会数学与日常生活的联系。

(三)联系生活

教师:同学们,今天我们又认识了这么多新的数字,其实生活中到处都有它们的身影。你能用我们今天学习的数字,来介绍一下你身边的事物吗?

教师:同学们真会发现!确实,在我们的生活中这些数字处处可见。

点评

上一环节引导学生理解自然数所表示的基数意义,把具体实物与自然数一一建立联系,此环节让学生把抽象出的数字又回归到生活,用数去表示生活中物体的量,让学生经历"具体—抽象—具体"的过程,再次深化对6~9的认识。

三、巩固深化(例6)

(一)拨一拨

在计数器上分别拨出6~9,看谁拨得快!

在拨珠子的过程中,你发现了什么?(5颗添上1颗就是6颗……)原来从6~9与从1~5一样,存在依次多1的关系。

全班齐拨齐说:5添上1是6,6添上1是7……

预设学生:我还发现5颗添上2颗就是7颗……

教师:说得真好,除了5,其他数字添上2颗呢?

教师:同学们发现了这些数字之间的关系,添上几就变成了另一个数。

(二)摆一摆

用6~9个学具摆一个图案。

教师:你用几个什么图形摆出了什么图案?

教师:你知道他用几个什么图形摆出了这个图案吗?

点评

通过实践操作,在动手过程中再次感悟数字之间的递增关系,巩固对数字的认识,有效地培养了学生的逻辑思维。

四、巩固练习

1.完成教科书第15页课堂活动第1题。

教师说要求:请同桌小朋友互相说一说生活中的6~9。

同桌互说。

展示评价。

2.完成教科书第16页课堂活动第2题。

齐读题目,理解题意。(圈出关键任务“摆”和“数”)

同桌合作,一人摆,一人数。

展示评讲。

3.完成教科书第19页练习一第4题。

齐读题目,圈出关键任务“数”和“连”,抽学生说说题目的意思。

学生独立完成。

展示讲评。

4. 完成教科书第20页练习一第5题。

齐读题目，圈出关键任务“圈”和“写”，抽学生说说题目的意思。

学生独立完成。

展示讲评。

5. 完成教科书第20页练习一第6题。

齐读题目，圈出关键任务“看”和“添”，抽学生说说题目的意思。

学生独立完成。

展示讲评。

五、总结归纳

教师：同学们，这节课我们认识了这么多新的数字宝宝，这些数字宝宝的哪些特点让你印象深刻？同学们给了你什么启发？互相说说，再告诉大家。

点评

通过自我总结，完整地回顾了数字的抽象、表示、理解和应用的过程，并体会到互相合作、主动探究是学习的好方法。

（四川省资阳市雁江区第八小学　苏孝奎）

第4课时 数的分解与组成

教学内容

教科书第16~17页例7、例8,第17页课堂活动第1~2题,第19页练习一第7~8题。

教学目标

1.通过自主探索,动手操作,感知6和8的分解、组成,掌握几种分法。

2.认识"一图二式"。

3.在感知数的分解、组成的基础上,掌握数组成的递增、递减规律。

4.发展观察力、分析力、记录能力,培养有序思维和学习数学的兴趣。

教学重难点

教学重点:进一步感知整体与部分的关系,掌握6,7,8各数的几种分法。

教学难点:掌握6,7,8的分解与组成的规律。

教学准备

小棒、多媒体课件。

教学过程

一、复习引入

教师:同学们,前面我们已经认识了哪些数字宝宝呢?(课件依次出示数字1~9)

教师:小女孩想把6根小棒分成两堆,你知道她首先想到的分法是怎样的吗?

点评

设计数数,从1数到9,让学生知道数是怎么从1变到9的;再通过观察把6根小棒分成两堆,培养学生的观察能力和表达能力。

二、探究新知

(一)教学例7:6的分解和组成

1.认识"一图二式"。

出示课件。

教师:这6根小棒被分成了几堆?(两堆)

教师:左边小女孩从左往右看,她看到的是6分成了几和几?(6分成了1和5)右边小男孩从左往右看,他看到的是6分成了几和几?(6分成了5和1)

教师:他们看到的到底是不是你们说的这样呢?我们一起来验证一下吧。

①请小朋友们把小棒像黑板上这样摆放在桌子中间。

②请每个大组左边这一列的同学起立,站在左边小女孩的位置观察桌上的小棒图,说一说从左往右看,你看到了几和几。

③请每个大组右边这一列的同学起立站在右边小男孩的位置,说一说从左往右看,你看到的是几和几。

④同桌交换位置观察:从左往右你看到的是几和几?

教师:同样一个图,为什么会出现两种观察结果呢?

教师:对!同一个图,因为观察的方向或位置不同,得到的分法就不同,所以这一个图就有了两种分法,我们把它叫作“一图二式”。

点评

让学生亲身体验并交换位置观察,发现站在不同位置观察到的结果不同,验证例题7主题图的结论,从而理解“一图二式”。

2.6的分解与组成。

教师:6可以分成1和5,也可以说1和5合起来是几?

教师:6还可以分成5和1,也可以说5和1合起来是几?

教师:6除了这两种分法,还可以怎么分?

请小朋友们同桌合作,一个小朋友用小棒分,另一个小朋友在本子上做记录。

学生小组动手操作,交流分享6的其他分法。

课件有序呈现6的所有分法。

教师:观察这几种分法,你还有什么发现?

引导学生交流、分享6的分解规律。

引导学生得出:

①每次分的两个数,一个数按顺序依次递增,另一个数按顺序依次递减,但两个数合起来都是6。

②6可以分成1和5、5和1。这两种分解方法中,1和5交换了位置,但是它们

合起来的总数不变，这样我们在学习的时候只需要记住其中一种分法，就能想到另一种分法。

教师：同学们真了不起，不仅自己探究出了6的分解和组成，还发现了记住它们的方法，真棒！把掌声送给自己吧！

点评

设计让学生观察6的几种分法，旨在让学生通过观察发现规律，找到快速记住的方法，培养学生观察能力、表达能力和有序思维能力；通过小组合作培养学生的协作能力。

（二）自学例8

1.自学8的分解与组成。

出示6根小棒。

教师：6添上1是几？7添上1是几？

教师：把这8根小棒分成两堆，有哪些分法？

请学生拿出8根小棒分一分，把分得的结果用自己喜欢的方式记录在本子上，然后说给同桌听。

学生汇报、交流。

课件出示8的分解，让学生一起说8的分解与组成。

2.对比观察，发现规律。

出示6和8的分解。

教师：观察6和8的分解，你又有什么发现？

引导学生交流、分享10以内数的分解规律。

三、运用提升

教师：请小朋友们拿出7根小棒，动手摆一摆，一边摆一边说7的组成与分解，摆完以后完成数学书上第17页的“试一试”。

试一试

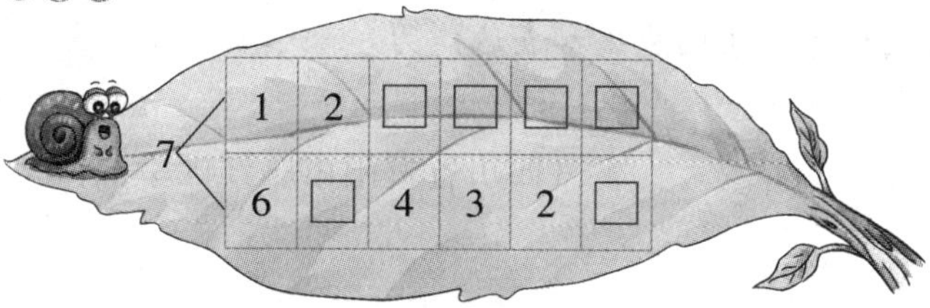

点评

用掌握的6的分解方法自学例8,并尝试完成7的分解与组成,既巩固了知识又培养了学生的自学能力和知识迁移能力。

四、课堂小结

教师:小朋友们,今天这节课,你都学到了什么?

五、巩固练习

1.完成教科书第17页课堂活动第1题。

齐读题目,圈出关键任务“摆”和“说”。

同桌一起完成,一边摆一边说。

全班分享。

2.完成教科书第17页课堂活动第2题。

教师说要求:从6,7,8,9中选一个数说一句话。

齐读题目,圈出关键任务“选”和“说”。

抽学生说题目的意思。

和同桌说一说。

3.完成教科书第20页练习一第7题。

齐读题目,圈出关键任务“填”和“说”。

独立完成。同桌互说。

4.完成教科书第20页练习一第8题。

齐读题目,圈出关键任务“数”和“填”,抽学生说题目的意思。

独立完成。同桌互说。展示评价。

点评

在巩固练习环节中,完成每一道题前都要求学生先圈出任务的关键字,让学生从小养成仔细审题的好习惯。然后通过摆一摆、说一说、数一数、填一填等活动加深对6~9的理解,使学生熟练掌握6~9的分解与组成,初步渗透数形结合思想,培养学生的应用和表达能力。

(四川省资阳市雁江区幸福博文学校 刘雪梅)

第5课时　认识0

教学内容

教科书第18页例9和课堂活动，第20页第9题，第21页第10题。

教学目标

1.认识“0”，能正确读写“0”。

2.理解“0”的意义，“0”既可以表示一个也没有的数量，也可以表示起点。

3.经历“0”产生的过程，能主动联系生活实际理解“0”的意义，初步认识数学与生活的联系。

4.通过紧密联系生活的实践活动，激发学习兴趣，培养合作探究的能力和认真书写的好习惯。

教学重难点

教学重点：理解“0”的基本含义。

教学难点：理解“0”的基本含义，正确书写“0”。

教学准备

教师准备：多媒体课件、投影仪、直尺、小棒、田字格磁贴。

学生准备：直尺、小棒、导学单。

教学过程

一、复习旧知，引入新课

1.复习数字1~9。

教师：孩子们，在前面的学习中，我们已经认识了1~9这几个数字宝宝，我们一起来回忆一下吧。

学生依次数出1~9各数，边数边用手比画数的数字。教师在黑板上按学生数的数字依次贴出1根小棒、2根小棒……学生再倒数9~1各数。教师根据学生数的数字，在黑板上依次取掉小棒，用黑板上贴的小棒表示学生数的数字。

教师：你能两个两个地数吗？我们一起数数吧。

学生两个两个地数，“2”“4”“6”“8”，再倒数。学生边数边拿小棒表示数出的数（小棒高高举起），教师跟着学生数的数用小棒一起表示。

教师:你还能3个3个地数吗?

学生3个3个地数,“3”“6”“9”,再倒数“9”“6”“3”,边数边用小棒表示数出的数(小棒高高举起),老师跟着学生数的数用小棒一起表示。

2.引入课题。

学生数了“3”后,教师把黑板上的小棒全部取掉。

教师:咦,孩子们,你们观察到什么了呢?

学生自由发言,教师引导学生说:黑板上一根小棒也没有了。

教师追问:一根小棒也没有了,怎么表示呢?你们想知道吗?今天,我们就一起来学习吧!

点评

重视学生已有的知识和生活经验,提供与学生生活息息相关的素材,这些正是激发学生的好奇心和求知欲、使学生积极参与数学学习活动的基础。学生已对1~9的数字有了初步的感知,同时让学生感知0也是一个数字,但它又区别于1~9。通过设计以不同的形式复习1~9这几个数字,让学生在强烈的对比感受中开始0的认识。

二、自主探索,构建新知

(一)0表示没有

1.出示教科书第18页例9气球图。

(1)观察图,引出问题。

教师指导观察:孩子们,请看大屏幕,你看到了什么?可以引导孩子详细说说图的意思。

教师:两个气球,可以用数字几表示?

抽学生答:两个气球,可以用数字2表示。

教师用手指比画出“2”,学生很自然地跟着伸出两根手指。

教师:两个气球,二二二。

学生跟着说两遍。

(2)课件显示“飞吧”两个字。

教师:孩子们,你观察到什么?“飞吧”是什么意思?大胆地猜一猜,图画会有什么样的变化?

抽学生答:可能气球飞走了1个,小男孩手里还有1个气球;可能气球全飞走了,小男孩手里一个气球也没有了。

教师：1个气球，可以用数字几表示？

抽学生答：1个气球，可以用数字1表示。

教师用手指比画出“1”，学生很自然地跟着伸出1根手指。教师说：“1个气球，一一一”。学生跟着说两遍。

(3)根据学生的回答教学“0表示没有”。

教师：一个气球也没有了，该怎么表示呢？

引导学生回答：一个气球也没有，可以用数字0表示。

教师：是的，一个也没有，我们就用0表示。(板书：0表示没有)

(4)板书课题。

教师：数学的美就是这样，用一个圈就可以表示没有。“0”，这就是我们要认识的新朋友。

板书：0的认识。

教师教读两遍：0(líng)，0(líng)。教师边教读边书空，学生一边跟读，一边用手书空0的写法。让学生初步感知“0”的样子，为后面的书写作准备。

点评

创设“数小棒”和“气球飞走了”的情境，引出1根小棒也没有、1个气球也没有，应该用什么数字表示的问题。学生在已学的数字中已无法找到，从而引起认知冲突，要用一个新的数字“0”表示。教师要鼓励学生用自己的方式来表达，经历一个创造符号的过程，让学生感知0的含义，知道0和1，2等一样，也是一个数，但0又区别于其他的数字，它可以表示没有。

2.生活中“0表示没有”的例子。

(1)教师举例。

在生活中，0表示没有的例子很多。例如，教师站在讲台上问：“讲台上现在有几位老师，可以用数字几表示？”抽学生说。教师走下讲台后又问：“现在讲台上有几位老师，可以怎么表示？”抽学生说。教师举例时引导学生在0后面带上单位，如0个、0条、0人等，也要引导学生清楚、完整地表达。

(2)学生举例，丰富对“0表示没有”意义的理解。

教师：一个也没有就用0表示，你还能举出生活中像这样的例子吗？先观察四周，再想一想，和你的同桌说说吧。

教师引导学生观察周围的事物，想办法表示“0表示没有”的意义。例如：学生可以说现在操场上一个人也没有，用0表示；可以说盘子里有3个苹果，爸爸吃了1个，妈妈吃了1个，我吃了1个，盘子里一个苹果也没有了，可以用0表示。学生可以动手操作，把文具盒里的东西全倒出来，说文具盒里有0支笔；把书包里的书全拿出来，说书包里有0本书。

抽学生大声地完整地说，教师正确地引导。

点评

促使学生动脑、动眼、动手、动嘴、动耳，充分调动学生多个器官参与数学活动，让学生在自主思考、合作交流中，巩固对0的理解，体会0表示一个也没有；知道0在生活中我们常常接触，让学生在真实情境中理解0表示没有的意义，并将抽象出的数字0应用到实际生活中去。

（二）0表示起点

1.出示教科书第18页例9直尺图。

教师：孩子们，你们还在哪里见过0?

学生：直尺上。

教师：请同学们拿出直尺，仔细观察，直尺上有0吗?

学生（齐答）：有。

学生观察直尺，发现0在直尺最前面，在整个数列的最前面。

教师：这里的0是不是表示没有呀？同意是表示没有的孩子请举手，不同意表示没有的孩子请举手。那直尺上的0究竟是什么意思呢？我们一起来看一看。

教师大屏幕出示直尺，根据课件的动画演示数段数：直尺上的数是从0开始数起的，0~1，有一段，用1表示；0~2，有两段，用2表示……数字越大，离0就越远，0和这个数中间的距离就越远。数完后，教师带领学生一起再说一说直尺上的数表示的意义。

教师：哦，直尺上的数是从0开始数起的，也就是说，在直尺上，0表示起点。（板书：0表示起点）

教师教读两遍：0表示起点。

点评

因为学生还没有认识直尺，所以对0在直尺上表示的意义比较陌生，主要靠教师的介绍和讲授。通过让学生数一数、说一说，既充分感受0表示起点这一意义，又培养了学生的数感，对学生学习和理解序数奠定了基础。教学时要给学生提供充分的活动机会和想象空间，促使学生会用眼睛观察、会用脑袋思考、会用语言表达。

2.生活中“0表示起点”的例子。

(1)教师启发思考。

教师:想一想,日常生活中,你有没有见过0表示起点呢?

抽学生举例。学生可能会说到:跑步时,起点可以记作0。

教师适当拓展:比赛时,大家要遵守比赛规则,都要从起跑线开始跑。起跑线就是起点,可以用0表示。

教师:你见过跳远吗?

教师课件播放跳远的视频,让学生充分感受跳远时,那条起点线就是起点,可以用0表示。

(2)课堂小游戏,教师和学生一起感受“0表示起点”。

教师:小朋友们,老师想邀请大家一起来玩个小游戏,你们准备好了吗?

请孩子们起立,站在离自己最近的过道里,听教师口令:“预备,跑!”孩子们小跑两步,教师喊停,孩子们再退回到自己开始跑的位置。教师再说一次口令,学生再重复一次“跑—停—倒回”的过程。

教师:你有什么感受?感受到什么是起点了吗?

抽学生说。

教师小结:孩子们,你们还没向前跑时所处的位置就是起点,可以用0表示。

点评

越是身边的数学越能激发学生的学习兴趣。这一环节的设计遵循低年级学生的特点,将知识教学融于有趣的跑步比赛活动中,以动促思,让学生在玩中学,在学中玩,主动获取知识,加深对“0表示起点”这一知识的理解,体会数学就在我们的身边。

(三)书写0

1.认识0的样子。

教师:我们已经认识了0,仔细观察,看看0长什么样子。

教师引导学生认真观察0的外形,为书写作准备。学生自由表述自己的想法:数字0,像椭圆形,像鸭蛋,上下长,左右扁。

2.书写0。

(1)组织学生讨论。

教师:要把数字0写漂亮,你觉得应该注意些什么?

学生自由表述自己的想法:要想把0写得好,封口之处是关键;写0时,从上到下，从左到右；0只占田字格的左半格；0要写圆润，写饱满。

(2)梳理小结。

教师：0是一笔写成的。写0时，从上到下，从左到右，起笔收笔都要相连，要写成椭圆形。

教师在黑板田字格磁贴上示范写0两遍，学生观察。教师边写边说写法：从左半格的上边线中间起笔，从上往下，从左往右，碰左边线，碰下边线，碰竖中线，最后回到起笔处收笔。再和学生一起书空两遍，边书空边说写法。

(3)学生独立完成教科书第18页例9的书写。

学生先描红，再独立书写，教师指导。

教师及时表扬：你们写得真漂亮！在写好字的同时，还注意了写字的姿势。

(4)比一比谁写得好。

写完的同学在你认为写得好的“0”下面打“√”。同桌互相欣赏评价，并指出优缺点。

教师在全班展示两幅学生的作品，抽学生评价。

点评

本环节培养学生认真观察、善于表达、分析判断的能力，如0的书写，就让学生自己观察、表达、评判，然后反思怎样才能把0写好、写美，培养学生客观公正地评价、欣赏他人和自己的意识。让学生自己评价自己的作品，并和同桌互相交流，欣赏对方，这样不仅可以认识到自己好的一面，同时也利于找出不足并进行弥补。

三、练习应用，巩固深化

(一)联系生活，发散思考

1.说一说，生活中哪些地方有0。

完成教科书第18页课堂活动。

教师：生活中经常会见到0，想一想，你在哪里见过呢？先独立思考，再和你的同桌说一说。

2.视频播放收集的生活中的0。

教师播放视频，出现门牌号码、台秤、计时秒表、温度计、电话号码、计算器等生活中的0……让学生了解生活中哪些地方有0，这些0表示什么意义。

3. 小结。

教师:0在我们生活中运用广泛,还远远不止老师收集的这些。其实,0和1,2,3,4,5一样,它也是一个数,还有很多不同的意义,它可以表示没有,表示起点,温度计中的0表示分界点,天平上的0表示平衡点,电子钟上的0起着占位的作用。

点评

本环节促使学生再一次有意识地将数学知识与生活联系起来,让学生体会生活中处处有数学。把要学习的知识融入到生动活泼的生活情境中,不仅有利于学生主动获取知识,经历知识的形成过程,更有利于学习感受数学与生活的密切联系,产生喜爱数学的情感。

(二)拓展练习

1. 完成教科书第20页第9题。

学生观察图画,数一数。先自己小声说说图的意思,再和同桌说一说图的意思。教师要求:讲的同学要尽量讲完整,听的同学要认真倾听,同学没讲对的要帮他纠正。

学生在田字格里正确书写数字。

抽学生汇报。先抽学生说图意,再说答案。

2. 完成教科书第21页第10题。

学生观察图画,独立思考,再填空。

教师:"顺序"是什么意思?你是怎么理解的?

教师:你的答案是什么?你是怎样观察的?请和同桌说一说。

抽学生说,学生的说法只要合理均可。教师要引导学生完整地表达。

点评

通过各种形式的练习,巩固新知,学以致用,培养学生独立思考的能力和评价能力,以及合作探究的能力和认真书写的好习惯;让学生运用已学的知识和生活经验去解决问题,有利于增强学生的数学应用意识。

四、反思评价,总结提升

教师:通过本堂课的学习,你有什么新的收获?你还有什么疑问?

学生自由回答自己的收获后,教师组织学生一起再数一数学过的数字:0,1,2,3,…,9;9,8,7,6,…,0。

点评

学生在这节课之前，已对1~9的数字有了一定感知，0也是一个数字，但它又区别于1~9。0这个数字虽然比较抽象，但在生活中学生常有接触，所以并不陌生。通过设计复习1~9这几个数字，让学生在强烈的对比感受中开始0的认识。因为有生活经验的积累，学生理解0的一个含义“一个也没有，就用0表示”比较容易，不仅能在情境中准确运用0来表示一个也没有，还能自己举出生活中的例子来加深对0意义的理解。在理解“0表示起点”含义时，因为学生还没有认识直尺，所以对0在直尺上表示的意义比较陌生，主要靠教师的介绍和讲授。本节课通过层层递进的教学环节，让学生在活动中仔细观察、独立思考、大胆表达，能更加系统地理解0的意义以及数学与生活的联系，培养和发展了学生的数感。

（四川省资阳市雁江区幸福博文学校　韩燕）

第6课时　0~9的认识的练习课

教学内容

教科书第20~21页练习一第7~8,11~13题。

教学目标

1.通过练习,进一步认识0~9各数,进一步感知发现数的排列规律,培养观察、比较、分析、思维的能力,发展数感。

2.通过练习,感受数学与生活的联系,激发学习数学的兴趣,获得成功体验,产生积极的数学情感。

教学重难点

教学重点:进一步认识0~9各数,感知、理解数的排列规律。

教学难点:通过数的分解、组成,初步理解数的排列规律。

教学准备

铅笔。

教学过程

一、谈话引入

教师:同学们,前面我们认识了0~9这10个数字宝宝,你对它们了解得如何了呢?这节课我们进行一次自我挑战,好吗?(板书课题:0~9的认识的练习)

二、练习

1.基础练习(练习一第7题)。

教师(出示数字5,6,7,8,9):你还记得它们吗?请读一读。

学生大声读出5,6,7,8,9这几个数字。

教师:它们都可以分成几和几呢?请完成教科书第20页第7题。

学生独立完成。

教师:谁来说一说你是怎么填的?

指名学生回答。

教师:请同学们读一读这些分解,看看你有什么发现。

预设:第一行5,6,7,8的分解,题目分出来的数都有2,我们填的数分别是3,4,5,6,填的数依次多1。

教师:为什么填的数会依次多1呢?从中你有什么感悟?

学生独立思考后,同桌交流,再全班汇报。

教师:你能根据5可以分成3和2,快速地说一说6,7,8,9分别可以分成3和几吗?(指名学生回答)你是怎样做到又快又准的?

预设:因为5可以分成3和2,6比5多1,所以6可以分成3和3等。

教师:同学们真是太棒了,不仅能分解5,6,7,8,9各数,还发现了其中的规律,并能准确地运用规律。

教师:刚才进行了数的分解,那数的组成也会吗?独立完成第7题第二行。

学生独立完成后,教师引导。

教师:仔细观察6,7,8,9的合成,你发现了什么奥秘?

预设:数的分解和组成是有联系的,两个数组成几,就相当于把这个数分成几和几;从左往右看,合成的数依次多1,分成的一个数也依次多1,则分成的另一个数不变。

点评

通过练习,进一步熟悉数的分解与组成,同时感悟数的递增规律,初步感悟分解递增或递减的数:如果分成的其中一个数不变,另一个也递增或递减。

2.专项练习

(1)练习一第8题。

教师:刚才的分解,我们把9分成3和6。9还可以怎么分呢?请完成练习二第8题。

学生独立完成后全班交流。

教师:你是怎么填的?读一读,看看你有什么发现。

预设:从形发现,9不变,分成的蓝正方形越少,红正方形就越多;从数发现,总个数不变,蓝正方形的个数在依次减少,红正方形的个数依次增加,蓝正方形减少的个数正好是红正方形增加的个数。

点评

通过从数和形发现规律,让学生初步感知和不变的规律,为加法的学习奠定基础。

(2)练习一第11题。

教师:请你仔细观察图中的小正方形个数,在括号里填相应的数字宝宝。

学生独立完成后教师导学。

教师:你是怎么观察的?观察的结果是什么?

学生1:我从左往右一列一列地看,正方形的个数依次是0,1,2,3,4,5。

学生2:我从右往左一列一列地看,正方形的个数依次是5,4,3,2,1,0。

学生3:我从上往下一行一行地看,正方形的个数依次是1,2,3,4,5。

学生4:我从下往上一行一行地看,正方形的个数依次是5,4,3,2,1。

教师:你们看,这幅图像什么?(楼梯)从左往右、从上往下看,正方形的个数有什么变化?如果继续增加,最多可以增加到多少?(无数)从右往左、从下往上,正方形的个数有什么变化?减少到0时,还能再少吗?

点评

让学生通过观察,发现数的递增、递减规律,初步感知自然数可以无限大,最小的自然数是0,还有比0更小的数,在感悟数的大小的同时,发展学生数感。

3.拓展练习

(1)练习一第12题。

教师:我们认识了0~9的数,你会数吗?完成第12题看图填数,再完成下面的练习题。

学生独立完成后,指名学生回答。

教师:5添上1是6,6添上1是7,7添上1是8,8添上1是9,9添上1呢?还可以再添吗?(让学生感受数的无限性)

教师:想一想,1添上2是几?3添上2、5添上2、7添上2呢?

教师:这些小圆圈,除了一个一个地数,还可以怎样数?如果两个小圆圈为一双,试一试一双一双地数。

教师说数,学生一双一双地数:2,一双;3,一双多1个;4,2双;5,2双多一个……

教师:其实,刚好几双的数生活中叫作双数,不是刚好几双的数生活中叫作单数。说一说1~9中双数有哪些,单数有哪些。

学生:双数有2,4,6,8,单数有1,3,5,7,9。

点评

本环节进一步感知数的递增规律,对单数和双数形成初步的了解。

(2)练习一第13题。

教师:同学们,这些数字宝宝随时都在我们身边,请你做一做练习一第13题。

学生独立完成后,指名学生回答。

教师:说一说生活中哪里还有我们的数字宝宝。

学生说生活中的数字,如:妈妈买回8个苹果。

点评

让学生找生活中的数,发现生活中处处有数,数与我们的生活有着紧密的联系,从而激发学生学习数学的热情;让学生获得成功的体验,产生积极的数学情感。

三、课堂小结

教师:今天,我们进行了0~9的认识的练习。通过今天的学习,你有什么新的收获?

教师:同学们收获可真大!老师相信,只要你们认真学习,做一个生活的有心人,就会发现生活中处处有数字,处处有数学。希望同学们好好学习数学,掌握更多数学知识,为我们的生活服务,使我们的生活更加丰富多彩,更加幸福美好!

(四川省南充市南部县五灵乡小学　张丽)

比较

教学内容

教科书第22~23页例1、例2、例3,第23页课堂活动。

教学目标

1. 知道"同样多""多""少"的含义,会用词语描述9以内数的大小。

2. 认识数学符号"="">"和"<",了解它们的含义,能在田字格里正确书写,能用符号表示比较的结果,培养初步的符号化数学思想方法。

3. 渗透对应的思想,掌握"一一对应"的比较方法,会正确比较物体的多少。

4. 感悟相等和不相等关系,会用语言描述比较的结果。

教学重难点

教学重点:感悟比一比的方法,会用符号表示比较的结果。

教学难点:学习用"一一对应"的方法比较物体的多少。

教学准备

多媒体课件,蜜蜂、蜻蜓和花朵的磁性板贴,田字格磁贴。

教学过程

一、复习引入

教师:同学们,请用"______比______怎么样"来说一句话。

同桌互说,教师引导学生动眼观察、动手比画,调动学生各种器官参与活动,引导学生完整表达;再请学生汇报。

学生1:我的铅笔比你的多。

学生2:我比你高。

学生3:桌子比板凳高。

学生4:妈妈比爸爸年龄小。

……

引入课题。

点评

教学这个内容前学生已经学会用比来表达，本课就直接复习导入，促使学生用眼观察、用脑思考、用语言表达。

二、自主探索，构建新知

（一）教学例1

1.分类数数，用数字表示看到的物体。

出示例1情境图。

教师：请同学们自己数一数，完成教科书第22页的“数一数”。

强调：要按一定的方向数（从左到右，从上到下）。

2.看一看，想一想，说一说。

根据图中蜜蜂、蜻蜓和花的数量，用“比”说一句话。

教师：观察物体个数，说说你的发现。

教师引导：用摆一摆、画一画的方式，用“______比______”来说一说。

3.认识同样多。

（1）认识同样多。

教师：观察蜜蜂和花朵，你有什么发现？

学生：蜜蜂和花朵同样多。

教师：你怎么知道蜜蜂和花朵同样多呢？（建立“一一对应”思想）

学生自己用3只蜜蜂、3朵花朵学具摆一摆，再跟同桌说一说。

引导学生摆的时候，一只蜜蜂对应一朵花，一只蜜蜂对应一朵花……

引导学生发现：一只蜜蜂对应一朵花，一个对一个，刚好对应完，不多也不少，这时我们就可以说蜜蜂和花朵同样多。

教师小结：像这样一个对一个，对得整整齐齐的，这种方法叫作“一一对应”的方法。

教师：孩子们，说一说“一一对应”的方法有什么好处。

引导学生完整表达，进一步理解“一一对应”的方法。

点评

数学来源于生活，数的产生与发展来源于人类的生活实践。该环节通过向学生展示蜜蜂和花朵“一个对一个”来进行比较，让学生学会并理解“一一对应”的方法。

(2)表示同样多。

教师:有没有一种更简单的表示方法,让人一看就知道蜜蜂和花朵同样多?

教师引导学生发现并表达。

(3)认识等号。

教师小结:是的,在数学中,为了简明,常常用一个符号来表示某些意思。“同样多”可以用“=”来表示。

教师在两个3中间写下“=”,介绍符号“=”叫等号,“=”用两根一样长的短线段对齐表示“同样多”,表示两边相等的意思。“3=3”读作:3等于3。

(4)等号的写法。

教师在黑板田字格磁贴上示范写,学生在书上田字格中描红练习写“=”。

教师:生活中同样多的物体可多了,你能找到这样的例子吗?请同学“用______和______同样多”举例,并引导学生用“3=3”这种形式来表示。

点评

学生将蜜蜂、花朵抽象出来,在教师的引导下用一个对一个的方法来比较,把数与物体联系了起来,自然地进行知识迁移。教师顺势引入相等关系还可以用更简单的符号“=”来表示。老师通过书空、比画,让学生直观感受到“=”的特点,并让学生规范书写“=”。联系生活实际,寻找生活中的同样多,从而加深对“=”的认识和理解。

4.认识多与少。

(1)认识并书写“>”。

教师:孩子们,生活中的物体都是同样多的吗?

教师:你是怎么知道蜻蜓和蜜蜂不一样多的?请你们比一比吧。

引导学生表达:一只蜻蜓对一只蜜蜂,一只蜻蜓对一只蜜蜂,一只蜻蜓对一只蜜蜂,一一对应后,蜻蜓有剩余,所以蜻蜓的只数比蜜蜂多。

教师:你能像刚才学“同样多”那样,用简洁的方式来表示吗?

引导学生认识“>”。

教师介绍:“>”叫大于符号,“4>3”读作4大于3。

引导学生书写“>”。

教师在黑板田字格磁贴上示范写,学生在书上田字格中描红练习写“>”。

教师强调:大于号的“大嘴”在前,“大嘴”一定是对着大数的。

(2)认识并书写“<”。

教师:蜻蜓比蜜蜂多,还可以怎么说?

学生:蜜蜂的只数比蜻蜓的只数少。

教师引导学生发现,观察顺序不一样,表述也不一样。

教师:你能用简洁的方式来表示蜜蜂比蜻蜓少吗?

引导学生认识“<”。

教师介绍:“<”叫小于符号,“3<4”读作3小于4。

引导学生书写“<”。

教师在黑板田字格磁贴上示范写,学生在书上田字格中描红练习写“<”。

(3)“=”“>”“<”的区别和联系。

教师:请同学观察3=3、4>3、3<4,你有什么发现?它们有什么相同的地方,又有什么不同的地方呢?

(4)生活中的不相等。

教师:生活中的物体有不相等的吗?你能像“______比______多”或“______比______少”这样说一说吗?先想一想,再和你的同桌说一说。

引导学生用“>”“<”“=”来表示。

点评

将蜜蜂、蜻蜓抽象出来用简单的数和符号比较,学生自然地进行知识迁移,体会到了符号的意义;用一一对应后有剩余的方法引出不相等的关系,培养了学生会观察、会表达、会书写的能力。

(二)教学例2

1.屏幕出示例2图。

教师引导学生用一一对应的方法摆一摆、填一填,再进行比较。

教师:请观察,你发现了哪些信息?

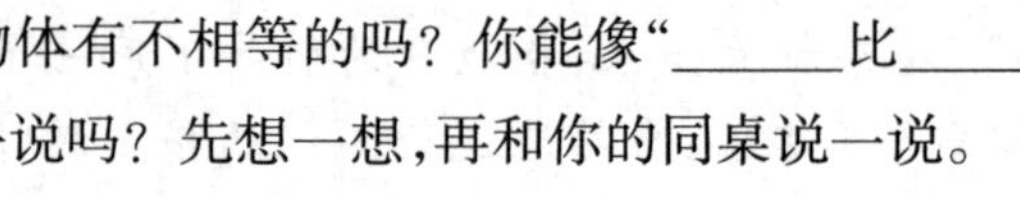

3<5　　　5○3

学生1:●和▲的前面3个是一一对应的,是同样多的。

学生2:后面2个▲是▲和●一一对应后多出来的。

学生3：后面差的2个●是●和▲一一对应后少出来的。

学生4：通过摆一摆，发现5>3，3<5，5比3多2，3比5少2。

2.引导学生看教科书第23页例2图，完成下面练习。

(　　)○(　　)　　　　　　　　(　　)○(　　)

(　　)比(　　)多(　　)　　　　(　　)比(　　)少(　　)

点评

让学生借助自己的学具用一一对应的方法摆一摆3个圆片和5个三角形这些半抽象物体，对比后发现前面部分是同样多，后面是多出来(少出来)的；再请学生“______比______多”或“______比______少”说一说，让学生在自主思考、合作交流中，巩固对符号的理解，旨在让孩子不仅会思考，会动手，还会表达，培养学生的观察、想象、创造等方面的能力和意识。

三、回顾提升，巩固应用

1.完成教科书第23页课堂活动。

教师：说一说怎样比较6和9的大小。

引导学生根据生活实例说一说，比如：弟弟今年6岁，哥哥今年9岁，我们可以用数来表示6<9、9>6；还可以用实物作比较，将6个圆片和9个三角形一个对一个地摆一摆；还可以用数的组成来对比，因为9可以分成6和3，所以9比6大。

点评

用纯抽象的数字来引导学生进行比较，使学生不仅会用实物一一对应来比较多少，还学会联想，学会用旧知解决新问题。

2.比一比，说一说。

教师先引导学生观察，再同桌讨论，最后抽学生回答。

四、课堂总结

教师：通过本堂课的学习，你有哪些新的收获？

点评

学生在这节课之前，已初步对“比”有了一定感知。这节课从具体实物蜜蜂、花朵、蜻蜓的比较到圆片和三角形的比较，再到数字6和9大小比较，通过层层递进的教学环节，让学生在老师创设的场景中经历由抽象到具体，再从具体回到抽象这一过程，引导学生在活动中仔细观察、独立思考、大胆表达；通过“说一说”“数一数”“比一比”“写一写”“读一读”“画一画”等多种丰富的实践活动，加深理解比较的意义以及数学与生活的联系，加强对学生目标素养化、思维过程化的培养。

（四川省资阳市雁江区幸福博文学校 刘益）

第几

第1课时 第几

教学内容

教科书第24页例1、例2,第24~25页课堂活动。

教学目标

1.理解“几个”表示物体数量的多少,“第几”表示物体的顺序和位置;会区分“几个”和“第几”的含义,形成初步的数感和符号意识。

2.经历从具体形象到抽象的数学过程,再由抽象回到具体的现实生活中,积累从具体到抽象再回到具体的数学活动经验。

3.从一年级起有意识地培养学生看(数学眼光)、想(数学思维)、说(数学语言)的能力。

教学重难点

教学重点:理解“第几”的含义。

教学难点:能区分“几”和“第几”,会用较完整的数学语言表达。

教学准备

多媒体课件等。

教学过程

一、“旧枝长新芽”

教师:同学们,听说一年一度的小动物运动会开始了,现场可热闹了!走,咱们去瞧瞧。

教师:看!运动员们正站在起跑线上。数一数,一共有几个小动物参加赛跑?

学生:一共有9个小动物参加赛跑。

教师:预备,开始。大家都跑起来了。

教师:现在有几个?(出示空白的草坪图片)

学生:0个。

教师:现在呢? 怎么数出来的?(动画依次出现不同个数)

学生:3个,我是一个一个地数出来的。

教师:现在呢?

学生:6个,我是2个2个地数出来的。

教师:现在呢?

学生:9个,我是3个3个地数出来的。

点评

唤醒学生已有的经验,会用0~9这些数字符号表示数量,会用不同数数的方式数出个数,会用不同的数字表示不同的数量。采用结构化的设计,先复习已学的用数字表示数量多少的功能,在此基础上生长发展出新的功能。

二、“新芽生长成新枝”

(一)几和第几

教师:小朋友们,让我们来看看,现在谁跑得最快? 请你给小动物们排一排名次。

学生甲:现在梅花鹿是第1名。

学生乙:小兔第2。

教师:我们再看看其他小动物是第几名呢?

学生丙:我看到小猫跑在第3,小松鼠跑在第4,山羊跑在第5。

学生丁:我看到跑在第6的是小熊,跑在第7的是小猪,跑在第8的是大熊猫,跑在第9的是乌龟。

点评

同一个意思用不同的语言模型表达,活学活用。

教师:仔细观察,大熊猫的前面有几个运动员? 它的后面有几个运动员?

学生:大熊猫跑在第8位,前面有7个运动员。它的后面有1个运动员,场上共有9个运动员。

教师:刚才同学们观察到了有9个运动员参加比赛,从前往后数,乌龟排在第9个,同样都是“9”,这两个“9”表示的意义相同吗? 为什么? 想好以后,同桌互相说一说。

同桌交流后,教师:谁来说说你们二人小组的想法。

学生：有9个运动员，这里的“9”表示参赛运动员的个数，一共有9个。（动画：用一个蓝色的圈把所有动物都圈起来）乌龟排第9，这里的“第9”表示乌龟所在的顺序和位置，指的是1个运动员。（动画：用一个红色的圈把小乌龟圈起来）

教师：原来“几”表示一共有多少个，即事物数量的多少；“第几”表示事物排列的顺序和位置，指的是其中的一个。

点评

小学低龄儿童主要以具体形象思维为主。从具体有趣的动物比赛中，抽象出数字符号“9”，渗透符号意识，经历从具体到抽象的过程，帮助低学龄儿童理解抽象的数字符号“9”和“第9”表示的具体含义，为形成抽象意识和推理意识积累经验基础。

（二）从具象到抽象

1. 隐去背景图片，把动物变成灯笼（第24页课堂活动第1题）。

教师：同学们，现在动物们变成了灯笼，你还能按要求找到正确的灯笼吗？敢不敢挑战一下？

学生：来吧！

教师：请说说从这边起第3个灯笼在哪儿？请圈一圈。

教师：（指着另一边说）从这边起的前3个灯笼在哪儿？请圈一圈。

教师：说说它们的不同。

点评

动物变成灯笼，不同变式包含同样的原理，帮助学生进一步巩固理解几和第几的含义。

2. 隐去背景图片，把灯笼变成数字。

教师：数一数一共有多少个灯笼。

学生：一共有8个灯笼。

教师：咱们一起数一数。

学生：1，2，3，4，5，6，7，8。（灯笼隐去只留下数字）

点评

灯笼隐去只留下数字，感知从具体到抽象的过程，积累从具体到抽象的数学经验。

3.数字渐变成直尺(第24页例2)。

教师:从小到大数,“5”是第几个数?

学生:第5个。

教师:好。(PPT在“1”前面添上一个“0”)现在“5”还是第5个数吗?

学生:1,2,3,4,5,6,是第6个数。

教师:为什么数字“5”刚才排在第5,现在却排在第6了呢?

学生:排队的位置变了,顺序也发生了变化。

点评

从灯笼抽象出数字再到直尺,积累从具体到抽象再回到具体的数学经验。

4.第25页课堂活动第2题。

教师用PPT同步把这些数打乱渐变成数字卡片。

教师:你还能按顺序把它们重新排列吗?

学生:可以从小到大或者从大到小排列。

教师:请你动手排一排。

教师:小朋友,想一想,我们按从小到大的顺序排列,前3张卡片分别是哪3张?第3张是谁呢?如果按从大到小的顺序排列,前3张卡片分别是哪3张?第3张又是谁呢?

教师:请带着这些问题动手排一排吧。

学生汇报。

教师:从排好的数字中,你还发现什么规律了吗?

学生甲:相邻的两个数相差1。

学生乙:3<4, 4<5,所以3<5……

点评

巩固数的顺序以及对数的大小的理解,启发学生从不同角度观察、思考、表达。

三、“新枝锻炼变强壮”

教师:数学源于生活,又应用于生活。请用“几”和“第几”说说自己在教室里的位置。

点评

将从生活中抽象出的数学符号又应用于生活。该活动可以同桌互相说，并评价对方是否说正确，弄清自己的位置。这样的亲身实践活动能有效提高学生的参与率、注意力和对知识的实践应用能力。

四、“总结迁移生长力量”

教师：通过本节课的学习，你有什么收获？我们是怎样来学习这节课的？你还有什么问题？

学生甲：认识了第几，先确定好数数的方向，然后从1开始点数，数到几，它的顺序就是“第几”。

学生乙：几和第几是不同的，“几”表示事物数量的多少；“第几”表示其中一个事物排列的顺序和位置。

学生丙：排队的位置变了，顺序也发生了变化。

学生丁：数数的方向不同，排列的位置就不同……

点评

课的结尾三问，第一问面向本节课的知识，对本节课做个小结；第二问面向数学学习的思想方法，有意识地将数学思想方法贯穿整个教学过程，有意识地培养学生的数学核心素养；第三问面向未知的知识，根据课堂生成，或答疑解惑或顺势为后续学习做牵引和铺垫。

（四川省资阳市雁江区第一小学城东分校　赵金莲）

第2课时 比较、第几的练习课

教学内容

教科书第25~26页练习二第1~5题,思考题。

教学目标

1.巩固通过数一数、比一比、摆一摆的方法比较大小。

2.进一步规范书写和正确运用“>”“<”“=”这三种符号。

3.通过观察、交流,进一步理解“几”和“第几”的不同含义,能正确区分几个和第几个,并在实际生活中加以运用。

4.进一步培养合作交流的意识和语言表达的能力。

教学重难点

教学重点:掌握一一对应的比较方法,形成初步的比较能力;正确用几个和第几个表达意思。

教学难点:初步体会基数和序数的区别。

教学准备

多媒体课件、导学单。

教学过程

一、游戏引入,学用相连

教师:同学们记得自己的学号吗?

学生:记得。

教师:老师把部分同学按学号分成了两组。两组中最大的学号分别为第9号和第6号(在黑板上张贴第9号和第6号)。你能猜出哪组人数最多吗?

学生思考后讨论,自由发言,形成不同的讨论结果。

教师:那同学们的猜想对吗?(教师出示分组结果)

第一组:5号、9号;

第二组:1号、2号、3号、6号。

教师:同学们现在还认可自己的结论吗?

教师:那怎样比较呢?

学生甲:我用的数数的方法。

学生乙：我用的比一比的方法。

……

教师：为什么刚才同学们有几种答案，现在却只有一种了呢？

学生甲：因为刚才并不知道每组里有哪些同学。

学生乙：因为第几并不代表就是几个人。

……

点评

以猜想激趣，通过情境的逐步呈现形成对比，既巩固旧知，又加深了比较大小方法的实际运用，唤醒了“序数”不代表“基数”的初步感知。

二、自主探索，交流提升

1.教学练习二第1题。

（1）

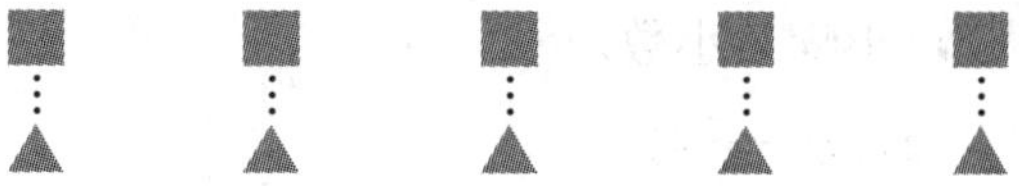

5◯5

（2）

4◯5　　5◯4

教师：同学们，能快速填空吗？

学生完成过程中教师巡视，和学生交流比较方法和易错点。

教师：谁能回答第（1）小题？

学生：同样多，所以填“=”。

教师：你怎么知道同样多的呢？

学生甲：我用是一个正方形对着一个三角形，刚好对完，三角形和正方形同样多。

学生乙：我是数出有5个正方形，5个三角形。

教师：所以我们用什么符号表示？

学生齐答：等号。

教师：同学们一起读！

学生:五等于五。

教师:那第(2)小题还是同样多吗?

学生:不是。

教师:哪位同学来分享第(2)小题?

学生:4<5,5>4。

教师:同学们在比较小狗和小猫的多少时,又是怎样比较的呢?

学生讨论交流。

学生甲:小狗的只数是4,小猫的只数是5,4比5小,我们就说4小于5,写作“4<5”。

学生乙:小猫的只数是5,小狗的只数是4,5比4大,我们就说5大于4,写作“5>4”。

教师:刚才我发现有同学不能区分“<”和“>”符号,有没有同学能告诉一个巧妙的方法?

学生:大嘴对大数,小嘴对小数。

教师:会了吗? 一起读一下吧。

学生齐读:四小于五,五大于四。

教师:再和你的同桌分享“4<5”“5>4”的意思吧! 每人说一个。

同桌学生对学。

点评

通过对应、数数等方法再次强化比较大小的方法,通过形象的比喻正确区分“<”和“>”符号,让数学在学生心中“生根”。

2.自学对学练习二第2题。

教师:同学们会比较大小了吗?

学生:会。

教师:我相信同学们能自己填写。

学生填写,教师巡视。

教师:同学们想当小老师吗?

学生:想!

教师:那请你当小老师,给你的同桌批改作业。如果错了,你要帮助他哦!

学生对学,教师巡视。

教师:哪组小朋友最勇敢,来全班示范?

学生演示，教师用数学的语言规范。

点评

通过第1题的探讨，学生初步建立了比较的模型，因此本环节放手让学生对学，通过"小老师"训练培养学生的学习兴趣和"用数学的语言表达世界"。

3.教学练习二第3题。

教师：刚上课时我问同学们有没有学号，你们还记得吗？

学生：记得。

教师：谁能说说自己的学号？请学号为一位数的同学来说一说吧。

学生：7号。

教师：那7号是什么意思呢？

学生甲：排在班上的第7个。

学生乙：7号前面还有6个。

……

教师：同学们有这么多想法，会填吗？(出示第3题)

第5人前面有(　　)人，后面有(　　)人，一共有(　　)人。

学生汇报。

教师：如果第2人走了，原来的第5人现在还是第5人吗？

学生：不是，是第4人了。

教师：为什么？

学生甲：因为走了1人，所以他是第4人了。

学生乙：从头开始数，他是第4，所以是第4人。

教师：如果后面走1人，第5人后面有几人，一共有几人？

学生甲：第5人后面原来有4人，走了1人，只有3人了。

学生乙：一共就只有8人了。

点评

学生从自己的生活经验入手，更加情境化地理解了基数和序数的区别与联系。同时，通过情境的变化，理解序数会随着情境的变化而变化，将“万事万物不是一成不变”的哲学思想渗透其中。

4.自主探索第4题。

(1)给第4个涂上红色。

第1

(2)给第4个☆和第5个☆涂上红色。

第1

(3)观察上面两组图，说一说你的发现。

教师：会涂吗？

学生：会。

学生自主完成，教师巡视中交流想法。

教师：观察上面两组图，说一说你的发现。

学生甲：第4前面应该有3个。

学生乙：有了第4，才有第5。

学生丙：有第几，说明一共至少就有几个。

……

5.自主拓展练习二第5题。

教师：刚才对“第几”的学习，同学们表现非常好，那同学们会做第5题吗？

5.小明家楼下只有2户人家，小明家住第(　)层；小红家楼上只有2户人家，小红家住第(　)层。

学生：第一个空填写“3”。

教师：为什么？

学生：楼下有2户人家，所以小明住第3层。

学生：第二个空填写7。

教师：为什么填写7？

学生甲：我是倒着数的，共9层，楼上2户，从第9开始倒着数两层，所以小红住第7层。

教师：同学们太棒了！

学生对学。

点评

通过开放式的探索，让学生在开放的学习环境中放飞思维的“翅膀”。

6.拓展思考题。

想一想，填一填。

(1)因为9>8，8>7，所以9◯7。

(2)因为3<5，5<7，所以3◯7。

教师：会填吗？先自己填写。

教师：谁能仿照两个题说一个相同类型的问题，考考你的同学？

学生先分桌讨论，再前后桌讨论，最后小组汇报。

教师：同学们会填写第(3)小题了吗？

(3)7>(　)>4　　　　(　)>6>(　)

7<(　)<(　)　　　　(　)<(　)<2

学生独立完成，分小组多样化地填写。

点评

练习二中的几个习题，在学生已有的基本知识和基本技能的前提下，深度契合基本生活经验，挖掘对比、类比、符号、比较、可逆等数学思想，由浅入深、环环相扣，培养学生“问题意识”，使其学会用数学的语言表达世界，用数学的眼光观察世界，进而培养学生的核心素养。

三、课堂总结

教师：这节课你学了哪些知识？说给大家听听。

点评

通过本节课的整合练习以及学生的自我总结回顾，让学生对“比较”和“第几”有了初步的认识和思维能力，为后续学习数的认识、数的运算以及数量关系打下基础。本节课不仅培养学生的“四基”能力，更是聚焦数学核心素养的培养，从而让学生真正通过数学学习爱上数学，用好数学，让每个学生学到有价值的数学。

（四川省资阳天立学校 李俊）

整理与复习

第1课时

教学内容

教科书第27页第1~3题,第29页第5题。

教学目标

1.通过整理复习,在具体情境中提高对数的作用、区别和联系的认知,进一步掌握0~9的大小顺序、分解和组成,区别基数和序数。

2.初步感知整理复习的重要性,感受利用数学知识解决实际问题的乐趣,形成初步的数感和符号意识。

3.初步体会生活中处处有数学,在学习中体验成功的喜悦,激发学习数学的兴趣。

教学重难点

教学重点:利用数的组成和分解正确解决问题。

教学难点:正确区分基数与序数并解决问题。

教学准备

多媒体课件、导学单。

教学过程

一、激趣引入,勾起回忆

1.回忆。

教师:同学们,这个单元我们认识了0~9,想想,你学到了哪些知识呢?和你同桌说一说。

教师:好的,同学们对这些知识印象深刻。现在请同学们翻一翻数学书第10页到第26页,看看你还有什么想补充的。

学生汇报。

2.倒计时10秒开始上课(从9开始一个一个倒数)。

教师:孩子们,你准备好了吗?我们大家一起先倒数学过的数,然后开始上课。9,8,7,6,5,4,3,2,1,0。

3.听儿歌,找数字。

教师:孩子们,你们喜欢听儿歌吗?我们一起认真听,听完以后说一说儿歌里都藏着哪些数字宝宝。

播放儿歌:门前大桥下,游过一群鸭。快来快来数一数,2,4,6,7,8。

这句歌词里一共有1,2,4,6,7,8这些数字宝宝。

点评

用大家熟悉的倒计时和儿歌勾起学生对数字的回忆,激发学生的学习兴趣,同时培养学生专注倾听、完整表达的学习习惯,巩固学生倒序数数的能力。

二、自主探索,构建新知

(一)数的作用、区别和顺序

1.说生活中的数,理解数的作用。

教师:孩子们,不仅儿歌里有数,我们生活中到处都有数。你能用数字宝宝说一说身边的东西吗?

学生1:教室里有2扇门,有4扇窗户,1个西瓜,1篮苹果。

学生2:一年级9班是1个班,2块黑板,1叠作业本,1个书架,3层书。

……

教师:孩子们真会细心观察,用小眼睛发现了这么多生活中的数。你知道数字宝宝有什么作用了吗?

学生:用数字宝宝来表示东西的多少。

教师:孩子,你真能干!说得太好了,我们可以用数字宝宝来描述事物的多少。

2.教学第27页第1题,理解数的区别。

教师:仔细看图,判断老师的数字宝宝写对了吗?

7　　7　　7　　7　　7

学生:这样写不对。7颗珠子用7表示,6颗珠子该用6表示,9颗珠子该用9表示,5颗珠子该用5表示,8颗珠子该用8表示。

教师:看来我们要用不同的数字宝宝来描述不同数量的东西。

3.数的顺序。

教师:明明有3支铅笔,如果妈妈买来1支,明明就有几支铅笔了呢?

学生:3添上1就是4,明明就有4支铅笔了。

教师:明明有3支铅笔,如果妈妈买来2支,明明就有几支铅笔了呢?

学生:3添上1就是4,4再添上1就是5,所以3添上2就是5,明明有5支铅笔了。

教师:明明有3支铅笔,如果用去1支,明明还有几支?

学生:3去掉1就是2,所以明明有2支铅笔。

教师:数字宝宝添上几个就变大了,去掉几个就变小了。通常情况下,我们会把大的数排到后面,把小的数排到前面。

点评

让学生在具体情境中理解数字的作用、不同数字的区别、数字之间的顺序和联系,促使学生会用眼睛观察,会用脑袋思考,会用语言表达,以此践行核心素养统领性的"三会"目标。

(二)基数和序数

1.教学第27页第2题。

(1)给第6个苹果涂上红色。

(2)圈出6个苹果。

教师:孩子们,认真思考,你会解决问题吗?

出示第2题。

教师:同样都是6,为什么涂出来的苹果和圈出来的苹果不一样呢?

学生:第6个就是排在第6的那一个,只有1个,圈出6个的6是有6个苹果。

教师:看来6可以说成有6个,也可以说成第6个。其他数字宝宝呢?

教师:原来数字宝宝可以说成几个,还可以说成第几个。

2.排队。

教师:孩子们,看!有一队同学在排队报数。

报双数的同学出列(2,4,6,8)(从2开始,2个2个地数);

报单数的同学出列(1,3,5,7,9)(从9开始,2个2个地倒数);

让学生找人,描述人的位置。

教师：为什么有同学说小红在第7，有同学说小红在第3？（规定数的方向）

点评

让学生在具体情境中理解基数和序数的意义与区别，理解并感悟第几可能会随着数的方向不同而发生改变，培养学生思考辨析能力。

（三）数的大小

1.教学27页第3题：比一比，填一填，画一画。

6○6　　6○9　　9○□

2.教学第29页第5题。

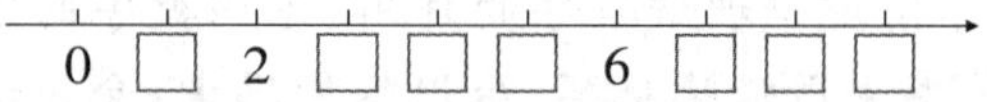

大于3的数有：_____　小于7的数有：_____　大于3小于7的数有：_____

点评

利用数线图让学生直观比较数的大小，并对大于、小于和等于三种数的集合有初步的感知。

三、回顾总结

教师：通过本课的学习，你有什么新收获？

教师：我们知道了数可以表示东西的多少，不同的数表示的东西数量不一样，要按照一定的顺序来分解数，可以利用数的分解与组成比较数的大小。

点评

通过本节课的教学，让学生对数字的作用、区别和顺序有整体的认识，对基数和序数有更深层次的感悟，利用有序思考的方法解决数的分解和组成问题，并利用数的分解组成和数的顺序比大小；让学生对本单元知识有整体认知和感悟，为20以内数的认识、100以内数的认识和万以内数的认识打下坚实基础；更重要的是让学生的知识有整体的架构，而不是零散的知识点，更利于培养孩子的数感和符号意识。

（四川省资阳市雁江区三贤九年义务教育学校　卓彬）

第2课时

教学内容

教科书第28~29页第1,2,3,4,6题。

教学目标

1. 巩固对0~9的认识,加深对数的大小顺序、区别与联系以及分解与组成的理解和认知。

2. 感受利用数学知识解决实际问题的乐趣,培养观察能力和逻辑思维能力,形成初步的数感。

教学重难点

教学重点:理解数与数之间的关系、大小顺序和分解与组成。

教学难点:运用所学内容灵活解决问题。

教学准备

多媒体课件、导学单。

教学过程

一、激趣引入,勾起回忆

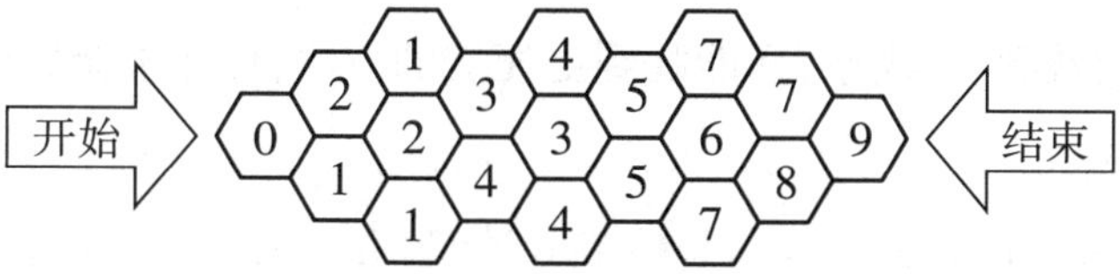

教师:孩子们,你们喜欢走迷宫吗?请按照越来越大的顺序走出这个迷宫。

点评

以游戏激趣,在游戏情境中巩固对数的认识,加深对数的顺序的理解和应用,培养学生的逻辑思维和空间感知的能力。

教师:这个单元我们学习了0~9这些数字,今天我们一起复习相关的知识。

二、自主探索，巩固旧知

（一）看图填空

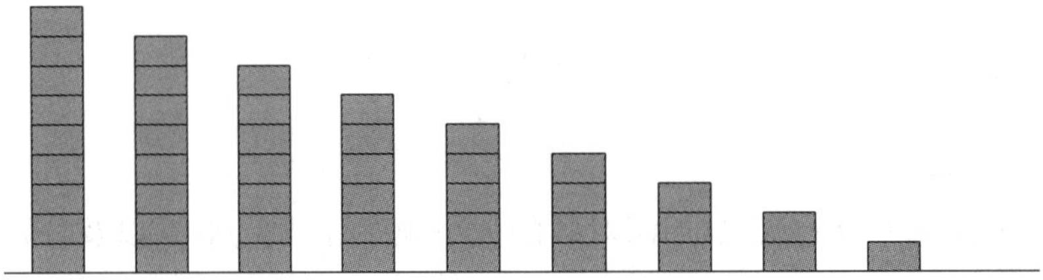

（　）（　）（　）（　）（　）（　）（　）（　）（　）（　）

教师：同学们，能快速填空吗？

学生完成得有快有慢。

教师：为什么有些同学填得这么快？能说说你的诀窍吗？

学生甲：我是这样填的，我先填第一个空，数了数是9个，填9；再看后面每一列都比前一列少1个，比9少1是8，比8少1是7……所以后面的不用数，直接就可以填出来了。

教师：不仅会准确地数数，还会观察它们之间的关系，非常好！

教师：填得快的同学都是用的这样的诀窍吗？

学生乙：我是这样填的，我先填最后一个空，是1，再看前面每一列都比后一列多1个，比1多1是2，比2多1是3……所以后面的不用数，也可以直接填出来了。

教师：会数数，会观察，还能找到更便捷的方法，你非常会思考！

点评

学生经历将数量抽象成数的形成过程，再次感悟数的概念本质上的一致性，从而培养学生的数感；利用学生不同的填空方法，让学生再次感受数与数之间的关系，不仅为之后学习数的运算做好铺垫，而且培养了学生分析和解决问题的能力。

（二）在□里填合适的数

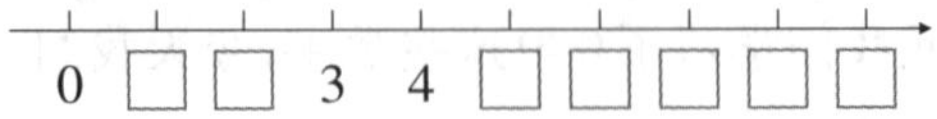

（1）0，1，2，3，□，□，□，□，□，□。

（2）0，□，4，□，8。

（3）1，3，□，□，9。

教师:看看数线这些位置上缺了哪些数?

学生依次填1,2,5,6,7,8,9。

教师:如果没有数线,那你还能找到第(1)小题这些数之间的关系,并填好空吗?你是怎么想的?

学生:依次是4,5,6,7,8,9。我看到了0,1,2,3,后一个数都比前一个数多1,所以我是依次添上1这样填的。

教师:第(2)小题呢?

学生甲:依次是2,6。我试了试,第一个空填1不行,填2可以。

教师:为什么填1不行?

学生甲:因为第一个空填1的话,1比0多1,但4比1多3,这样规律不一样。

教师:非常好,试一试也是一种办法。还有不同的办法吗?

学生乙:我看到了0,4,8,4比0多4,8比4多4,中间还隔了一个数,所以后面一个数应该比前面一个数多2,所以我是依次添上2这样填的。

教师:他想到了相隔两个数之间的关系,找到了该填的数字,真会观察!

教师:第(3)小题呢?

学生丙:我看到了3比1多2,虽然9比3多6,但中间隔了两个数,所以后面一个数应该比前面一个数多2,所以我是依次添上2这样填的。

教师点评。

点评

从数轴到没有数轴,从相差1到相差2,从间隔一个数字到间隔两个数字,遵循了学生的认知发展规律。通过不同的数量与形式,加深了学生对数与数之间关系的理解,培养了学生观察、分析和解决问题的能力。

(三)涂一涂,圈一圈

第1

(1)把第3条涂成黄色,并圈出3条。

(2)把第5条涂成红色,把第9条涂成蓝色。

教师:同学们会观察思考数与数之间的关系,那“几”和“第几”你能区分吗?请试试,把第3条金鱼涂成黄色,并圈出3条金鱼。

学生完成。

教师：同样都是3，涂出来的金鱼和圈出来的金鱼为什么不一样？

学生：第3条就是排在第3的那一条，只有1条；圈出3条中的3是有3条金鱼。

教师：没错，数字既可以表示几，还可以表示第几。

教师：再请你涂出第5和第9条金鱼。

学生完成。

点评

借助实例再次体会数作为基数与序数的含义，利用有对比关系的题目，通过学生的动手操作和动脑思考的认知过程，加深学生对数的两种意义的理解。

（四）想一想，填一填

教师：回忆数的分解与组成，你能完成下面的填空吗？

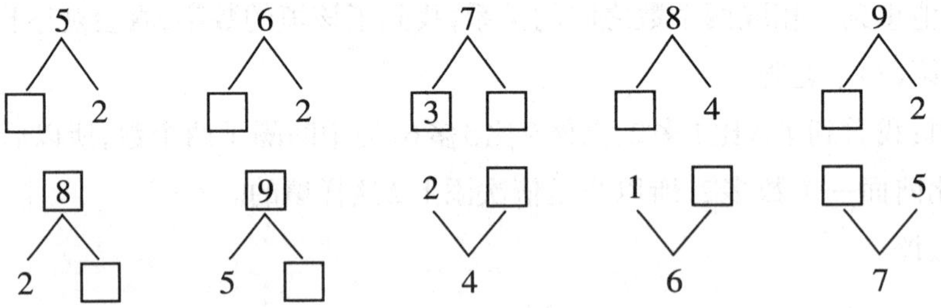

学生完成。

教师：你是怎么填出来的？

学生甲：我想的是数的分解，5可以分成3和2，所以第一个空填3；6可以分成4和2，所以第二个空填4……7可以分成5和2，所以最后一个空填2。

教师：都是这样做的吗？

学生乙：我想的是数的组成，3和2可以组成5；4和2可以组成6……5和2可以组成7。

教师：无论是哪种形式，既可以利用分解来解决问题，又可以用组成来解决问题。

点评

利用数的分解与组成，巩固对其蕴含的数的结构及数量关系的感知和理解，为下一步理解数的运算打好基础，培养了学生的逻辑思维能力。

(五)排一排,填一填

教师:同学们掌握得非常好! 最后一题综合运用,请你来挑战!

(1)共有(　　)个数,最小的数是(　　),最大的数是(　　)。

(2)比4小的数有(　　)个,比5大的数有(　　)个。

(3)按从小到大排,6排第(　　)。

(4)比0大比9小的数有(　　)个。

教师:共有(　　)个数,最小的数是(　　),最大的数是(　　)。

学生完成。

教师:比4小的数有(　　)个,比5大的数有(　　)个。

学生完成。

教师:比4小的数是3,2,1,0,一共有4个;比5大的数有6,7,8,9,一共有4个。为什么你们的答案却分别是3个和2个呢?

学生:因为这道题里并没有2,7,8这三个数。

教师:看来我们在解决问题的时候,要看清楚题目给的信息。

教师:按从小到大排,6排第(　　)个。

学生完成。

教师:比0大比9小的数有(　　)个。

学生完成。

教师:同学们不仅掌握了数与数之间的关系、数的大小顺序,还能快速解决"几"和"第几"以及分解与组成的问题。同学们掌握得非常好! 这个单元我们就复习到这儿,下个单元我们还要学习哪些新知识、接触哪些新朋友呢? 下节课我们一起继续我们的数学之旅!

点评

通过综合运用,再次巩固了对数与数量知识的理解和掌握,培养了学生的观察、分析、表达、运算以及解决问题的能力,形成了初步的数感、符号意识和推理意识,为后续数的运算和数量关系的理解做好了扎实的铺垫。

三、回顾总结，巩固提升

教师：回顾一下，这节课你们有哪些新的收获？

学生汇报自己的收获。

点评

通过本节课的整合练习以及学生的自我总结回顾，让学生对本单元的知识有了整体的认识和感悟，为后续数的认识、数的运算以及数量关系都打下坚实基础。不仅让学生零散的知识形成了整体的架构，更培养了学生的数感和符号意识。

（四川省资阳市雁江区第二小学　张鹏）

第二单元
0~9的加减法

单元教学导引

本单元是0~9的加减法，对于加减法教学，我们要侧重加法与减法的意义理解，同时要通过符合孩子年龄特征的教学方式，促进孩子算法的掌握。

一、如何帮助学生更好地理解加与减的意义？

对于加与减的学习，意义的理解非常重要，是后续加减运算算理及解决问题的重要依据和出发点。教科书通过多个不同情境，逐步抽象出加减算式。从学生角度来看，多个情境下的学习，可以为学生提供更多的加减法算式原型支撑，更有助于学生理解和运用。所以，教师在教学中要重视生活情境所呈现的意义挖掘与表达，进而抽象出数和算式，逐步培养孩子的数学眼光。对于加法与减法意义，教师还要侧重多个情境（如加法中不同题材表示的“3+2=5”）表示的共同特性的抽象，也可以是多个加法或多个减法情境共同特性的抽象。单元学习中也可以穿插一式多情境的联想与对比，去促进学生感悟如“加法就是将两个（或多个）部分合起来”，或者是“在原有基础上增加”，从而逐步帮助孩子抽象出加法与减法的模型。

二、教学中如何用好学生已有经验，更好理解加法与减法的算法？

一年级学生以具体的形象思维为主。教科书编排注重学生年龄特征，以图片操作、示意图、手指演示、数数等方式来交流和呈现算法，符合学生年龄特征。教学中对于算法理解，教师要充分尊重学生年龄特征和已有经验，促进加法与减法算法的掌握，比如：在教学“3+2=5”时，借助图片、小棒等进行记录与计算，学生有关于9以内数的认识经验，从3开始往后数两个，或从2开始往后数3个，从而得出结果，而减法就是往回数的结果。将数的认识与数的运算联系起来，数的认识促进数的运算，数的运算反过来促进数的认识。总之，只有尊重了学生年龄特征和知识经验来开展教学才更利于学生数学能力的发展。

单元教学目标

1. 初步体会加法与减法的含义，能熟练地口算0～9的加减法；能正确计算0～9的连加、连减和加减混合。

2. 在计算过程中初步体会计算方法的多样化，并经历与同伴交流计算方法的过程，获得初步的数学活动经验。

3. 能从具体情境中提出加法和减法问题并解答，能用加法与减法解决生活中简单的实际问题。

4. 能对数、数学符号、算式等进行规范书写，逐步养成仔细看、细心算、认真写以及发现错误及时改正的良好习惯。

5. 初步积累寻找规律的经验，促进模型意识的初步建立。

6. 鼓励学生积极参与数学活动，激发学生对数学的好奇心和求知欲，培养学生简单推理意识，实现“策略优化”，渗透了优化的数学思想。

（四川省成都市胜西小学 李宪意）

认识加法

第 1 课 时 认识加法(1)

教学内容

教科书第30~31页例1、例2及课堂活动。

教学目标

1.经历联系具体情境写出加法算式的过程,初步认识加法的含义;认识加号,会读、写加法算式;能根据具体情境填写加法算式。

2.通过主动探索和相互交流,初步掌握加法的计算方法,并能正确地计算。

3.能结合具体情境,初步学会解释自己的思考过程和计算方法,培养初步的观察、比较和数学语言表达能力。

4.初步体会数学与生活的联系,产生学习计算的兴趣。

教学重难点

教学重点:理解加法的含义。

教学难点:能正确理解图意,说出算式表示的意义。

教学准备

多媒体课件、导学单、5根小棒、5个圆片。

教学过程

一、复习旧知,导入新课

1.你看到了什么?你想到了什么?

教师和学生一起用手势比画,教师启发讲2和3组成5的故事,让学生们自己也来分享。

教师评价学生的回答。

设计意图

通过回顾数数和数的分与合来帮助学生回忆旧知，同时为认识加法、计算加法算式做铺垫，寻找认知的最近发展区。

二、创设情境，教学新知

（一）教学例1

1.师生谈话，理解图意。

教师：孩子们，从图中你知道了什么数学信息？（出示例1情境图）

引导学生观察说出：左边划来3条船，右边划来2条船，一共有5条船。

教师：你能用三句话再和同桌说一说图中的信息吗？比一比，谁说得更清楚。

2.动手操作，理解含义。

教师：你能用手中的学具代替小船，边摆边说这幅图的意思吗？看看谁说的最清楚。

引导学生动手摆小棒或圆片，边摆边说：左边划来3条船，右边划来2条船，一共有5条船（注意在第一次摆的过程中，指一条小船要对应摆一个小圆片或小棒，摆完组织学生收小棒或者圆片）。教师拿出5根小棒代替小船，和学生一起演示：（左边划来的3条小船用3根小棒表示）先摆3根小棒，（右边划来的2条小船用2根小棒表示）再摆2根小棒，求一共有多少条船就是把3和2合起来（教师手势表示“合起来”），这个“合起来”的过程我们用加法来表示。“合起来”就用加法，这就是我们今天要认识的新朋友。

板书课题：认识加法。

点评

学生通过获取的数学信息，提出数学问题；通过教师追问“一共有多少条船？”激发学生对新知学习的需求；通过让学生动手边摆学具边说图意，展现真实情境的过程，让学生动手、动脑、动口，参与知识形成的过程，帮助学生直观理解加法的含义。

3.认识加法，探究算法。

由3条船和2条船抽象出数字3和2来。

教师：3条船可以用数字3来表示，2条船可以用数字2来表示，3和2合起来，就可以写成3+2，中间的符号是加号：3+2。（板书）

教师：现在老师想问问一共有几条船？（多让几个学生回答）

思考：你们都说一共有5条，你是怎么知道共有5条的？把你的想法跟同桌说说吧！（出示课件：活动要求）

带着学生用学具摆一摆，引导学生得出：

①用点数法：（用手指着）从左往右一条一条地数：1，2，3，4，5，所以一共有5条船。

②用接着数的方法：从3条接着往后数2条：4，5；也可以从2条接着往后数3条：3，4，5。所以一共有5条船。

③根据数的组成：因为3和2组成5，所以一共有5条船。

教师小结：那你知道这个加法算式怎么读吗？谁会读？

指名读，齐读。教师板书读法：读作3加2等于5，指出"+"在算式中读作"加"。

4.认识加法各部分的名称。

教师边说边板书：在这个算式中，3表示一个加数，2表示另一个加数，5表示和，所以加数+加数=和。（指读）

点评

教师是学生学习的引导者，引导学生参与学习的全过程。教师在引导学生用小棒演示图意时，自然引入对加号的认识，并鼓励学生采用不同的方法计算3+2=5，体现算法的多样性；同时也保护了学生思维的多样性，培养了学生观察、思考和表达的能力。

教师：从孩子们的眼神中，老师看到了智慧，用"3+2=5"解决了一共有几条船的问题，瞧！一群可爱的小朋友带来了一个新的数学问题。

（二）教学例2

动态出示例2的两幅图，让学生说出图意。

教师：（先出示一幅图）请仔细观察这幅图，你知道了哪些数学信息？

学生：原来有3个小朋友在拍篮球。

教师：（课件出示第二幅图）你发现了什么？（学生自由回答）

教师：现在有多少个小朋友？你能解决吗？（不指名回答）

教师追问：3+2=5，在这幅图中，3表示什么？2表示什么？5表示什么？

指名学生说一说。

教师：还可以怎么说？

教师引导得出：5就是“增加后的总数”，求增加后的总数用加法计算。

教师：“3+2=5”解决了一共有多少条船的问题，还解决了现在有多少个小朋友的问题。那么“3+2=5”还可以解决生活中哪些数学问题？和你的同桌分享一下。

点评

结合情境图，让学生说出加法算式中各数字分别表示的意义，帮助学生理解加法算式的含义；通过让学生讲述用“3+2=5”还可以解决生活中哪些问题，帮助学生进一步加深对加法意义的理解，并通过教师小结，求“合起来”“增加后的总数”都可以用加法来计算，帮助学生建立加法算式的模型。

三、巩固练习，拓展应用

画一画，写一写，说一说。

(　　)+(　　)=5

教师：你能写出几种不同的加法算式？在自己的本子上先用画圆的方式表示，再写出算式。开始吧！

教师巡视、指导，挑选有顺序写算式的孩子作品进行展示(1~2名不同顺序)，再看看有没有写出“0+5=5，5+0=5”的，突出摆圆片还能自己探索出新知识(和0有关的加法)。

整理算式，让学生能有顺序地写出这些算式。

0+5=5，1+4=5，2+3=5，3+2=5，4+1=5，5+0=5。

点评

让学生在操作和探究中，将所学的加法结合起来，从而加深理解加法算式的意义，并让学生在写加法算式的过程中进行有序的思考，培养逻辑思维能力。这个设计承上启下，既是对本节课知识的巩固应用，也为后面有关0的加减法做铺垫。

四、总结收获

教师：孩子们，今天你学会了什么？有什么收获？

教师：认识了新符号，会读、会说加法算式，我们以后会学习更多的知识，同学们会有更多的收获。

教师：通过这节课的学习，我们知道，求“合起来”用加法计算，求“增加后的总数”，也用加法计算。(课件出示)

点评

通过学生的交流分享和教师的课堂总结，全面回顾和梳理本节课的重点和难点，引导学生用自己的语言，总结自己的学习收获，培养了学生自我反思、全面概括能力和语言表达能力。

（四川省资阳市雁江区三贤九年义务教育学校 李辉）

第2课时　认识加法(2)

教学内容

教科书第32页例3、例4,第33页课堂活动,第35页练习四第1题。

教学目标

1.进一步理解加法的意义,体会数的组成与加法的联系。

2.能根据一幅图列出两个交换加数的加法算式,并能正确理解和计算。

3.培养观察、表达、书写习惯,能正确进行加法算式的规范书写。

教学重难点

教学重点:进一步理解加法的意义,体会数的组成与加法的联系。

教学难点:能准确列出两个交换加数的加法算式,并能正确理解与计算。

教学准备

多媒体课件、投影仪、小棒。

教学过程

一、习惯强化,引入新课

教师:小朋友们,还记得我们上课时眼、耳、手、口的要求吗?

教师按班级习惯引导学生回顾课堂习惯。

教师:这节课,我们就来比一比,谁的眼睛最会看,也就是观察;谁的脑袋最会想,也就是思考;谁的嘴巴最会说,也就是表达。现在我们开始上课。

点评

一年级课堂习惯要常抓不懈。针对一年级学生的认知规律和年龄特征,促使学生会用眼睛观察,会用脑袋思考,会用语言表达,以此践行核心素养统领下的“三会”目标。

二、自主探索,构建新知

(一)教学例3

1.理清图意。

教师:(课件呈现情境图)仔细观察这个情境,想一想情境表达的是什么。

待学生稍作思考后,组织学生有层次地表达情境图意思,如:一边有3朵花,另一边有2朵花。一共有几朵花？

教师板贴：

一共有多少朵花？

引导学生通过观察、思考和表达，理清情境的已知信息和问题。

2.体会数的组成与加法的联系。

A.用小棒表示情境

教师：结合刚才的表达，能用小棒表示刚才的情境吗？

学生摆出小棒：一边3根，一边2根，一共5根。

B.用数的组成记录情境

引导学生明确这个情境其实就是“将3和2合起来凑成5”（板书：$\begin{smallmatrix}3 & & 2\\ & \vee & \\ & 5 & \end{smallmatrix}$）。对于5的来历，有必要回顾“接着数”的方法，促进孩子对算法的掌握和经验的积累。

3.用两个算式表达。

教师：结合小棒图，用什么算式来表达一共有多少呢？

预设学生1：3+2=5；预设学生2：2+3=5。

随着学生发言，教师在黑板上的田字格中示范算式的写法。可让学生也在自己的田字格作业本上写下来。

教师：同一幅图，却写出了两个算式。你是怎么理解的呢？

引导交流：一个是用左边的加右边的，一个是用右边的加左边的，都在求总数，结果是一样的。

点评

加法意义的理解，是逐步抽象的，从情境提炼到小棒图、示意图等的表达，再到数的组成表示和加法算式的表示，让学生在经历具体情境中，逐步建立加法模型，慢慢形成数学的眼光。

4.独立完成“试一试”，并交流。

（二）教学例4

例4和例3同构，只是数从0~5变成了6~9。为避免枯燥，建议教师仿照例3的学习过程，设计课堂练习单，充分发挥学生主体性，再组织全班交流。

点评

对于低段教学，教科书同构较多，教师要改变形式，激发学生学习欲望，发挥学生主体性。

三、回顾提升，巩固应用

1.回顾课堂。

教师：这节课我们学了什么？

小结：加法其实就是将两个部分合起来，与数的组成有关系；在一个情境中，交换两个加数的位置，可列出两个算式。

2.第35页练习四第1小题。

先由学生独立完成，再组织学生交流。

点评

本课是学生认识加法后的第二节课，继续通过情境体会加法意义，逐步建立模型。意义上侧重沟通数的组成和加法的联系，同时本课新增了一图两式，逐步丰富学生对加法意义和算法的认识。

（四川省成都市胜西小学　李宪意）

第3课时 加法表

教学内容

教科书第33~34页例5、例6、课堂活动,第35页练习四第2~3题。

教学目标

1.通过有规律地整理9以内的加法算式,发现加法表的排列规律,巩固10以内的加法计算,初步了解加法算式之间的联系。

2.在观察、操作、思考、交流等活动中,培养有序思考、分类整理、多角度观察的意识,渗透化零为整,化繁为简的思想方法。

3.在学习过程中,体验学习的乐趣和成功的喜悦,建立学习数学的信心,逐步形成勇于探索的科学精神。

教学重难点

教学重点:有规律地整理9以内的加法算式,进一步巩固9以内的加法计算,初步了解加法算式之间的联系。

教学难点:从不同角度观察、发现加法表中算式的排列规律。

教学准备

多媒体课件、加法算式卡片。

教学过程

一、谈话引入,激发需求

课件出示:1,2,3,4,5,6,7,8,9,+。

教师:你看到了什么? 能想到哪些加法算式?

学生说算式,教师把学生说到的算式杂乱地摆在黑板上,大约摆20个加法算式。

教师:这么多算式,你有什么发现?

学生:很乱。

教师:是啊,看上去很乱,怎么办呢?

学生:重新排一排。

点评

通过观察数和符号，引导学生回想学过的加法算式，既唤醒旧知，又引起学习兴趣；将学生说出的加法算式杂乱地摆放在黑板上，激发学生想要整理的需求，充分调动学生的探究欲望，迅速进入上课状态。

二、自主探究，分类整理

（一）策略先行，思考整理

黑板出示：8×8的空表格。

教师：怎么排呢？同学们在教室里学习都是整整齐齐地坐在座位上的，这些算式在表格里也有自己的位置，你们能帮它们找到自己的位置吗？

学生先独立思考，接着同桌交流，然后全班汇报。

学生：和相等的算式排在一起。

教师：和有哪些呢？

学生：加数相同的算式排在一起。

教师：加数有哪些呢？

点评

排序必须有一定的规则，先思考策略，再进行操作，给学生足够的思维时空，从无到有进行探索。提供8×8的空表格，激发学生思考、试排：横着排还是竖着排？按和排还是按加数排？怎么排才够排？怎么排才美观？

（二）动手操作，探究整理

1.探究和是9的加法算式。

教师：孩子们很会思考，想到了不同的排列办法，既可以按和相等的排，也可按加数相等的排，那我们就以和相等的方式来排，先排和是9的算式吧。

请两个同学到黑板上来排，其他同学在下边仔细观察，准备着上台补充。

教师：能说出这样排的理由吗？

学生：这些算式的和都是9。

教师：和是9的算式都排完了吗？

引导学生发现：和是9的算式，黑板上只有一部分，还差一部分。激发学生说出还差的部分，然后教师提供给他们。学生排成下面的结果为标准：1+8=9，2+7=9，3+6=9，4+5=9，5+4=9，6+3=9，7+2=9，8+1=9。

教师：回想一下，刚才是怎么排和是9的算式的？

学生：加号前的加数是1，2，3，4，5，6，7，8，从1开始，从小到大依次多1；加号后的加数是8，7，6，5，4，3，2，1，依次少1。

全班齐读一遍和是9的算式。

教师：先把和是9的算式放在一起，再按加号前的加数是1，2，3，…这样的顺序排，就排好了和是9的算式。

2. 探究和是8的加法算式。

教师：接下来可以排和是几的加法算式呢？

学生：和是8。

教师顺势让学生来排和是8的加法算式。排好之后，再全班齐读一遍。

3. 运用规律解决问题。

教师：你们还能继续这样排下去吗？

学生：能。

教师：继续这样排就排出了一个加法表。这个加法表还不完整，你能运用刚才的方法将它填完整吗？

课件出示：不完整的加法表。

学生独立思考、解决，全班汇报，并说一说填写的过程。

教师：先把和相等的算式放在一起，再按加号前的加数是1，2，3，…这样的顺序排，就排出了整齐的加法表。这就是化繁为简、化零为整的思想方法。用你喜欢的方式读一读加法表吧。

点评

引导学生自主探究加法算式的排序，经历加法表的整理过程，并逐步完善加法表，让学生体会到加法表是自己排出来的，从中获得成功体验，增强自信心。选择引发学生思考的教学方式，注重启发式、探究式、参与式、互动式等，通过丰富的教学方式，让学生在实践、探究、合作、交流中积累活动经验，提升运算能力，感悟数学思想。

三、不同角度，探索规律

课件出示例6。

（一）小组合作，分享交流

教师：仔细观察加法表，你发现了什么？

先小组内说一说，再全班交流。

学生：加号前的加数都是从1开始依次多1，加号后的加数依次少1，和不变。

教师：这是横着看，还可以怎么看？

学生：竖着看，加号前的加数从1开始依次多1，加号后的加数不变，和也依次多1。

学生：斜着看，加号前的加数不变，加号后的加数从1开始依次多1，和也依次多1。

……

（二）总结归纳，快速记忆

教师：横着看、竖着看、斜着看，发现了加法表的规律。你能快速地记住加法表了吗？

引导学生发现按和的规律或者加数的规律来记忆。

教师：有了规律便于整理和记忆。今天孩子们依据和（或加数）的规律，将零散杂乱的加法算式，整理成整齐有序的加法表，并且从不同的角度，整体观察加数与和的规律，发现了加法表中的秘密。真是会观察、会思考的孩子！

点评

引导学生看一看、想一想、说一说，加深对加法表的理解，培养学生的核心素养，即数学的眼光、数学的思维和数学的表达。从不同的角度观察，发现加法表中的规律，培养学生思考问题的全面性和多样性，感悟和的变化规律，渗透变与不变的数学思想。

四、课堂活动，拓展延伸

课件出示课堂活动。

教师：让我们继续找一找课堂活动中的规律吧。完成第34页的课堂活动：算一算，想一想。

教师：请同学们来汇报计算结果。

学生回答。

教师：观察这些算式，你有什么发现？

学生：每个算式都有一个加数是0，0加一个数就等于原来的数。

教师：如果要在我们的加法表中排上加数是0的这部分加法算式，怎么排？

点评

让学生通过计算，观察一个加数是0的算式，发现和的规律，运用整理加法表的经验和加法表的规律，进一步完善9以内的加法，再次巩固和加深对加法表的理解。

五、课堂作业，巩固练习

完成练习四第2~3题。

第2题，重点指导学生完成第1组，先观察图与算式，依据算式确定画的图形与个数，再计算填空，并说一说算式的填法。第2、3组由学生独立完成，并汇报结果。

第3题，学生快速口算，并汇报结果。

点评

及时进行课堂练习，由浅入深，层层递进，巩固知识与技能；在解决问题的过程中引导学生观察、发现、思考图形与算式的规律，培养学生解决问题的方法与策略。

六、课堂总结，升华思想

教师：这节课你有什么收获？

引导学生从知识、思想方法两方面进行回顾总结。

点评

学生在学习这节课之前，已经会0~9的加法计算，但这些加法算式在头脑中还是零散的。基于此，这节课就将复习0~9的加法，将加法算式整理成一张加法表，探究发现加法表的规律。整堂课以学生为中心，将以核心素养的培育为目标，具有以下特点：①经历整理过程，突出自主探究，激发学生由乱产生整理的需求，思考整理的策略，以排和是9的算式为突破口，逐步探究方法，积累经验，感悟分类思想的优势、有序思考的优越，让学生亲身经历加法表的产生过程，获得成就感，增强自信心。②凸显知识本质，培育核心素养，让学生从不同角度观察、发现、表达加法表中加数与和的变化规律。在观察与表达中还隐藏着一个思考：和的变化是由什么引起的？直指知识的本质，对加法算式中各部分的关系会有所感悟，从而加强对加法表的深刻理解，使核心素养得以落地生根。

（四川省资阳市雁江区第七小学　李洪根）

第4课时 练习课

教学内容

教科书第35~37页,第4~12题和思考题。

教学目标

1.进一步巩固理解加法的含义,体会数的组成与加法的联系;巩固9以内数的加法的计算方法,算法的多样化;能熟练地准确计算9以内的加法,形成必要的计算技能和数学表达能力。

2.通过一些针对练习和综合练习,熟练掌握本单元的基础知识和基本方法,同时提高独立解决问题的能力。

3.培养多向思维能力,在练习的过程中获得成功体验,坚定学好数学的信心。

教学重难点

教学重点:理解加法的意义、掌握9以内数加法的计算方法,能灵活运用加法意义分析和解决问题。

教学难点:引导孩子有理有据进行有层次的思考和练习。

教学准备

多媒体课件、视频展示台、小棒等。

教学过程

一、回顾旧知

教师:孩子们,回顾一下前面几节课我们主要学习了哪些知识?

学生甲:学习了加法的意义。

学生乙:学习了加法怎么算。

学生丙:学习了加法表。

学生丁:……

对学生的回答教师都要及时给予肯定的评价。

点评

孩子们主动回忆旧知,通过得到教师肯定的评价,获得成就感,激发学习积极性。

二、进一步巩固理解加法的意义、算法

教师：(板书4+3)认识吗？

学生(齐说)：认识，4加3。(会读)

教师：看到4+3(教师手指算式)，你想到了什么？请大家独立思考，在作业本上写一写、画一画、说一说，把你的想法表达出来。

教师：把你想到的在小组内说一说。

学生小组互动。

教师巡视，选出有代表性的作品，如表示合起来或增加、表示算法或数的分解与组成的作品。

教师：谁来说一说你想到了什么？

学生边展示边说，左边4个圈，右边3个圈，合起来有多少个圈，就用4+3表示。

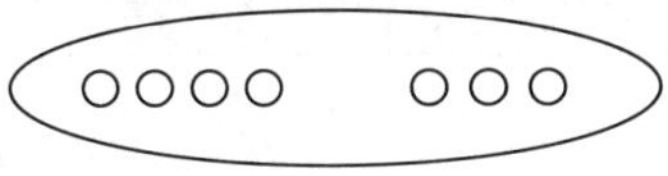

教师：你们同意他的想法吗？你想到了加法的意义，表示合起来的意思，非常棒！合起来是多少？我们可以用什么算式表示？

学生(齐答)：可以用加法算式4+3来表示。

教师：还有不同的想法吗？

学生：教室里原来有4人，又进来了3人，现在有多少人?(如果有图，就展示图)你们同意我的想法吗?(同意)

教师：表扬！你想到了加法的另外一个意义，表示求增加后的总数。

教师：求增加后的总数，我们可以用什么算式来表示？

学生：求增加后的总数，我们可以用加法算式来表示。

教师：还有其他不同的想法吗？

学生：我还想到了4+3=7，因为4和3合起来就是7，7可以分成4和3。

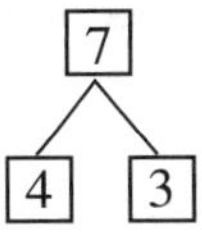

教师：表扬你想到了计算4+3的方法，用数的组成来计算。

教师：还有其他算法吗？

学生：我想到了可以在4后面接着数3个，就是7，所以4+3=7。

手指到数5,6,7。

教师:表扬你想到了计算4+3的另外一种方法,在4的后面接着数3个数来计算出4+3=7。

教师(小结):由4+3我们不仅想到了加法的意义,还想到了算法,还会根据算式编一些可以用这个算式来解决的问题。你们太棒了!

点评

如果学生还有其他不同的想法,只要合理或者和上面的想法意思相同,都给予肯定和鼓励。如果学生的语言表达不是很准确,教师要引导学生准确表达出来。通过课堂活动进一步理解和巩固加法的含义,体会数的组成与加法的联系;巩固9以内数的加法的计算方法、算法的多样化;巩固本单元的基础知识和基本方法,培养学生的多向思维能力和数学表达能力。

三、基础练习

1.练习四第5题。

教师请孩子们翻到教科书第36页,第5题,看谁写得漂亮,算得又快又准确。展示写得漂亮的学生作品(规范书写)。

2.练习四第9题。

教师:请看第37页第9题,看谁连得又快又准确。

学生汇报方法:可能通过计算,可能通过数的分解。教师都给予肯定。

3.练习四第4题。

教师:请孩子们翻到数学书第35页,完成第4题。看谁做得又快又准确!

学生独立完成。

教师:谁来说一说,第一幅图是什么意思?你是怎样列式的?

学生:左边盘子里有5颗樱桃,右边盘子里有4颗樱桃,合起来有多少颗樱桃?我列的算式是5+4=9(颗)。

教师:你们的想法和他一样吗?

学生:一样。

教师:谁来说一说第二幅图是什么意思?

学生:车上原来有4人,又上来了3人,一共有多少人?算式是4+3=7(人)。

4.练习四第12题。

教师：孩子们对加法的意义掌握得非常好，请你们快速完成第37页第12题。

教师：谁来说一说它是什么意思？你的列式是怎样的？

学生：原来有2个小朋友，又来了5个小朋友，一共有几个小朋友？我的算式是：2+5=7(个)，5+2=7(个)。

教师：你们同意他的说法吗？

学生：同意。

教师：为什么有两个算式呢？它们有什么不同吗？

学生：它们都是把2和5合起来，只不过交换了两个数的顺序，结果都是一样的。(2人回答)

教师：哦！原来都是把它们合起来，都用加法，只是两个加数的位置发生了变化，但是结果没有变。孩子们，你们真了不起，给老师解决了一个难题。

5.练习四第11题。

教师：请完成第37页第11题。完成的坐直。

教师：我刚才观察了，有的同学很快就完成了，有的同学要稍微慢一点儿，谁来说一说你是怎么比较的？

学生甲：我是把它们两边算出来后再比较大小的。

学生乙：这样可以，但是有些不需要计算就可以直接比较。如：4+5 ◯ 5+4，左右两边的数是一样的，只是交换了位置，结果都相同，肯定是相等的，所以不需要算都知道了。(学生到黑板上指着说)

学生丙：8+1 ◯ 1+7，左右两边都有一个相同的数1，左边是加8，右边是加7，8比7大，所以8+1肯定大于1+7，不用计算就知道了。

教师：你们同意他的想法吗？(同意)此处应该有掌声(掌声)。我们不仅要会算，还要会观察数的特点，这样可以起到事半功倍的效果。谁再来说一说你是怎么比较这两个算式的大小的？

学生：……

6.练习四第6题。

教师：孩子们太棒了！请看第36页第6题。齐读题目要求(齐读)，我们连线的时候需要注意什么？

学生：下面算式的得数都是7，也就是连线的两串樱桃颗数的和要是7。

教师:你观察真仔细,不能随便连哦,要使它们的和为7,也就是在考查7的组成。

学生连线写算式,汇报一图两式。

教师:7可以分成(手指图)……

学生(接话):1和6,2和5,3和4。

教师:你做对了吗?(对了)

7.练习四第8题。

教师:请完成第8题。

学生汇报。

教师:你们和他的一样吗?

学生回答前面6道都是一样的,但8和9分成的结果不同,并说出了自己的结果。

教师:你们的呢?

学生:我的也是,后面两道和他们两个的都不一样。我的是……

教师:为什么前面6道全部都一样,后面两道有不同的呢?难道出错了吗?

学生:没有错,都对。因为前面6道都固定了两个数,另外一个数也就固定了。而后面两道只知道一个数8或9,8可以分成1和7,2和8……9也可以分成1和8,2和7……

教师根据学生的回答补充完整。

教师:你们同意他的想法吗?(同意)你们太棒了!看来这些都难不到你们。

教师:请快速完成第7题和第10题。

学生汇报结果。集体订正。

点评

通过基础练习,能熟练准确地计算9以内的加法,形成必要的计算技能,在练习的过程中获得成功体验,坚定学好数学的信心,并且掌握一些方法和技巧。

四、思维拓展

教师:你们敢不敢挑战一下第37页的思考题。(学生气氛高涨,敢)请看:

▲+2=7

▲=(　　)

三角形代表的是多少呢？你是怎么想的？

学生甲：我从2后面开始数，数到7，数了5个数，所以三角形代表的是5。

教师：你们同意他的想法吗？（同意）谁再来说一说你是怎么想的？

学生：……

教师：还有不同的方法吗？

学生：我知道7可以分成2和5，所以三角形代表的是5。

教师：你们同意吗？（同意）谁再来说一说？

学生：……

教师：看来这道题你们也能迎刃而解，请看：

1+●=6

●+■=9

■=（　）

正方形代表的数是多少呢？独立思考，把你的想法和同桌交流一下，再汇报。

学生甲：我从1后面开始数，数到7，数了5个数，所以圆形代表的数是5。圆形代表的数是5，我从5后面开始数到9，数了4个数，所以正方形代表的数就是4。

教师：他讲清楚了吗？一起来数一数。

学生：……

教师：还有不同的方法吗？

学生：6可以分成1和5，1+5=6，所以圆形代表的数是5；9可以分成5和4，5+4=9，所以正方形代表的数是4。

教师：你同意他的想法吗？谁再来说一说。

学生：……

五、课堂总结

教师：通过今天的回顾练习，说说你的收获。

学生：……

教师：希望孩子们平时多练习，多回顾，温故而知新。

（四川省成都市实验小学战旗分校　张载耀）

认识减法

第1课时 认识减法(1)

教学内容

教科书第38页例1、例2,第39页课堂活动。

教学目标

1.联系生活实际,初步认识减法,会读写减法算式,知道减法算式中各部分的名称,理解减法的含义,建立减法的概念。

2.通过说一说、摆一摆、画一画、圈一圈等操作活动,经历减法意义的建构过程,逐步体会减法的含义,积累丰富的数学活动经验,初步培养观察能力、概括能力及语言表达能力。

3.体会数学与生活之间的联系,激发数学学习兴趣,增强数学学习信心。

教学重难点

教学重点:理解减法的含义,建立减法的概念。

教学难点:能正确理解图意,说出算式表示的意义。

教学准备

多媒体课件、导学单、8根小棒、9个圆片、6个三角形。

教学过程

一、复习引入,唤醒旧知

教师:孩子们,之前我们学习了加法,你知道3+2等于几吗?你能用这个加法算式讲一个加法故事吗?

学生讲关于3+2=5的加法故事。

教师:在你们讲的故事中,表示把两部分“合起来”,或者是求“增加后的总数”时,都用加法计算。

点评

减法的认知基础是加法的意义及运算,先复习加法的计算方法和加法意义,唤醒旧知和经验,寻找认知发展的最近区,为认识减法奠定基础。一年级学生喜欢听故事，也喜欢讲故事，用算式3+2=5讲一个加法故事，开课就吸引学生的注意力，激发学生积极主动地参与学习。

二、自主探索，构建新知

(一)教学例1

1. 创设情境，表达图意。

课件动态出示例1图。

教师：请同学们仔细观察这三幅图，从图中你知道了哪些数学信息？

学生：原来有8个桃子，小猴吃掉了5个桃子，还剩3个桃子。

教师：你能和同桌说一说图中的信息吗？比一比，谁说得更清楚。

2. 动手操作，理解含义。

教师：你能不能用手中的小棒或者圆片代替桃子，边摆边说这幅图的意思呢？看看谁最厉害。

教师演示：从8里去掉5(教师手势表示“去掉”)。

教师：求还剩多少个桃子，还能用加法来计算吗？

学生：减法。

教师：求还剩多少个桃子，要用减法计算，今天我们就一起来认识减法。

3. 认识减号，探究算法。

教师：“去掉”在数学上我们用“减号”表示。(板书“-”)这个符号就是“减号”。

教师：来，我们和这个新朋友打打招呼——嗨，减号，你好！“-”在算式中读作“减”，8-5这个算式就叫作减法算式。那么8-5等于多少呢？

学生：3。

教师：你是怎么知道的？

学生：倒着数5个数，7，6，5，4，3，所以8-5=3。

学生：想数的分解，因为8可以分成5和3，所以8-5=3。

学生：想加算减，因为5+3=8，所以8-5=3。

教师：同学们真是太棒了，用这么多方法算出了8-5=3。那你知道这个减法算式怎么读吗？

学生：8减5等于3。

教师板书并示范读；学生齐读；同桌互读。

4.理解意义,建立模型。

教师:你知道在8-5=3这个算式中,“8”“5”“3”各表示什么意思吗?

学生:“8”表示原来有8个桃子,“5”表示吃掉了5个桃子,“3”表示还剩3个桃子。

教师:在这个减法算式中,这三个数字“8,5,3”也有自己的名字哟。减号前面的8叫“被减数”,减号后面的5叫“减数”,等号后面的结果叫作“差”。和同桌说一说,这个减法算式各部分的名称吧!

5.联系生活,运用模型。

教师:通过刚才的学习,你知道用8-5=3还可以解决生活中哪些问题吗?

学生讲述生活中可以用8-5=3解决的实际问题。

教师:刚才同学们讲述的问题,都是从8里面去掉(飞走或者拿走)5个,还剩3个,所以都可以用8-5=3这个减法算式来表示。在生活中,只要是从一个数里去掉一部分,求“剩多少”,都可以用减法来计算。

点评

例1是理解减法求“剩多少”的意义,在理解减法的意义中,借助情境,在看图、说图、摆图的任务驱动下,多元表征图意,为减法的认识积累真实体验;在探究减法的算法时,借助直观,数形结合,鼓励学生用不同的方法进行计算,体现算法的多样性,关注不同学习能力的所有学生,培养学生的推理意识和创新思维;在应用减法的意义时,让学生再次回到算式8-5=3中,说一说减法算式中各数表示的意义,说一说8-5=3可以解决生活中哪些数学问题,帮助学生建立减法算式的模型,培养学生的表达能力,加深对减法意义的理解。

(二)教学例2

1.创设情境,表达图意。

课件动态出示例2图。

教师:同学们真厉害,用8-5=3讲了这么多有趣的减法故事。瞧!可爱的小狗、小猫也来到了我们的教室。观察这幅图,图上有多少只小狗,多少只小猫呢?

学生:小狗有9只,小猫有6只。

教师:这幅图的算式可以用9-6来表示吗?

学生出现争论,小组交流。

教师:9-6求什么呢?

学生1:求小狗比小猫多多少只?

学生2:求小猫比小狗少多少只?

学生3:这两个问题都可以用9-6这个减法算式来表示。

教师:现在我们先来探究小狗比小猫多多少只?

2.明确要求,画图探究。

教师:你想用什么方法来研究小狗比小猫多多少只?

学生:画图。

课件出示画图要求:

①第一行画●表示小狗,第二行画▲表示小猫。

②画完后把小狗比小猫多出的部分圈起来。

教师:想一想,怎样画能让大家一眼就看出小狗比小猫多多少只呢?

学生独立思考后动手画图探究。

3.展示画法,交流分享。

学生:我用一一对应的方法分两行来画图,也就是一只小狗对着一只小猫,上下一一对齐画。这样,我发现了小狗和小猫同样多的有6只,右边多出的这部分就是小狗比小猫多的3只,我把它圈出来,所以小狗比小猫多3只。

教师:你们看明白了吗?他用一一对应的方法画图,一下就找到了小狗比小猫多的部分,并把多出的3只小狗圈了出来。他画对了吗?掌声送给他!

4.动手操作,理解含义。

教师:现在,我们拿出学具一起来摆一摆吧!

师生用圆片摆出9只小狗,再用三角形摆出6只小猫。

教师:这里的"6"表示什么?

学生:"6"表示和小猫同样多的6只小狗。

教师:多出的部分在哪?用手圈一圈。

教师:"3"表示什么?(指着圈出的"3")

学生:"3"表示小狗比小猫多的3只小狗。

教师:谁再来说说,在这个算式中,"9""6""3"各表示什么呢?

引导学生完整表述:"9"表示有9只小狗,"6"表示和小猫同样多的6只小狗,"3"表示小狗比小猫多的3只小狗。

教师:这样,我们就把小狗的9只分成了几部分?分别是哪几部分?

引导学生得出:小狗的9只被分成了两部分,中间可以用虚线隔开,一部分是和小猫同样多的6只小狗,另一部分是比小猫多的3只小狗。

教师:你知道9-6=3这个算式表示的意义吗?

学生:9-6=3表示从9只小狗里减去和小猫同样多的6只小狗,就是小狗比小猫多的3只小狗。

课件动态演示摆的过程。

教师:请你再和同桌说一说9-6=3这个算式表示的意义吧!

5.知识链接,迁移运用。

教师:9-6=3这个算式,在这幅图里只能解决"小狗比小猫多多少只?"这一个问题吗?

学生:求"小猫比小狗少多少只?"仍然可以用算式9-6=3来计算。

教师:求"小猫比小狗少多少只?"又该怎么画图表示呢?小猫比小狗少的3只在哪?

学生画图后展示。

课件出示:我们可以用虚线画出3个三角形,表示小猫比小狗少的3只。

教师:小猫比小狗少的3只,为什么要用虚线画呢?

学生:因为小猫比小狗少3只,这3只是小猫本来没有的,所以用虚线画出3个三角形表示。

教师:小狗比小猫多的3只在哪?用手圈一圈。小猫比小狗少的3只在哪?又用手圈一圈。你发现了什么?

学生小组交流分享。

教师:我们圈出的小狗比小猫多的只数和小猫比小狗少的只数是一样的,都是3只,所以这两个问题所表示的意思是相同的,只是说法不同而已,它们都可以用减法算式9-6=3来表示。

6.即时练习,总结建模。

教师:同学们,请你们从学具盒中取出数量不同的两种图形,同桌两人合作,用一一对应的方法把两种图形摆一摆,再和同桌互相说一说谁比谁多多少个,谁比谁少多少个,并口头列式计算。

学生汇报、交流。

点评

例2是理解减法求"多多少"的意义,继例1后追问:这幅图可以用9-6来表示吗?引发认知冲突,激发探究热情,让学生经历画一画、摆一摆、圈一圈、说一说等活动,探究"多多少",借助直观的操作和演示,理解减法算式中数、算式的含义，渗透一一对应、符号化的数学思想；探究“小狗比小猫多多少只”时给足时间进行操作，突出重点“多多少”，理解“小猫比小狗少多少只？”也可以用9-6=3表示时，采用虚线补和圈一圈的方法突破难点，即少的是什么，在对比中弄清“多多少”与“少多少”的异同，凸显本质的联系，深入理解减法的意义。

三、联系实际，学以致用

完成第39页课堂活动：读减法算式，讲故事。

出示算式7-3=4。

教师：请同学们读一读这个算式。

学生：7减3等于4。

教师：你能讲7-3=4的减法故事吗？

学生：家里有7盆花，我送给同学3盆，还剩下多少盆？

教师：这是求“剩多少”的故事，你能讲一个求“多多少”的故事吗？

……

先抽学生说一说，再同桌之间说一说。

点评

再次采用学生喜欢的讲故事形式，在讲减法故事的过程中，应用减法模型，将“剩多少”与“多多少”两种对比化归，利于认知的有效建构，提升解决问题的能力。故事中融入生活情境，将数学的知识迁移到生活中，让学生体会到数学与生活的联系，感受到数学的价值，提高学习数学的兴趣。

四、总结收获，提炼升华

教师：孩子们，在今天的课堂上你们学到了哪些知识呢？

同桌互说，全班分享。

引导学生从知识与方法两方面进行总结。

点评

整堂课的设计以学生的发展为中心，关注认知结构，重视核心素养。①关注联系，形成结构。关注减法与加法的意义，复习中说3+2的加法故事、求“剩多少”中说加法故事和减法故事，在认知冲突中理解“多多少”，在比多比少的对比中寻本质；关注减法算法的联系，想组合分解、想加法计算，想顺逆数，在关联中，助力新知生长，构建认知结构。②重视活动，发展素养。创设有趣有用的活动，吸引学生主动参与，如说一说数学故事，摆一摆小棒，画一画比较过程等，让学生在活动中完成对减法意义的理解和建构，逐步培养学生用数学的眼光观察、用数学的思维思考、用数学的语言表达的能力。

（四川省资阳市雁江区第七小学 曾丽君）

第2课时 认识减法(2)

教学内容

教科书第39~40页例3、例4及课堂活动。

教学目标

1.结合具体情境，建立用数的分解与加减互逆的减法计算模型，掌握0~9减法的计算方法，并正确进行计算；根据一幅图中的3个数学信息列不同的算式，体会一图加减二式的联系，提升运算能力。

2.在自主探究算法、列不同算式的过程中，初步培养模型意识、观察能力、分析能力和表达能力。

3.在数学学习过程中，体会数学与生活的联系，获得数学学习的成就感，增强数学学习的信心。

教学重难点

教学重点：建立用数的分解与加减互逆的减法计算模型，掌握0~9减法的计算方法，正确进行计算。

教学难点：根据一幅图中的3个数学信息列不同的算式，体会一图加减二式的联系。

教学准备

多媒体课件、小棒。

教学过程

一、复习引入，唤醒旧知

课件出示算式：5-1=4。

教师：看到这个减法算式，你知道了什么？

引导学生回顾减法算式各部分名称。

教师：能用这个减法算式说一个数学故事吗？

引导学生用求“剩多少”“多多少”说数学故事，复习减法的意义。

点评

由减法算式5-1=4展开回忆，唤醒旧知，为新知的探究扫除障碍。先回想减法算式各部分名称，再根据减法算式说数学故事，在说故事的过程中回顾减法的意义，巩固减法模型，调动学生的学习热情，迅速进入课堂状态。

二、自主探究，构建新知

教学例3。

1.动态演示，故事引入。

课件演示：先出示5支铅笔，再从这5支铅笔中向右移动2支。

教师：孩子们能由算式想出不同的数学故事，真棒！继续看图，你又知道了什么数学故事？

学生：原来有5支铅笔，从中拿走了2支铅笔。

教师：你能把这个故事画出来吗？

学生：能。

教师：准备怎么画呢？

学生：先画5支铅笔，再表示出拿走2支。

展示学生的作品，依次序展示铅笔图、圆圈图、小棒图等其他图形，让学生观察表示"拿走"的符号，并发现画小棒等图形既简便又快速，渗透符号化意识。

教师用小棒代替铅笔在黑板上摆一摆。

教师：在数学上，通常会用虚线方框来表示拿走。现在能提一个数学问题吗？

学生：还剩多少支铅笔？

教师：怎么列式？

学生：5-2。

教师：为什么列减法算式？

学生：从总数里拿走一部分，求"剩多少"用减法。

教师：5-2等于几呢？今天我们将继续认识减法。

2.展示交流，探究算法。

先让学生独立思考，再同桌交流，然后全班分享。

教师：请同学来说一说怎样计算5-2。

学生：倒着数。

教师:5减2,5预备,4,3,倒着一个一个地数,数了两个数,得到3。

学生:5可以分成2和3,所以5-2=3。

教师:想数的分解,这是以前认识5的时候学过的。

学生:因为2+(3)=5,所以5-2=(3)。

教师:做减法想加法。

3.沟通加减,优化算法。

教师:计算5-2怎么想到加法的呢?能用手指比画比画吗?

学生用手表达之后,再课件动态演示。

教师:2和3合起来等于5,所以2+3=5,也正是因为2和3合起来是5,所以从5里面去掉2等于3,因此做减法可以想加法。这也是用以前的加法计算解决今天的减法计算。看来只要多思考,就能用以前学过的旧知识解决以后的新问题。

教师:比较这3种方法,你最喜欢哪种方法?并说一说理由。

引导学生发现用数的分解和做减法想加法更简便。

4.沟通图式,发现异同。

课件出示:5支铅笔,虚线框里有3支。

教师:现在剩下几支呢?怎么列式?

学生齐答算式,并抽学生说计算方法,先全班说,再同桌说。

课件出示:5-2与5-3的铅笔图和算式。

教师:观察这两幅图和算式,你发现了什么?

引导学生发现:方框里的铅笔数是拿走的支数,作减数;被减数相同,减数不同,差也不同,或者被减数相同,减数越大,差越小等。

课件出示:5支铅笔,虚线框里有4支。

教师:现在剩下几支?

学生:剩下1支。5-4=1(支)。

5.快速口算,巩固算法。

教师:刚才我们探究了5减几的计算方法,你能用这些方法快速计算其他的减法算式吗?

通过开火车的形式,抽学生口答并说明计算方法,其他同学判断对错,如果对了就大声说对,如果错了就举手纠正。

点评

创设一个大情境，从5支铅笔中拿走2支、3支、4支铅笔，在这一情境中巩固减法的意义，探究算法，掌握算理。课件动态演示“拿走”，让学生经历看数学故事、说数学故事、画数学故事的全过程，既激发学生的学习兴趣和求知欲，又从动作、语言、符号等多元表征深刻理解减法模型，从实物抽象到图形符号，渗透符号意识。引导学生在探究算法的过程中，用不同的方法进行计算，思考不同计算方法隐藏的原理，凸显“合”与“分”、加与减的关系，沟通知识间的联系，在比较不同方法中优化算法，巩固算法，提升运算能力。

三、运用模型，一图四式

教学例4。

1.看图说意，列式计算。

课件出示例4的图片。

教师：刚才我们探究了减法的计算方法，你们不仅会计算，还会表达，真是一群会学习的孩子，让我们继续探索。请看图，从图中你知道了哪些数学信息？

学生1：岸上有3人，水中有5人，一共有8人。

学生2：有3个女性，5个男性，一共有8人。

教师：能列出算式吗？

2.说算式故事，体现总体与部分关系。

教师：孩子们列出了两个加法算式和两个减法算式，能说一说这些算式的故事吗？先从加法算式开始吧。

引导学生先说出3，5，8表示的意义，再说3+5表示的意义，重点说算式的故事。由学生独说，说出标准表达后，全班齐说，再同桌说，由此类推到说5+3=8。

教师：表示把两个部分合成一个整体，求这个整体是多少，列加法算式。

教师：8-5=3，8-3=5，这两个减法算式又有着怎样的故事呢？

引导学生先说出8，3，5表示的意义，再说8-5表示的意义，重点说算式的故事。由学生独说，说出标准表达后，全班齐说；再同桌说，由此类推到说8-3=5。

教师：已知整体和其中一部分，求另一部分是多少，列减法算式。

3.观察比较，感悟联系。

教师：从求整体和求部分两个方面思考，用同一幅图的3个数学信息，我们列出了4个不同的算式，这就是一图四式。观察这四个算式，你有什么发现？

引导学生先观察、比较算式，有了想法后再在小组内交流，最后全班分享，感悟其联系。

学生1：用3，5，8组成4个算式，2个加法算式和2个减法算式。

学生2：2个加法算式，交换加数的位置，和不变。

学生3：2个减法算式，被减数不变，减数和差交换位置。

学生4：减法算式中的被减数就是加法算式中的和，减法算式中的减数和差分别是加法算式中的加数。

4.抽象本质，快速列式。

教师一边说，一边在黑板上摆小棒。

教师：观察、比较是数学学习的好方法，将3人、5人用小棒代替摆一摆，就是一部分是3，另一部分是5，合起来是8，可以写出2道加法算式；计算时想8的分解，把8分成两个部分，求其中一部分，可以写出2道减法算式。

课件依次出示3幅小棒图，图一：左边2根小棒，右边6根小棒，图二：左边1根小棒，右边7根小棒。

教师：你能想到哪些算式？

学生快速口答。

课件出示图三：左边4根小棒，右边4根小棒。

学生：4+4=8，8−4=4。

教师：还能再写出1个加法算式和1个减法算式吗？为什么？

引导学生发现当2个部分数量相等时，只能写1个加法算式和1个减法算式。

点评

通过看图，用3，5，8列加法和减法算式，说一说算式的故事，运用加减法的意义和计算加强对加法、减法模型的理解和运用。观察算式之间的变与不变，感悟加减法之间的联系，为以后探究加减法的关系和加法运算律做铺垫。最后由人物图到摆小棒，从生活情境到数学情境，从具象到抽象，数形结合，彰显数学本质，培养学生的抽象、推理和表达能力。

四、课堂活动，巩固运用

课件出示教科书第40页课堂活动图片及题意：说一说，算一算。

教师：刚才孩子们看图，写算式，说了游泳池中的故事。请继续看图，从这幅图中你知道了哪些数学信息？

学生：2只白兔，4只灰兔，共有6只兔子。

教师依据学生的表达，课件展示：2只白兔排在一起，4只灰兔排在一起。

教师：你能先说一说白兔和灰兔的故事，再列式计算吗？

学生先独立思考，再同桌说一说，最后全班分享。

学生：一共有6只兔子，白兔有2只，灰兔有多少只？列式为6-2=4（只）。

教师：还可以怎么说？怎么列式？

点评

通过观察白兔与灰兔的情境图，说一个完整的数学故事，并列式计算，巩固本堂课的知识与技能。学生先独立思考，再同桌说一说，最后全班分享，让每个学生都表达，都参与，都有所收获。当学生数出白兔、灰兔的只数，课件将教科书白兔与灰兔无序的排列调整成白兔在一起，灰兔在一起，凸显总体与部分的关系，渗透分类整理的思想。

五、回顾课堂，总结收获

教师：通过今天的学习，说一说自己的收获。

总结：今天我们一起探究了减法的计算方法，将算式与图形结合，能依据图意写出加法、减法算式，能发现其中的奥秘，并且能运用以前学过的知识与方法解决新的数学问题。

点评

这堂课是在认识了数0~9，学习了加法意义及运算、减法的意义之后，探究减法的算理、算法及一图四式的运用。整堂课遵循新课程标准，注重数学素养的培育，具有以下特点：①故事情境串联始终，引入中说5-1=4的减法故事，探究中说铅笔图的故事、游泳池中的故事，练习中说白兔、灰兔的故事，由式到图，由图到式，数形结合，在看故事、画故事、说故事中探究算法，理解算理，既激发学生的兴趣和热情，又培育了学生的核心素养。②探寻原理，深挖本质。在探究减法的算法时，思考做减法想加法的缘由，顺势将“合”与“分”，加与减结构化，渗透减法是加法的逆运算。③观察比较，升华思想。在不同的算法中寻最优方法，建立减法计算的模型，观察一图四式的加法算式、减法算式的异同，感悟加法算式、减法算式各部分之间的关系、加减法算式之间的联系，渗透变与不变的数学思想。

（四川省资阳市雁江区第七小学　唐晓玲）

第3课时 减法表

教学内容

教科书第41页例5、课堂活动。

教学目标

1.在具体活动中，借助已有经验整理9以内的减法表，提升口算能力，培养数感和运算能力。

2.结合具体情境与活动，从不同的角度观察减法表，探索规律，进一步体会加减法的含义，沟通加法与减法之间的关系：想加算减、以加助减。

3.在学习活动中，经历与同伴交流方法和发现的过程，获得初步的数学活动经验，归纳、总结的意识和方法，培养良好的习惯。

4.鼓励学生积极参与数学活动，培养学生对数学的好奇心和求知欲。

教学重难点

教学重点：制作减法表。

教学难点：发现减法表中的秘密，沟通加减法之间的关系。

教学准备

减法卡片、幻灯片、学习任务单。

教学过程

一、复习旧知，引入新课

教师：孩子们，前面几节课学习了什么新知识？

学生：减法。

教师：对于减法，你记得些什么？

学生：……

教师：你会算吗？（抢答）

3−1=	9−2=	7−6=	5−3=
8−2=	6−3=	6−1=	7−2=

教师：很好，大家都能快速地计算这些减法，真了不起！

教师：这节课我们一起继续学习减法的知识。（板书：减法）

点评

复习前几节课学习的减法，说一说被减数、减数和差之间的关系，培养学生的表达能力；考查学生对简单的减法计算的口算能力，逐步培养学生的运算能力。

二、自主探索，构建新知

教学例5。

1.观察加法表。

教师：在这节课的减法学习之前，我们先来看一下原来整理的加法表（课件出示加法表），说一说整理的依据。

							1+1=2
						1+2=3	2+1=3
					1+3=4	2+2=4	3+1=4
				1+4=5	2+3=5	3+2=5	4+1=5
			1+5=6	2+4=6	3+3=6	4+2=6	5+1=6
		1+6=7	2+5=7	3+4=7	4+3=7	5+2=7	6+1=7
	1+7=8	2+6=8	3+5=8	4+4=8	5+3=8	6+2=8	7+1=8
1+8=9	2+7=9	3+6=9	4+5=9	5+4=9	6+3=9	7+2=9	8+1=9

点评

通过观察加法表，唤醒学生制作加法表的方法，可以用不同的方法整理加法算式，使学生可以对加法表的制作方法进行迁移，为制作减法表做铺垫。

2.学生自主说算式，再分一分。

教师：请同学们说一些不同的减法算式。（教师板书算式）

教师：请大家仔细观察这些算式，你能把这些算式分一分吗？

学生1：把被减数相同的分在一起。

学生2：把减数相同的分在一起。

学生3：把差相同的分在一起。

……

教师：大家真有想法，用这么多方法来分这些算式。如果我们要将9以内的所有减法算式再分一分，还可以用刚才的这些方法吗？

教师：你们有什么好的想法吗？

学生：……

教师：这里有一张空白的表格，请将自己的想法填在导学任务单上。

教师：完成后将你的做法说给你的同桌听一听。

展示学生作品，形成统一的减法表。

教师：课件出示减法表，请大家仔细观察刚才做出来的这张表，说一说你有什么发现。

学生1：竖着看，从上往下，被减数增加……

学生2：竖着看，从下往上……

学生3：横着看……

学生4：每一列的第一个算式的差都是……

学生5：每一列算式都比前一列少……

……

教师：是啊，大家从不同的角度去观察这个减法表就有不同的收获。我们以前在制作加法表的时候就是将和相同的算式放在一起，今天我们借助制作加法表的方法，将被减数、减数相同的算式放在一起制作了一张减法表。（补充板书课题：做张减法表）

点评

结合具体情境与活动，从不同的角度观察减法表，探索规律，进一步体会减法算式各部分之间的联系，培养学生有序地观察、积极思考、敢于表达的能力。

3.对比观察加法表和减法表，找联系。

教师：请大家仔细观察加法表和减法表（课件出现加法表和减法表），说一说你又有什么新的发现？

学生1：两个表格中相同位置的和与被减数相同。

学生2：同一排中，加法算式中的两个加数与减法算式中的减数和差相同。

学生3：表格中相同位置的加法算式的和变成了减法算式的被减数。

学生4：看到一个加法算式，我可以想到减法算式，比如：看到1+2=3，我就能想到3−1=2和3−2=1。

……

教师:孩子们真棒!看到加法表和减法表就能想到这么多与它们有关的知识,你们真是善于观察、善于表达的孩子。

点评

结合具体情境与活动,从不同的角度观察减法表,探索规律,进一步体会加减法的含义,沟通加法与减法之间的关系:想加算减、以加助减,培养学生的观察、思考、总结、表达的能力。

三、回顾提升,巩固运用

教师:我们一起回顾这节课学了什么?做了什么?你有哪些新的发现?

教师:下面就让我们一起用今天学到的知识来解决一些问题吧。

练习1.你看到2+5=7、5+2=7、7-2=5、7-5=2这些算式,你又想到了哪些算式?

学生:自由回答。

练习2.请你试一试,并说一说你的想法。

(1)5-□=1,则□=(　　)。

(2)△+3=8,△-●=2,则△=(　　),●=(　　)。

点评

这节课的学习建立在认识减法的基础上,对减法算式进行分类、归纳和整理。这节课利用学生已有的加法表制作经验,为学生提供了具有开放性、实践性的学习空间。通过层层递进的教学环节,更加系统地在老师创设的实际情境中经历活动过程,引导学生在活动中仔细观察、独立思考、大胆表达;通过课堂回顾完整地展现了加减法之间相互联系的过程,为接下来学习数的运算打下了全面而坚实的基础。在引入、探究、应用的整个过程中,通过让学生说减法算式、分减法算式、填减法算式、对比加减算式、运用加减法之间的关系等多种丰富的活动,理解、沟通了加减法之间的密切联系,注重培养了学生的观察、思考、表达能力,加强了对学生运算能力的培养和发展。

(四川省资阳市雁江区第七小学　徐廷焱)

第4课时 练习课(1)

教学内容

教科书第42、43页练习五第1~5题。

教学目标

1. 进一步理解减法的含义,体会运用减法解决问题的两种情况,巩固减法算式中各部分名称;初步掌握9以内数的减法的计算方法,体会算法的多样化,会计算9以内数的减法。

2. 通过一些针对性练习和综合练习,进一步理解求“剩多少”“多多少”运用减法来解决,同时提高独立解决问题的能力;通过表述题意,培养语言表达能力和初步的数学交流意识。

3. 培养多向思维能力,在探索的过程中获得成功体验,感受数学与生活的联系,初步感知学数学、用数学的乐趣。

教学重难点

教学重点:理解减法的含义,掌握9以内数减法的计算方法,体会总数与部分数之间的关系。

教学难点:熟练掌握9以内数的减法的计算方法,提高独立解决问题的能力。

教学准备

多媒体课件、投影仪、视频展示台、口算卡片等。

教学过程

一、梳理知识

1. 直接揭题。

教师:通过这几天的学习,我们已经完成了9以内数的减法。下面我们对这部分知识进行整理与练习。

板书课题:练习五。

2. 梳理9以内减法计算的知识点。

让学生翻书,回忆这部分内容学习了哪些主要的知识。

学生说,教师梳理板书:

①9以内数的减法。

②运用减法的含义解决生活中9以内数的减法问题。

③减法算式的各部分名称分别为被减数、减号、减数、等号、差。

教师：接下来我们就针对前两个知识点来练一练，看看同学们学得怎么样。

二、基本练习

练习1.口算抢答。(老师制作口算卡片)

6+1=	8-2=	1+5=	2-2=	7-3=
3+0=	5-4=	4-1=	2+2=	5-0=

学生采用抢答的方式进行回答。

练习2.提问。

教师：7-3=4，你是怎样算的？

三、专项练习

1.看一看，算一算(练习五第1题)。

教师：小朋友们，请用数学语言说一说，你从图中看到了什么？

引导学生表达出图中信息：电线杆上原来有5只小鸟，飞走了2只，还剩多少只小鸟？帮助学生将语言尽量说完整。

引导学生认真听，并想出解决的思路。

学生1：要求"剩多少"可以用减法来解决，列式为5-2。

学生2：从图中我们观察到共有5只小鸟，飞走了2只，电线杆上还剩3只，所以结果应该是3只。

教师：我们继续看第二幅图，说一说图中的信息：上面有5只蜗牛，下面有4只蜗牛。

引导学生说出求"多多少"可以用减法来解决，这里是将两排的蜗牛作比较，求上面的蜗牛比下面的蜗牛多多少只。

根据图中信息，画掉上下相同只数，最后得到结果：1只。

点评

通过看图表达图意，促使学生会观察、会思考、会表达，践行核心素养统领下的"三会"目标。

2.看图填算式(练习五第2题)。

先让学生独立完成，提醒学生注意观察图中信息，再让学生表达每个算式的意思。可采用小组轮流进行回答。引导学生通过观察、思考和表达，用上"原来"

“画去”“还剩”等词语。

学生1:原来有5个圆片,画去3个,还剩2个圆片,结果是2。

学生2:原来有4个圆片,画去1个,还剩3个圆片,结果是3。

学生3:原来有5个圆片,画去5个,没有剩余,结果是0。

教师:一个也没有,用几表示?

引导学生再次理解两个相同的数相减,结果等于0。

点评

看图写算式不仅可以帮助孩子们更好地理解数学概念,思考出相应的算式及结果,还可以培养他们的观察能力、思维能力和表达能力。

3.说一说,填一填(练习五第3题)。

学生读题,明确题意。

前面两幅图学生独立完成,然后订正,引导学生反馈算式表示的意思。

图1:桃子有4个,苹果有3个,桃子比苹果多多少个? 4−3=1(个)。

图2:一共有8条鱼,拿走2条,鱼篓里还剩多少条鱼? 8−2=6(条)。

第三幅图,引导学生发现一幅图中的数据可以用加法来表示,也可以用减法来表示,初步感受加法与减法的关系。

图3:有3个红心圆,有4个空心圆。

3+4=7表示红心圆和空心圆一共有多少个。

7−3=4表示一共有7个圆,其中红心圆有3个,空心圆有多少个。

引导学生根据出示的两个算式,再写一个加法算式和一个减法算式,并会表达所列算式的意义。

4+3=7表示红心圆和空心圆一共有多少个。

7−4=3表示一共有7个圆,其中空心圆有4个,红心圆有多少个。

如果有学生写出4−3=1并会表达算式意义,应该给予肯定及表扬。

点评

通过看图说一说题意的主要作用是把问题的内容具体化、形象化,可以帮助低段学生理解题意,明确数量间的关系,同时让学生初步感受加法与减法的联系。

4.看图计算(练习五第4题)。

教师:从图中你知道了什么?用什么方法解决?为什么用减法?

看图并计算出结果。引导学生用数学语言表达题意。

原来有6个气球，飞走了2个，还剩多少个气球？6−2=4(个)。

原来有7根木材，大象卷走了2根，还剩多少根木材？7−2=5(根)。

点评

通过看图计算的练习让孩子学会观察图片，理解图片中的信息，提高他们的观察力和理解力。根据图中信息得出结果使低段学生感受数学与实际生活的联系，从而减少数学的抽象性，更具象地学习数学。

5.算一算，写一写(练习五第5题)。

先让学生独立完成，强调书写工整，再汇报是怎样计算的。

8−3=5　　7−6=1　　9−4=5　　9−2=7

抽学生的作业在视频展示台上展示，并请学生说一说在田字格里书写算式需要注意什么。

点评

严格训练田字格中数字的端正书写，有助于学生养成良好的书写习惯，减少计算错误，培养细心和认真的学习态度。

四、拓展练习

根据算式说一句话。

5+0=5　　2+1=3　　5−4=1　　1−1=0

五、课堂小结

教师：大家完成了今天的学习，有哪些收获？ 你对自己的学习有什么看法？ 哪些知识学得好？ 还有什么问题？

点评

练习的设置可以帮助学生更深入地理解和掌握所学的知识，巩固课堂上学到的内容；让学生学会如何将所学的知识应用到实际问题中，培养他们解决问题的能力；让学生在练习中发现自己的问题和不足，及时进行纠正和改进；通过反复练习，提高学生的各种技能，例如计算能力、阅读理解能力、数学表达能力等；养成良好的学习习惯，如按时完成作业、认真审题等。同时，教师可以通过学生的练习情况，了解学生的学习进度和掌握程度，从而调整教学方法和内容。

(四川省成都市文翁实验小学　邱琳)

第5课时 练习课(2)

教学内容

教科书第43~44页,练习题6~10题及思考题。

教学目标

1.熟练掌握0~9的减法运算,深入理解减法的基本概念,初步感受减法与加法的互逆关系。

2.培养通过读图获取数学信息的能力,会用数学语言表达自己分析问题、解决问题的过程。

3.增强学生的自信心和学习兴趣,培养数学眼光、数学思维和数学表达。

教学重难点

教学重点:0~9的减法运算的熟练掌握和应用。

教学难点:初步感受减法与加法的互逆关系,培养学生的数学表达。

教学准备

PPT课件、数学书、计数器。

教学过程

一、复习导入

复习减法相关知识。

教师:同学们,我们这段时间都在学习减法。关于减法你学到了哪些知识,谁来跟大家分享一下?

学生自由发言,从减法的意义、减法各部分的名称、算式的意义各个角度进行回答。教师注意总结归纳。

点评

本环节设计合理,注重学生主体参与,有效巩固减法知识。教师需注意引导和点评,进一步提升学生思考深度和自信心。

二、基本练习

口算题卡练习。

教师:大家总结得特别好。下面老师奖励大家做一个小游戏,开火车。

教师出示口算卡片，让学生快速回答0~9的加减法运算结果，加强学生对0~9加减法运算的熟练程度。

学生小组开火车口答计算结果。

三、专项练习

1.拨一拨，说一说。(练习五第7题)

教师：这两幅图表示什么意思呢？请和同桌说一说。

请学生说一说题目图画的意思，独立解答，教师订正答案。

2.游戏：我拨你说。

教师：请拿出计数器，一个同学拨，另一个同学说出对应的算式。

同桌互动完成。

3.看谁算得快(练习五第9题)。

教师：我们来看看谁算得又对又快。

学生独立完成，教师订正。

教师：选择一个算式编一个小故事，说给同桌听，请同桌猜一猜你说的是哪个算式的小故事。

学生随意选择一个算式，编数学小故事，说给同桌听。教师请几位同学说给全班听。

4.把想法画下来(练习五第8题)。

教师：同学们讲的数学故事真好听。大家能根据这两个算式编故事，并把你的故事画下来吗？

学生独立完成，教师巡视，选取学生作品展示，评价。

点评

本环节巧妙地将数学与绘画结合，激发了学生的创造力和想象力，让学生在实践中运用减法知识。学生独立完成故事编写和绘画，增强了自主学习能力。教师巡视和选取作品展示，及时给予了反馈和评价，有助于学生认识到自己的学习成果。整体环节设计富有创意，既巩固了数学知识，又提升了学生的艺术素养，是一次成功的跨学科教学尝试。

四、拓展练习

1.练习五第6题。

教师：第一题2+(　　)=6，老师不会做，谁能帮帮老师？

学生1:2+4=6,因为6可以分成2和4。

教师:他是从数的组成考虑的。

学生2:2+4=6,因为6-2=4。

教师:他把加法转换成了减法思考。

学生3:2+4=6,因为2往后数4个数是6。

教师:他是从数数的角度考虑的。

学生独立完成剩下题目,教师订正。

2.练习五第10题。

教师:请看这幅图,你能提出什么数学问题?

学生自由提问:男生和女生一共多少人?男生比女生少几人?女生比男生多几人?

教师记录学生提的数学问题。

教师:男生和女生一共多少人?谁能列算式解决这个问题?

学生:5+4=9。

教师:说说算式每部分的意思。

学生:5表示5个女生,4表示4个男生,求一共多少人用加法计算,一共有9个同学。

教师:说的真好,把掌声送给他。

教师:那现在谁能根据5+4=9,写一写减法算式呢?

学生:9-4=5,9-5=4。

教师:这两个减法算式分别表示什么意思呢?

学生说减法算式的意思。

教师:看来一个加法算式可以写出几个减法算式?它们表示的意思相同吗?

学生:2个,不同。

教师:男生比女生少几人?女生比男生多几人?这两个问题该怎么解答呢?可以改写算式吗?请大家选一个问题试一试。

学生汇报算式:5-4=1。

教师追问:咦!为什么这两个问题的算式一样呢?

学生感悟这两个问题其实是同一个问题的两种表达。

教师:你们会用5-4=1改写算式吗?是什么呢?

学生:5-1=4,1+4=5。

教师:这两个算式是什么意思呢?

学生1:5-1=4是说有5个女生,女生比男生多1人,男生就有4人。

学生2:男生有4人,女生比男生多1人,女生就有5人。

点评

通过引导学生观察图片并提出数学问题,有效地激发了学生的探究兴趣,促进了学生的数学思维发展。学生的自由提问和教师的记录,体现了以学生为中心的教学理念,让学生在提问中主动学习。通过追问和引导学生解释算式的意义,加深了学生对加减法关系的理解。学生在解答和改写算式的过程中,不仅巩固了数学知识,还感悟到了问题的不同表达方式实质上可能相同,培养了学生的数学思维和语言表达能力。

3.练习五思考题。

教师:同学们学得真不错!老师要奖励大家一个终极挑战,想试试吗?

学生独立尝试完成思考题,教师讲解思路。若课堂仍有时间,教师可以出两道类似题目,巩固练习。

五、课堂小结

教师:通过今天的练习,你有什么收获?你对自己的学习有什么看法?哪些知识学得好?还有什么问题吗?

(四川省成都市青羊区金沙小学 钟娟)

连加、连减与加减混合

第1课时 连加、连减

教学内容

教科书第45页例1、例2，第46页课堂活动。

教学目标

1.结合具体情境，体会连加、连减运算的意义。

2.掌握连加、连减运算的顺序，并进行正确计算。

3.通过自主探索、合作交流，发展初步的探索意识和解决问题的能力。

4.感受数学与生活的联系，初步感知学数学、用数学的生活经验。

教学重难点

教学重点：理解并掌握连加、连减的运算意义和顺序。

教学难点：掌握运算顺序，特别是在计算时要用到第一步的运算结果。

教学准备

多媒体课件、口算卡片、小棒。

教学过程

一、复习旧知，铺垫新知

1.算一算。

教师：同学们，前面我们学过了加法和减法，看看谁算得最准确。

教师出示口算卡片并指名口算。

3+2　4+5　2+7　6+1　5+3　9−7　3−1　8−6　4−2　6−5

2.说一说。

教师：刚才几位小朋友算得非常准确，那你能说一说这两个算式是什么意思吗？

出示卡片：2+7，6−5。

点评

通过算一算和说一说的复习，既能了解学生算的基础，也能了解和帮助学生复习加法和减法的意义，同时也能对新课做好计算准确率和运算意义的准备。

二、自主探索，合作学习，构建新知

（一）教学例1：连加

1.整体呈现情境图，引导学生理解图意、梳理数学信息。

教师：春天到了，万物复苏，树叶变绿了，小鸟也快乐地聚在一起了。你能看图说一说关于小鸟的数学信息吗？

学生：树上有2只，地上有4只，有3只小鸟在飞。

教师：同学们观察得很仔细，说得也非常准确！根据这些数学信息，你能提出什么数学问题呢？

对学生提出的符合逻辑思维的问题都给予肯定。

教师：同学们刚才提的问题都有各自的思维，很棒哦！我们选其中的一个问题来研究一下吧。

教师板书教科书中的问题：一共有多少只小鸟？

点评

对情境图中的信息进行梳理，就是观察和理解有关小鸟的数量实际包括了三部分。在前面加法学习的基础上，学生能比较容易说出相关信息，同时在初步感知三个部分数的基础上，学生可能会提出比较每部分数的多少，也可能提出其中两部分数的总数，当然也可能会提出“一共有多少只小鸟？”这个本节课需要解决的问题。只要学生提出的问题符合逻辑，教师都给予肯定，当然只需要在其中筛选出本节课所需的问题就能顺其自然地进入下一个环节。

2.分析并提出合理的解决方法。

教师：你能结合这幅图中的数学信息解决这个数学问题吗？请同学们先思考，然后和同桌说一说自己的想法。

学生说自己的想法。

教师：你能用算式把你刚才的想法表示出来吗？

学生独立在练习本上列式。

展示反馈学生的列式，并让学生说一说算式的意义。

教师：同学们，你们发现这些算式和我们前面学过的有什么相同和不同吗？

学生可能说：都是加法，但是今天加的数要多一些……

点评

在学生已有的认知基础上，对“一共有多少”这类问题会自然而然地想到把部分数加起来，这就解决了为什么采用“加法”的问题，至于应该怎么加，则可以让学生说出合理的意见即可。在学生准确地列出算式以后，教师要引导学生理解每一步所表达的意义，再通过比较得出今天的列式比他们之前学的加法要多一步，从而自然引出第一个新知“连加”。

3.探索连加的算法。

教师：是的，这个也是加法，像这样的加法我们叫作“连加”（板书课题）。这也是我们今天学的新知识。（让学生读课题）

教师：那这种连加算式怎么计算呢？你能用我们前面学过的加法来试一试吗？

鼓励学生大胆说出自己的想法。

教师：刚才同学们的想法都很好，都想出了先算什么、再算什么的过程。看来计算这种连加是有步骤的，我们再来仔细看一看。

教师在黑板上板书：先算2+4=6，再算6+3=9。

引导学生再次理解每一步的算理，并让学生复述每步的算理。

教师强调第二步的加法一定要用到第一步的结果，随即在第一步下面画符号，并写出计算结果。

教师：连加就是有两步或两步以上的加法，我们可以按照从左到右的步骤一步一步进行连续计算。

点评

本环节是解决计算的顺序，同时也是本节课的重点，这个环节处理得好，能对“连减”起到举一反三的作用。教学时，一要引导学生形成算式表述上的逻辑，即“先算几加几”“再算几加几”，二要形成算式与数学信息在意义上的逻辑，即“先把谁和谁加起来”“再把谁和谁加起来”，使得使用加法的意义和运算的顺序合理统一。

4.拓展算法的多样化。

展示学生的不同列式，先让学生说一说列式是否成立，再让学生独立完成计算。

反馈：让学生说一说先算什么，再算什么。

比较：让学生比较两种方法。（第一步的意义不同，但总数是相同的，都是连加）

点评

算法的多样化，实际上是鼓励学生有不同的独立与合理的思考，这也是为后续加法交换律和结合律的得出做一个初步的铺垫，体现的是数学知识的内在联系和螺旋上升的特点。

5.练习1：我说你摆再列式计算。

先摆出4根小棒，再摆出1根小棒，再摆出3根小棒，一共有多少根小棒？（4+1+3=8）

6.练习2：第45页的试一试。

2+1+3　　　　3+1+5

先让学生算一算，再说一说算法。

点评

本环节在教科书“试一试”的基础上增加了一个“我说你摆再列式”的环节，主要是通过学生动手摆一摆，经历可以把几个一部分数加起来，求一共有多少的意义的理解，也就是加深了在什么情境下可以用连加的理解。而对于“试一试”的两个练习，着重是要学生巩固对连加运算顺序的理解和表达，同时也可以通过学生之间的交流，对表达和理解较弱的学生起到帮扶作用。

（二）教学例2

1.观察、梳理数学信息，提数学问题。

分别呈现例2的图一和图二。

教师：今年家里的南瓜得到了大丰收，哥哥和弟弟准备把南瓜搬回家里。请你观察两幅图，说一说图里的数学信息，并提一个数学问题。

教师将同学们说的数学信息和问题用文字表达出来（教师用板书呈现第46页教科书的文字表达）。

请学生阅读第46页，并在数学书中填写完整，同时请一名学生到讲台填写。

点评

对于这个环节，教师可以适当放手，快速地开展找数学信息、说数学信息、提数学问题。教科书将学生对信息和问题的表述通过文字与填空相结合的形式展示出来，一是降低学生理解的难度，二是清楚、完整地将纯图信息转化成文字信息，这是从图的直观到文字的直观，是对一步减法到连减的运用和理解的逐步加深。

2.列式并理解连减意义。

教师：你准备怎么列式解决这个数学问题？

说一说：学生说说算式的意义。重点让学生理解第一步算式的意义。

讲一讲：教师讲解，提出像这样的算式就是“连减”。（教师板书）

点评

学生方法的选择是一个重点，学生可能会呈现9−3−2，也可能出现9−2−3，这都没问题，教师反而可以利用学生说出的两种算式，让学生进行辨别，得出不管先减去几，最后都是在解决“还剩下多少个南瓜”这个最终的问题。

3.掌握连减计算顺序。

教师：根据我们刚才连加的学习，你准备怎么计算连减呢？

先让学生根据算式说出每一步的算法，再让学生在第46页填写计算过程。请一名学生到讲台填写。

教师：根据我们刚才学的连加，你认为哪一步的结果很重要？（第一步）不仅要计算准确，还要记住这个结果。我们有一个小窍门，可以在第一步下面画一条横线，并把结果轻轻地写在这里。

点评

关于学生的计算准确率不需要花费更多的时间，教师要把重点落实在第一步得出的结果表示的是什么意义的理解上，要落实到为什么还要“继续减”的问题上。在学生理解了每一步意义的基础上，再让学生表述先算几减几，再算几减几，难点是让学生明白第二次减的时候一定要用到第一次减的得数，最后通过两组算式的比较，得出：不管先减去谁，结果是不会发生变化的。

4.第46页试一试。

学生在练习本上独立完成。

完成以后，让学生说一说先算什么、再算什么。

（三）小结

我们今天学的是连加、连减，在计算时可以从左开始计算第一步，再用第一步的计算结果进行第二步的计算。

点评

教师在讲述时要结合具体的算式进行比画，加深学生对顺序的理解。

三、强化意义理解，巩固计算顺序

组织学生进行教科书第46页课堂活动第1~2题。

教师呈现图文数学信息，请学生根据数学信息列出一个等式，再请学生说一说是怎么算的。（先算什么，再算什么）

点评

对课堂活动第1题，学生理解起来可能比较困难。教师在出示情境图以后可以直接叙述：三个小朋友在进行比数字的游戏，第一个小朋友比的是1，第二个小朋友比的是2，第三个小朋友比的是5，他们比的数字一共是多少？对于课堂活动第2题，重点是让学生在解决实际问题中学会找准数学信息，再列出合理的等式，最后让学生根据等式说一说连减的运算顺序。

（四川省成都市实验小学文苑分校　任昌武）

第2课时 加减混合运算

教学内容

教科书第47页例3,第47~48页课堂活动,第48页练习六第1~3题。

教学目标

1.结合具体情境,体会加减混合运算的意义,掌握加减混合的计算方法,并能正确计算,提升运算能力。

2.通过自主探索、合作交流等活动,初步培养分析能力、比较能力、操作能力和应用意识。

3.体会到生活中处处有数学,在学习的过程中获得成功体验,激发数学学习兴趣,树立学好数学的信心。

教学重难点

教学重点:体会加减混合运算的意义,掌握加减混合运算的计算方法。

教学难点:体会加减混合运算的意义,掌握加减混合运算的计算方法。

教学准备

多媒体课件、小鸟形状黑板贴、小棒、圆片。

教学过程

一、情境激趣,复习导入

出示绿水青山图。

教师:孩子们,这个生态公园美吗? 现在人们很注重环境保护,所以大自然越来越美了! 看,小鸟们也来玩耍了。

教师板书:快乐的小鸟。

播放动画:树上原本有5只小鸟,左边飞来了1只,右边飞来了3只。

教师:树上现在一共有多只小鸟? 谁能列式解决?

引导学生列出式子“5+1+3”,并说出运算过程和结果。

播放动画:湖边原本有6只小鸟在喝水,左边飞走了2只,右边飞走了3只。

教师:湖边现在还剩多少只小鸟?

引导学生列出式子“6-2-3”,并说出运算过程和结果。

教师:看来之前学的连加和连减,大家掌握得不错!

点评

以动画演示的方式分步呈现情境，让学生置身其中，在激发学习兴趣的同时，使学生回顾连加、连减的意义和计算方法，为学习加减混合运算做铺垫。

二、探索新知

（一）模拟演示情境，理解实际意义

出示教科书第47页主情境图，提供小鸟磁铁卡片。

教师：瞧！这还有一些小鸟呢。仔细观察，谁能用这些小鸟，边摆边给大家说一说图的意思。

引导学生用学具摆一摆，说一说，获得全班认同，使学生体会到：小鸟飞来，只数就要增加；小鸟飞走，只数就要减少。

（二）获取数学信息，提出数学问题

教师：你发现了哪些数学信息？

引导学生发现：地上原来有6只小鸟，飞走了2只，飞来了3只。

教师：根据这些数学信息，谁能提出数学问题？

引导学生提问：现在有多少只小鸟？

（三）列出算式，引出名称

教师：你准备怎么列式？

引导学生列出综合算式“6-2+3”和“6+3-2”，并解释为什么这么列式。

教师：用你们的亮眼睛仔细观察，这两个算式和咱们以前学的连加和连减有什么不同？

引导学生观察并发现算式里既有加法又有减法。

教师：像这样既有加法又有减法的算式，我们把它叫作加减混合算式。

教师板书课题：加减混合。学生齐读课题。

点评

结合模拟演示帮助学生理解情境图的意思，初步体会加减混合的实际意义，从中提取数学信息，提出数学问题。引导学生对比观察连加、连减和加减混合算式，发现加减混合算式的不同之处，引入课题。在此过程中培养学生的数学眼光、数学思维、数学表达。

(四)体会意义,探究算法

1.自主探究算法。

教师:这两个加减混合算式怎么算呢？自己试一试,可以借助学具。

鼓励学生自主探究,教师巡视指导,适时介入启发。

2.小组交流算法。

教师:接下来大家在四人小组里交流一下自己是怎么算的。看看谁说得最清楚,谁听得最认真。

教师巡视指导,关注小组讨论时每个人的参与度,鼓励学生表达,提醒学生认真倾听。

3.全班分享算法。

教师:先来说说"6-2+3",你们是怎么算的?

学生可能会直接看图得出结果,也可能是通过摆小棒得出结果,只要是合理的就给予肯定。

引导学生表达:原来有6只小鸟,飞走了2只,先算出6-2=4,还剩下4只小鸟;又飞来了3只小鸟,再算4+3=7,现在有7只小鸟。

教师根据学生的回答在算式中用线标明运算顺序,并写出第一步的得数。

教师:"6+3-2"怎么算?

引导学生说出:原来有6只小鸟,飞来了3只,先算出6+3=9,就有9只小鸟;飞走了2只小鸟,再算9-2=7,现在有7只小鸟。

教师根据学生的回答在算式中用线标明运算顺序,并写出第一步的得数。

4.总结计算方法。

教师:请仔细观察"6-2+3"和"6+3-2"这两道算式的计算过程,它们有什么不同点和相同点?

引导学生发现不同点:第一个算式先算减法,再算加法;第二个算式先算加法,再算减法。相同点:都是从左往右依次计算,先算出前面两个数相加减的得数,再将得数与第3个数相加减。

点评

结合图中小鸟只数的变化过程,理解加减混合运算先算什么,再算什么,以及每一步所表示的意思。让学生在自主探索、交流讨论、对比观察中体会加减混合运算的意义,总结运算方法。

（五）个性编创，强化算法

出示两组对照算式“7-4+2”和“7+2-4”“5+4-3”和“5-3+4”。

教师：这里有两组加减混合的算式，选择一个你喜欢的算式，给同桌讲一个小故事，让同桌说一说算式该怎么计算。

教师：谁想把你的小故事说给全班同学听一听？让大家都想想该怎么计算。

学生根据算式编创，如：有7只笔，用了4只，又买了2只。

引导学生说清楚计算过程：“7-4+2”先算7减4等于3，3再加上2等于5。“7+2-4”先算7加2等于9，再算9减去4等于5。“5+4-3”先算5加4等于9，9再减去3等于6。“5-3+4”先算5减3等于2，再算2加上4等于6。

教师：有了刚才的经验，谁来当当小老师，提醒一下大家在计算加减混合的时候需要注意些什么？

引导学生注意：计算时要从左往右依次计算，看清楚运算符号，记住第一步算的结果。

点评

鼓励学生对加减混合算式的实际意义进行个性化的解读，将数学与生活紧密相连，并通过童趣的语言进行表达，增强趣味性。学生在寓教于乐的过程中，强化对加减混合运算意义的体会和对算法的掌握。尊重学情，引导学生自己总结出加减混合运算时的注意点。

（六）课堂活动，动手操作

1.摆一摆，说一说。

教师：接下来咱们玩小游戏，请根据老师摆小棒的过程说出算式。

A.先摆3根小棒，再摆4根小棒，然后拿走2根小棒。

学生可能会先根据摆放过程列出分步算式，引导学生最后列出综合算式：3+4-2=5（根）。

B.先摆出9个圆片，然后拿走5个圆片，再拿来2个圆片。引导学生列出：9-5+2=6（个）。

2.画一画，说一说。

教师：游戏升级！刚才我们动手摆出了加减混合算式，接下来我们画一画，请大家完成课堂活动第2题。

引导学生根据算式画图，并表达出：“先算4-3，就在4个三角形里先圈走（或画去）3个三角形，还剩1个三角形；再算1加2，就再画2个三角形，最后还有3个三角形。”“先算5+4，原来有5个三角形，新画4个三角形，就有9个三角形；再算9减3，就圈走（或画去）3个三角形，最后还有6个三角形。”

点评

帮助学生在动脑、动口、动手中再次体会加减混合运算的意义，并巩固算法，深化对加减混合运算的认识。

三、巩固练习

1.练习六第1题。

教师：生态公园里除了快乐的小鸟，还有可爱的浣熊和美丽的花朵，你能看懂图的意思吗？填一填。

教师巡视指导，引导学生理解图意：左边有3只浣熊，中间有2只浣熊，右边有4只浣熊；原来有9朵花，去掉了3朵，又去掉1朵。再根据对图意的理解列出算式，说清楚先算什么，再算什么，每一步表示的是什么意思。

2.练习六第2题。

教师：看呀，小猴子们在摘桃子，小女孩在摘葫芦，快帮他们算一算吧。

教师巡视指导，引导学生理解图意：原来有3个桃子，左边的小猴新摘来3个桃子，右边的小猴又摘来2个桃子；原来藤上有8个葫芦，摘了3个葫芦，小女孩又摘了2个葫芦。再根据对图意的理解列出算式，说清楚先算什么，再算什么，每一步表示的是什么意思。

3.练习六第3题。

教师：看一看，这两幅图又是什么意思呢？请你把算式补充完整，填一填。

教师巡视指导，引导学生理解图意：原来有6个三角形，圈走4个三角形，又加上3个三角形；原来有2个圆形，新加上了7个圆形，又圈走4个圆形。再根据对图意的理解把算式补充完整，说清楚先算什么，再算什么，每一步表示的是什么意思。

4.算法联系。

将三道练习题中的算式集合在一起，按“连加”“连减”“加减混合”分类展示。

教师：孩子们，回忆一下这些算式的计算过程，你有什么发现？

引导学生发现：连加、连减、加减混合都是从左往右依次计算。

点评

在连续的情境中，带领学生看懂图意、列出算式、正确计算，注重了知识的趣味性和综合性，使学生在愉快的氛围中巩固所学知识，并对连加、连减、加减混合进行沟通联系，促进学生知识结构化。

四、全课总结

教师：同学们，这节课你有什么收获？

学生可能会说知道了什么样的算式叫加减混合，加减混合算式与连加、连减的联系，加减混合算式怎么算等，针对学生的分享进行适宜的评价。

教师布置课后作业：在生活中寻找关于加减混合的问题，用你喜欢的方式记录下来。

点评

引导学生梳理总结课堂内的收获，在帮助学生强化记忆的同时，培养良好的学习习惯。用学生自己喜欢的方式记录生活中关于加减混合的实际问题，既是引导学生发现数学来源于生活，作用于生活，也培养了学生的应用意识，同时也是将数学和语文、美术等进行跨学科融合，培养学生的综合能力。

（四川省成都市浣花小学校　王媚琳）

第3课时 练习课

教学内容

教科书第49~50页练习六4~8题，以及思考题。

教学目标

1.结合具体情境，理解连加、连减与加减混合的具体意义，通过图文式的相互转化，强化对意义的理解。

2.掌握连加、连减以及加减混合的计算方法，能正确计算。

3.培养在具体情境中获取信息、解决问题的能力。

4.借助直观图，通过对比观察，培养认真观察和独立思考的能力，并在合作交流中发展运算能力。

教学重难点

教学重点：理解意义，正确列式，掌握计算方法。

教学难点：培养认真观察、独立思考的能力，在合作交流中发展运算能力。

教学准备

多媒体课件。

教学过程

一、掌握算法，正确计算

教师：小朋友们，上两节课我们一起学习了连加、连减与加减混合的计算，今天我们一起来练习。现在我们来比一比，看谁算得又对又快。请大家翻开教科书第49页第4题，算一算。

学生独立完成，开火车订正答案，并说一说是怎么算的。

教师：你是怎么计算的？

生1：1加7等于8，8加1等于9。

生2：从左往右依次计算。

点评

这六道计算题检验学生是否掌握了算法。练习初期，强调写出第一步的中间数，熟练之后可以省略不写。运算能力是学生学习数学必备的基本能力，可以进行多形式的计算练习。

二、巩固理解连加、连减与加减混合的意义

1.具体情境,理解意义。

教师:计算全对的请举手,你们真棒! 我们接着来挑战,完成练习六第5题。

学生完成,教师全班讲评。

教师:你的答案是什么?

抽学生回答,其他同学认真倾听,手势判断对错。

教师:谁能完整说说这幅图的意思?

学生:左边有2根筷子,中间有2根筷子,右边有2根筷子,一共有几根呢?

教师:3个信息加1个问题,这样的表述很完整。为什么用加法?

学生1:都是再求一共是多少。

学生2:都是把几部分合起来。

教师:对,合起来用加法。(边说边用手势配合演示“合起来”)

学生:第2幅图,原来有8只鞋子,老大穿走了2只鞋子,老二穿走了2只鞋子,还剩有几只鞋子呢?

教师:为什么用减法?

学生1:因为是求还剩多少。

学生2:穿走就是减少,减少用减法。

教师:这是知道总数,减少了一部分,求剩下部分,我们就可以用减法来计算。

学生:第3幅图,有7个小朋友,走了3个,又来了2个,现在小朋友有多少个?

教师:你们真棒,不仅能正确列式计算,还能说清每幅图的意义。

点评

理解运算意义是掌握运算的基础,练习课更应该巩固对意义的理解,以达到熟练运用。根据一年级学生的认知特点,结合具体生活情境,学会完整表述问题。在不同情境中找寻相同本质,让学生经历意义的抽象过程,从而逐步建立运算模型。

2.图文式转化,深化意义理解。

教师:看到第6题,读算式,画一画。请在书上工整完成。

教师巡视,寻找错例,投影展示。

讲评重点:(1)生生互动交流,教师做好评价引导。

(2)规范画图中的图形表达,如:减法用“\”画掉或虚线框圈走。

(3)注重画图类型的丰富,可以是图形、小棒、串珠等。在不同图画中,提取相同本质。

3.综合练习。

教师:请大家接着看第7题,看看图上都有哪些动物呢?数一数,填一填。想一想,需要注意什么?

学生完成,教师全班讲评。

讲评重点:(1)圈关键词、标数据。

(2)比较两个量的多少,求相差数,也可以用减法来解决。

(3)比较的标准不同,比较的结果就不相同。

点评

练习课要关注全体学生,不能总以小部分优生的答案展示来代替全班同学的想法。分享错例,交流中明晰正确方法,让学会的学生能正确讲解,进一步巩固;不会或做错的学生,能认真倾听,反思错误。但老师要注意评价技巧,对出错学生要有温情的鼓励,帮助他们树立学习的信心。

三、在对比观察中,发展运算能力

1.教科书第50页第8题第(1)题。

教师:第8题,算一算。看谁算得又对又快。

课件订正,出示第1组6道小题答案。

教师:纵向观察,你有什么发现?

学生1:它们的结果都一样。

学生2:数都相同,只是位置不一样。

教师:能不能结合生活中的例子来讲一讲?比如,我原有5支笔,妈妈给我买了3支笔,爸爸又给我买了1支笔,现在一共有9支笔。那下面的算式中就表示什么?

学生1:我原有5支笔,爸爸给我买了1支笔,妈妈又给我买了3支笔,现在一共有9支笔。

教师:看来,3和1的位置变了,但它们的总数不变。第2组算式,谁还能这样举例说一说。

学生1:我有6颗糖,先吃掉了2颗,又吃了3颗,还剩1颗。下面这个算式是我有6颗糖,先吃掉了3颗,又吃了2颗,我一共吃了5颗,所以最后都只剩1颗。

学生2:有4个小朋友,先走了3个,又来了2个,最后还有3个小朋友。下面的算式是有4个小朋友,先来了2个,又走了3个,最后还有3个小朋友。

教师:你们真是太棒了,能把算式转化成生活中的问题,并发现它们的本质是一样的,很会观察与分析。

2.教科书第50页第8题第(2)题。

教师呈现第1列两个算式:3+3+3=　　　　　　3+1+5=

教师:纵向观察这组算式,你有什么发现?

学生:它们的结果都一样。

教师:算式里的数都不相同,结果为什么会一样呢?和你的同桌说一说。

同桌2人讨论。

学生:我来举个例子。我原有3支笔,妈妈给我买了3支笔,爸爸给我买了3支笔,现在一共有9支笔。下面这个算式是我原有3支笔,妈妈给我买了1支笔,爸爸给我买了5支笔,现在一共有9支笔。

教师:爸爸、妈妈买的数量不一样,但他们一共买了6支,加上“我”之前的3支,总数就一样了。除了举例子,还有什么更简洁的方法,能让人一眼就看明白吗?

学生:我可以画一画。

教师:大家一起试一试。

教师展示图:你看懂了吗?

学生自由发言。

教师小结:这2幅图都包括3部分,第1部分都是3,后面两部分虽然不一样,但合起来都是6,所以这2个算式的总数相等。

教师:你们真是太棒了,具备了图文式转化的本领。不仅能把算式变成生活中的例子,还能把算式变成简洁的图画,在不同中找相同,很会观察与发现。

后面2组算式的对比,也可用画图观察。

点评

算式具有一定的抽象性,仅是算式的对比观察,往往只能看见表面的相同与不同,而生活情境有助于学生理解算式的意义,图形表达能促进对算理的思考。这些方式的灵活运用,有利于发展学生图文式转化的本领,也为以后简算的学习做了铺垫,从而提升学生的运算能力。

四、思维拓展，初步感知加减法的互逆关系

教师：思考题，我们一起来挑战。先自己静静想一想，再动笔填一填。

学生完成，教师全班讲评。

教师：你是怎么想的？请上来讲一讲。

学生：9-1-2=6，这里填6。

教师：怎么知道是填6？

学生：3个数相加的和是9，我就用9减去1和2，就能求出圈里的数了。

教师：你的思路很清晰，你们听懂了吗？按照他的想法，另外2个圈应该填什么数呢？

全班：9-3-2=4，9-1-3=5。

教师：你们真棒，很会倾听学习。这样的填一填，就是用总数，减去已知的2个数，就能求出第3个数了。

五、回顾与小结

教师小结：通过今天这节课的练习，我们复习了连加、连减与加减混合的意义，会准确计算；掌握图、文、式转化的本领，有助于我们观察和发现。

点评

作为混合运算的练习课，教师不仅要关注基本的计算技能，让学生掌握正确的计算方法，更要关注学生对算式意义的理解，通过多种方式的图、文、式转化，加强对算理的理解与表达。引导学生观察数据特征，在不同中找相同，尝试发现其中的规律，发展数感，也为后续学习埋下伏笔。

（四川省成都市泡桐树小学　钟怡）

整理与复习

第1课时

教学内容

教科书第51页第1~3题,第52页1~2题。

教学目标

1.通过对0~9加减法的整理与复习,进一步掌握0~9的加减法的计算方法,并能解决简单的问题。

2.复习0~9的加减法算式,进一步巩固加法表和减法表中的规律,掌握不同算式之间的联系。

3.在复习过程中提高分析能力和概括能力。

4.在主动参与学习的过程中获得成功体验,坚定学好数学的信心。

教学重难点

教学重点:进一步掌握0~9的加减法的计算方法,并能解决简单的问题。

教学难点:能够运用0~9的加减法来解决生活中的实际问题。

教学准备

多媒体课件、视频展示台等。

教学过程

一、学习回顾

教师:小朋友们,经过大家的努力,我们学习了第二单元“0~9的加减法”,我们一起翻书看看第30~50页,回顾一下我们学习了哪些知识?

学生甲:我们认识了加法和减法。

学生乙:我们会算加减法算式,比如2+3=5,9-1=8。

学生丙:我们还学会了连加、连减和加减混合运算。

学生丁:我们还整理了加法表和减法表,找到了规律。

……

教师:真不错,今天这节课我们来对第二单元的知识进行整理与复习。

点评

针对一年级学生年龄较小的特征，让学生翻书，边看边回忆学习了哪些知识，逐步调动学生学习的兴趣。

二、单元复习

1.完成教科书第51页第1题：算一算，填一填。

学生开火车订正答案。

（1）复习加法算式。

板书：2+3=5。

教师：这个加法算式怎么读呢？2和3叫什么数？得数5叫什么呢？

让学生说出加法算式各部分名称：加数、和。

教师：你能用这个加法算式讲一个故事吗？

学生口述可以解决的实际问题。

教师：在生活中，合起来算要用加法，求增加后的总数也要用加法。

（2）复习减法算式。

板书：5−2=3。

教师：这是什么算式？减号前面的5叫作什么？减号后面的2叫作什么？得数3叫什么呢？

让学生说出减法算式各部分名称：被减数、减数、差。

教师：你能用这个减法算式讲一个故事吗？

学生口述可以解决的实际问题。

教师：在生活中，求剩下的部分要用减法，求多多少也要用减法。

2.复习加减法计算。

板书：3+□=9。

教师：你是怎么计算的？

引导学生交流计算方法。可以用数的组成计算，也可以用加法想减法的方法计算。

板书：□−3=6。

教师：这道题又是怎么计算的呢？

引导学生交流计算方法。可以用数的组成计算，也可以用减法想加法的方法计算。

点评

通过口算题，带领学生复习，让学生说出加减法算式的各部分名称、加减法算式的意义，再次巩固复习这个单元的重点知识。

3.课件出示加法表和减法表。

教师：横着看，竖着看，斜着看，分别有什么规律？

引导学生回忆加法表和减法表的规律。

点评

在前面的学习中，孩子们已经整理学习过加法表和减法表，在这里再次复习，是为了巩固0~9的加减法计算，并且让学生再次熟记加减法表中的一些规律。

4.完成教科书第51页第2题：填一填。

板书：4+3+2=□　　8−3−2=□　　2+5−3=□

教师：你是怎么计算的？先算什么，再算什么？这叫作什么算式？

引导学生复习连加、连减、加减混合运算知识。

教师：你能用这些算式分别讲一个故事吗？

学生口述自己创编的实际问题。

点评

兴趣是最好的学习动力，本环节通过讲故事的方式，激励学生积极参与连加、连减、加减混合运算的复习。

5.完成教科书第51页第3题：提问题，列算式。

PPT出示情境图：合唱队。

教师：请大家观察图，发现了哪些信息？

引导学生说出：男生有4人，女生有5人，一共有多少人？或者第一排站了2人，第二排站了3人，第三排站了4人，一共有多少人？或者一共有9人参加合唱表演，第一排站了2人，第二排站了3人，第三排站了几人？

教师：应该怎么列算式来解决这些问题呢？

学生列式：4+5=9（人）；2+3+4=9（人）；9−2−3=4（人）。

教师：你能说说第一个算式为什么要用加法吗？

引导学生说出求总和要用加法。

教师:第二个算式中的2表示什么意思？3呢？4呢？这是什么算式？计算时,我们先算什么？再算什么？

引导学生说出连加算式中每个数表示的意义,并且能正确说出连加算式的运算顺序。

教师:第三个算式是什么算式？为什么要用减法来列式呢？计算时,我们先算什么？再算什么？

引导学生说出求部分要用减法,并且说出连减算式的运算顺序。

点评

学生会从不同角度观察图中信息,锻炼了学生认真观察思考的能力。特别是第二个算式,具有开放性思考的空间,既可以从连加问题来考虑,也可以从连减问题来考虑。

三、课堂练习,巩固应用

1.完成练习七的第1题:算一算,说一说。

学生先在书上计算,然后开火车,订正答案。

教师:观察上面的算式,你发现了什么?

引导学生一组一组地观察。

比如第二组:3+5=8,8-3=5,8-2-1=5。

三个算式都有联系,第一个和第二个算式中,3和5组成8,8可以分成3和5。后两个减法算式中,从8里面去掉3个,也可以先去掉2个,再去掉1个。减法算式可变成连减算式。

2.完成练习七的第2题:看图填空。

学生先观察图上的信息,再在书上填写算式。

教师:从图中,你发现了什么信息？可以提出什么问题呢?

学生根据观察到的信息,提出问题,并列式解决。

比如:

在体育角锻炼的有5个小朋友,2个老年人,一共有多少个人在锻炼?

5+2=7

攀爬单杠的一共有5个小朋友,其中有3个男生,有几个女生?

5-3=2

……

点评

学生在这节课之前，已对0~9的加减法有了很全面的体会和感知，这节课利用学生已有的学习经验，为学生提供了有趣的且有实践性的学习过程。在这节课中，更多的是让学生来叙述自己的思考过程，让更多学生参与到整个单元的复习中来，提高学生的参与度，激发学生的学习兴趣，让他们在轻松愉快的学习过程中，把单元知识梳理一遍。

（四川省成都市胜西小学 徐蓓）

第2课时

教学内容

教科书第52~53页练习七第3~7题及思考题。

教学目标

1.进一步掌握连加、连减和加减混合运算的计算方法。

2.进一步理解加减法的含义,会用加减法计算解决生活中的简单问题。

3.在观察、交流等学习活动中,培养分析问题的能力。

教学重难点

教学重点:结合图感知加减法模型,理解加减法含义。

教学难点:通过材料的交流与对比,进一步感悟加减法的意义。

教学准备

多媒体课件、口算卡片。

教学过程

一、游戏激趣,引入复习

完成教科书第52页练习七第4题。

教师:今天我们继续玩两人一组“接龙计算”的游戏。

算式:

2+4+2=　　　　8−4−2=　　　　2+6−3=

学生回答。比如一学生说2+4=6,另一学生说6+2=8。

教师:老师要找一位很会倾听的小朋友来回答问题。刚才三组同学计算的算式虽有所不同,但也有相同的地方,是什么?

学生1:它们都是先算前两个数,再接着计算。

学生2:它们计算顺序一样,都是从左到右依次计算。

教师:回答得真好!看来之前的知识学习得很不错。这节课咱们继续来练习巩固。

点评

在课堂上引入合理的游戏元素，有助于教师了解学生的学习状况，能以微妙的方式有针对性地减少学习和完成教学的难度，增强学生参与课堂活动的意识。

二、专项练习，破解难点

1.巧法比大小。

完成教科书第52页练习七第3题。

教师：看看这道题，比大小，简单吗？你打算怎么做？

7◯2+7　　8−5◯4　　3+3◯1+5

7◯7−1　　8−0◯8　　5+4◯4+2

学生：我先计算，再去比大小。

教师：你说得很清楚，解决问题很有顺序。

教师：咱们看看这两道，不计算可以吗？

7◯2+7

7◯7−1

学生：我觉得可以，两个算式都有7，加法让7变大了，减法让7变小了。

教师：谁听明白了她的意思？再具体说一说。

学生：两个算式中都有7，加法让7变大了，所以2+7大于7，减法让7变小了，所以7−1小于7。

教师：你们很会观察，还能利用加减法意义来比较大小，善于思考的孩子！

教师：看看这个算式，8−0不应该让8变少吗？为什么填等号？

8−0◯8

学生：因为8−0就相当于我什么都没拿走，总数还是不变的。

教师：你很会讲理，举个例子就说清楚了。看来不是所有的减法都会让数量变少。

教师：题目中还有不需要计算就能比大小的算式吗？怎么比？

学生：5+4◯4+2中，两个算式都有4，由于左边加的数大，左边就比右边大。

教师：这样说来，比较大小中也有着很多有意思的巧妙方法。

点评

这一环节主要是鼓励学生将算式与计算、算式与加减法意义进行主动关联，以“算”落实基本技能，以“巧”深化意义理解，一题多解达成发散思维的目的。

2.对比知联系。

完成教科书第53页练习七第5题。

教师：之前我们学习了用三句话提出完整的数学问题。这里有4幅图，选择你喜欢的图片，说说完整的数学问题吧。

学生1：左边有6个苹果，右边有3个苹果，一共有几个苹果？

学生2：一共有9支铅笔，分给了左边2支，右边有几支？

学生3：一边有1个三角形，另一边有7个三角形，合起来有几个三角形？

学生4：总共有7颗星星，右边有5颗星星，左边有几颗星星？

教师：孩子们的数学问题说得很完整，为你们的语言表达点赞。

教师：这4个问题可以怎么解决呢？请列式。

学生独立列式后集体订正。

教师：你们能给这4个问题分分类吗？怎么分？

学生：(1)题和(2)题为一类，它们都有9；(3)题和(4)题为一类，它们都有7。

教师：9在题中是什么意思？7呢？

学生：9是总数，7一会儿是总数，一会儿是部分。

教师：你观察得真仔细。同样的数字在不同情境中的意思也可能不一样。

教师：还有不同的分类方法吗？

学生：(1)题和(3)题是一类，都用加法；(2)题和(4)题是一类，都用减法。

教师：请你结合图说一说，什么情况会用到加法？什么情况会用到减法？

引导学生说出：把两个部分合起来求总数的时候会用到加法，有了总数和一个部分求另一部分时用减法。

完成教科书第53页练习七第7题。

教师：看来孩子们都很清楚加减法的意义，在这幅图中你看懂了什么？

学生：本来有6辆车，开走了3辆，又开来了2辆。

教师：你的描述很准确，一走一来意思不一样，那我们可以提出什么问题呢？

学生：现在停车场里有几辆车？

同桌互讲图意后，独立完成。

点评

这一环节以图为理解加减法意义的具象载体，引导学生经历“读图—列式—对比分析”三个步骤，将情境与算式有效融合，进一步加深对两种模型的理解，也培养了学生解决简单问题的能力。

3.分析现题意。

完成教科书第53页练习七第6题。

教师：这道题你看懂了什么？

学生：先用8-5=3，然后再用得数3+3=6。

教师：你很会观察，找到了理解题意的起点——例子。

同桌互说题意，独立完成，全班订正。

完成教科书第53页练习七思考题。

教师：全班边指边读题，起。

教师：这道题是什么意思？

学生：这个题就是3个数加起来得数是8。

教师：你抓住了题目中“3个数相加的和都是8”来理解，关键句找得准确！

学生：每条线上的得数都必须是8。

教师：“每条线”是什么意思？

学生：每条线就是连着的横线和竖线。

教师：你很善于观察，能结合图来理解关键词。

引导学生边书空指边说出完整题意，横着、竖着3个数的总数都是8。

教师：选择一个你认为最容易填写的空，说一说选择的理由。

学生1：最下面这一行，4+3=7，7再加1就是8，所以填1。

学生2：中间这一列，4+2=6，再算8-6=2，所以填2。

教师：这两个小朋友观察的方向不同，但选择的空都很容易填，为什么？

学生：因为它们都是给了两个数，再算一个数就可以了。

教师：看来给的信息越多越容易填。反过来想想，哪个空不容易填呢？

引导学生指着说明不容易填写的原因，总结出信息越多越易填，信息越少越难填，并完成题目。

点评

这一环节主要是培养学生的审题能力。低段学生易出现不读题、略读题的问题，主要是缺乏审题策略，所以在日常教学中，要注意审题策略的渗透，比如看例审题、关键词审题、文图结合审题等。

三、课堂小结，回顾提升

教师：今天你学会了什么？做练习时需要注意什么？还有什么不明白的地方？

教师布置课后作业：参考教科书53页思考题，自编一道题。

点评

本课是一节单元练习课，在教学准备时，考虑了该课型的设计原则，即目的性、典型性、针对性、层次性、多样性和趣味性，继而依据原则结合学生日常学习中出现的如不读题就动笔、会列式不会说、比大小光计算等学习困点，按横向比较、纵向延伸的目标维度重新按专题组合习题，达成了概念、算理和方法的横向沟通及知识体系的纵向贯通。在教学实施时，该课注意多种手段并用，引导学生在对比中弄清区别，在辨析中加深理解，在概括中把握联系，落实核心素养的发展，同时还通过关注表达、积极评价、鼓励质疑、引导反思等途径实现了育人价值。

（四川省成都市东城根街小学　于鸽）

第三单元
认识立体图形

单元教学导引

认识立体图形是学生学习“图形与几何”这一数学领域的开始。本单元共4个例题、一个课堂活动和一个练习，通过教学，使学生认识长方体、正方体、圆柱和球等常见的立体图形，并能够用简单的语言描述这些图形的基本特征；在观察、操作等活动中，积累学习体验和活动经验，培养几何直观和空间观念。

一、如何帮助学生正确辨认长方体、正方体、圆柱和球等立体图形？

日常生活中学生接触的立体图形比平面图形多得多，长方体、正方体、圆柱和球都是常见图形，学生在生活中已经积累了许多相关感性经验。同时，一年级学生的抽象思维能力尚未充分发展。因此，在教学过程中，展示学生熟悉的、日常生活中的物品，让学生将形状相同的物体放在一起，引导学生进行分类，从而初步感受立体图形的特征，建立对立体图形的初步认识，并用简单的语言描述这些立体图形的基本特征。通过对比学习、拼搭、组合等方式，加深学生对立体图形的认识和理解。

二、如何培养学生的几何直观和空间观念？

重视让学生初步建立空间观念。本单元教学时通过引入学生身边熟悉的素材，生活中的立体图形，引导学生从不同的实物中抽象出同一立体图形，经历图形的抽象过程，建立起对立体图形的直观感知，形成初步的空间观念。鼓励学生在滚一滚、搭一搭、推一推等体验中，感知立体图形的特点，加深学生对立体图形的直观感知。在"我说你拿""你说我猜"等活动中，通过观察、操作积累学习体验和活动经验，培养几何直观和空间观念。

单元教学目标

1.能通过实物或模型，正确辨认长方体、正方体、圆柱、球等常见的立体图形。

2.通过观察、操作、比较等活动，直观感知立体图形的特征，并能直观描述它们的基本特征。

3.通过搭积木、拼图形等实践活动，加深对立体图形的理解，积累学习体验，培养观察能力、动手操作能力和语言表达能力。

4.在认识立体图形的学习过程中培养几何直观和空间观念。

5.通过小组合作和交流，培养团队精神和合作意识，体验与他人共同学习的乐趣。

6.感受数学与实际生活的联系，激发对立体图形的兴趣，培养主动探索、积极思考的学习态度。

第1课时

教学内容

教科书第55页例1、例2,第56页课堂活动,第57页练习八第1题。

教学目标

1.通过观察、操作,初步认识长方体、正方体、圆柱和球,知道它们的名称,能在实际情境中辨认这些图形。

2.经历从实物抽象出图形的过程,培养观察能力、动手操作能力和语言表达能力,初步建立空间观念。

3.通过数学活动,感受数学与实际生活的联系,激发学习立体图形的兴趣,培养团队精神和合作意识。

教学重难点

教学重点:能辨认长方体、正方体、圆柱和球,在动手实践活动中培养空间观念。

教学难点:能辨认并区别长方体、正方体、圆柱和球等立体图形,建立空间观念。

教学准备

多媒体课件,例题中的实物图片,长方体、正方体、圆柱、球。

教学过程

一、游戏引入,激发兴趣

教师:今天老师给小朋友们带来了一些生活中非常熟悉的物品,老师把这些物品全都放进了百宝箱里。接下来请根据老师描述的物品特点,你来猜猜它是什么?

教师:第一个物品,它是方方正正的,每个面都是一样大,还可以扭动,你猜是什么?

学生:魔方。

教师:第二个物品,它是圆圆的,滑滑的,大小可以用手握住,你猜是什么?

学生:乒乓球。

教师:小朋友们很有生活经验,老师简单描述一下物品的形状,你们就知道这个物品是什么。看来，借助物品的形状去认识图形很重要。今天这节课我们就来认识图形。

出示课题，板书课题：认识立体图形。

齐读课题。

点评

利用学生已有经验，用教师描述物品特点学生猜物品引入。选取的是符合学生年龄特点、学生感兴趣的实物，创造了轻松的学习氛围，为接下来的各种体验活动奠定了良好的情感基础。

二、操作感知，体验特征

1.教学例1。

教师：小朋友们，你们想知道百宝箱里还有哪些我们熟悉的物品吗？

课件出示一件物品，学生说出物品的名字。

小朋友们准确地说出了每件物品的名称。

教师：老师想把这些物品分一分，你能帮帮我吗？

教师：你打算把哪些物品分在一起？请大家先仔细观察这些物品，然后小组合作分一分。

小组内合作完成。

教师：小朋友们，你们是把哪些物品分在一起的，分成了几类？

小组展示：一人汇报，一人动手分。

学生：我们组把书、纸巾盒、墨汁盒和魔方分在了一起；水杯、罐头、薯片筒、足球、篮球和乒乓球分在了一起，一共分成了2类。

教师：你们是怎样想的呢？

学生：我们是把方方的分在了一起，圆圆的分在了一起。

教师：有不同的分法吗？

学生：我们组把书、纸巾盒、墨汁盒和魔方分在了一起；水杯、罐头和薯片筒分在了一起；足球、篮球和乒乓球分在了一起，一共分成了3类。

教师：你们能说说为什么这样分吗？

学生：书、纸巾盒、墨汁盒和魔方它们能看见的面都是平平的；水杯、罐头和薯片筒像柱子；足球、篮球和乒乓球都是圆圆的。

教师：这组孩子通过观察这些物品的外形，把它们分成了这样的3类。

教师：你们同意他们的说法吗？

学生3:我们组的分法和他们有些不一样。我们组把书、纸巾盒分在了一起，墨汁盒和魔方分在了一起，水杯、罐头和薯片筒分在了一起，足球、篮球和乒乓球分在了一起，一共分成了4类。

教师:能说说你们的想法吗？为什么这样分？

学生:虽然书、纸巾盒、墨汁盒和魔方长得很像，但是书和纸巾盒是长长的，墨汁盒和魔方是方方正正的。

教师:小朋友观察得真仔细，确实像这组小朋友说的那样，书和纸巾盒是长长方方的，墨汁盒和魔方是方方正正的。

教师:你们组分得很有道理，说得也很清楚。

教师:其他组分出来的结果和他们一样吗？如果不一样请动手再分一分。

学生调整分类的结果。

教师:通过刚才分物品，我们发现可以把特征相同的东西放在一起。像这样把特征相同的东西放在一起就叫分类。生活中还有很多地方会像这样把物品进行分类。

教师:我们去掉这些物品花花的外衣后，长什么样呢？

点评

分类是学生认识立体图形的重要活动，在小组合作动手分一分中，学生借助已有的生活经验，用“形状”作为分类标准的准则，将外形相同的物体放在一起，渗透分类的思想。通过交流汇报，初步了解物体的外形特征，体验合作学习，感受到数学与生活的联系。

2.认识长方体。

教师:我们先去掉书和纸巾盒的外衣，想想它的样子。

课件出示长方体。

教师:小朋友们想出来的样子是这样的吗？虽然书和纸巾盒的颜色、大小、材质各不相同，但它们的形状都是这样的。

教师:请你们拿出同样的物体，用手摸一摸，感受一下这个物体。

教师:谁愿意和大家一起来分享你的发现？

学生1:这个物体有些地方摸起来平平的。

学生2:有些地方摸起来尖尖的。

学生3:有些地方摸起来是直直的。

学生4:整个物体是长长的。

……

教师:小朋友们,你们也有这些感受吗?大家都是善于观察的孩子。在数学里,这样的图形称为长方体。

请孩子们闭上眼睛想一想长方体的样子,也可以用手比一比。

点评

在分类的基础上让学生尝试从“实物”中抽象出立体图形,通过摸一摸、想一想、比一比等方式亲身感受长方体的特征,培养学生的自主学习能力。

3.认识正方体。

教师:你能想想墨汁盒和魔方去掉花纹的样子吗?请想一想,比一比。

课件出示正方体。

教师:这样的图形是正方体。请你拿出正方体来看一看,摸一摸,你发现了什么?

学生拿出正方体来观察、交流、汇报。

教师:我们认识了长方体和正方体,你能找找身边的长方体和正方体吗?

学生回答:……

教师出示一个特殊的长方体(有2个面是正方形)。

教师:这个物品是正方体吗?说说你的想法。

学生1:是。因为这个面是方方正正的。

学生2:不是。我把它转一下,看到的这个面不是方方正正的,这个物体是扁扁的,所以我认为是长方体。

教师:你思考得很全面。看来我们在判断时,要从不同的角度去观察思考,根据物体的特征才能判断准确。

教师:小朋友们,请回忆一下,刚才我们用哪些方法认识了长方体和正方体?

学生:看一看、摸一摸、想一想、找一找的方法。

教师:这些都是我们认识物体的方法。你们能用这些方法来认识下面这些物体吗?

4.认识圆柱、球。

课件出示圆柱、球相关的物品图。

出示学习要求：

(1)用看一看、摸一摸、想一想、找一找的方法来认识这些物品。

(2)说说你有什么发现。

学生自主学习。

小组内交流自己的发现。

全班交流、汇报。

学生1:我发现水杯的上面、下面都是圆,而且是一样大的。

学生2:我发现罐头的上面、下面也都是圆,而且也是一样大。

学生3:它们摸起来有些地方是平的,有些地方是弯的,没有尖尖的地方。

学生4:茶杯、罐头、薯片筒去掉花纹后的样子是这样的。(拿出圆柱学具)这样的图形是圆柱。

学生5:足球、乒乓球、篮球都是球。

学生6:足球、乒乓球、篮球摸起来都是圆圆的,鼓鼓的。

学生7:足球、乒乓球、篮球去掉花纹后是这样的。(拿出球的学具)

教师:小朋友们观察得很仔细,说得也很正确。像足球等物品去掉花纹后得到的图形就是球。

请小朋友们闭上眼睛分别想想圆柱和球的样子。

点评

让学生根据学习研究长方体的特征的方式,研究正方体、圆柱、球的特征,从而培养学生的迁移能力和独立思考能力。

5.课堂活动。

教师:你能找找身边哪些物品的形状是圆柱和球,并说给同桌听听吗?

学生交流。

教师:生活中还有很多其他球,比如:羽毛球、橄榄球、溜溜球。它们是我们今天认识的球吗?虽然这些物品的名字里带了个球字,但它们不是圆圆的,鼓鼓的,不是我们今天学习的球。

点评

通过辨析生活中物品的形状,知道名字里有“球”的物体不一定是立体图形球,使学生进一步理解球,建立图形概念,初步形成空间观念。

三、巩固新知

1. 回顾课堂。

教师：今天这节课我们认识了4个新朋友，它们是……（学生回答）现在我们闭上眼睛想想它们的样子。

2. 基础练习。

练习八第1题。

让学生独立连线，然后说一说为什么要这样连。

3. 找一找。

课后回家找找哪些物品的形状是我们今天认识的4种立体图形，并想一想为什么要做成这样的形状。

点评

走进生活，找身边的立体图形物品，思考做成这样的原因，拓展学生的视野，使学生体会到生活中处处有数学，学会用数学的眼光观察现实世界，用数学的思维思考现实世界，体现数学的应用性，初步培养应用意识。

（重庆市北碚区华光小学 李莎莎）

第2课时

教学内容

教科书第56页例3，第57页课堂活动第1题，第57页练习八第2~3题。

教学目标

1.能直观描述长方体、正方体、圆柱、球这些立体图形的基本特征，感知它们的区别。

2.通过观察立体图形的形状、大小等基本特征，培养观察能力和细致入微的注意力。

3通过丰富多样的活动，激发学习兴趣和好奇心，感受到数学与生活的密切联系。

教学重难点

教学重点：体会立体图形之间的关系，加深对立体图形特征的认识与理解。

教学难点：感知立体图形的区别。

教学准备

多媒体课件、长方体、正方体、圆柱和球。

教学过程

一、谈话引入，激发兴趣

教师：还记得我们上节课认识的4个新朋友吗？我们来和它们打打招呼吧。

出示长方体、正方体、圆柱、球。

学生说出图形的名字，并从自己的学具里拿出对应的图形摆在桌上。

教师：看来大家已经和它们成为好朋友啦！今天这节课我们要继续来探究有关它们的秘密。

出示课题，板书课题：认识立体图形。

点评

通过旧知的回顾，增强学生对立体图形特征的了解，引入新课的学习。

二、同桌对比，探究新知

教师：请小朋友们从自己刚才摆出的图形中随意拿出一个，然后与同桌的小伙伴说说它的样子，比一比它们有什么相同的地方或者不同的地方。

同桌学生共同完成，教师巡视，指导有困难的小组。

展示交流，边说边在学具上指出来。

学生1：我拿的是长方体，它是长长的，摸起来是平平的，有些地方是尖尖的，有些地方是直直的。转动长方体，我看见平平的面都是长长的，有些大，有些小。

学生2：我拿的是正方体，它是方方正正的，摸起来也是平平的，也有尖尖的、直直的地方。转动正方体，我看见平平的面都是方方正正的，大小都一样。

教师：比较长方体和正方体的孩子，你们的发现和他们一样吗？还有哪些补充？

学生：我的长方体有两个平平的面不是长长的，是方方正正的，和正方体平平的面一样。

教师：是的，这是长方体里特殊的一种形状。我们能不能看见一个方方正正的面就确定这个图形是正方体呢？

学生：不能。

教师：孩子们发现了长方体和正方体有相同之处，都有平平的面，有些地方尖尖的，有些地方直直的。你们还比较了哪些图形？

点评

把长方体和正方体放在一起对比学习，更有利于学生交流与表述，在寻找相同与不同中加深认识。通过观察比较，学生很容易找到它们的相同与不同，使学生逐步感受到正方体和长方体虽然都方方的，但长方体有些面长一些、宽一些，正方体不论怎样都是方方正正的，发现这两种形状是不一样的，进一步加深了对图形的认识。

学生3：我拿的是球，它是圆圆的，没有平平的面，摸起来是弯曲的，很光滑，没有尖尖的地方。我无论怎么转动球，看到的都是一个样。

学生4：我拿的是正方体，它是方方正正的，摸起来是平平的，有尖尖的、直直的地方。我转动正方体，看到的样子与转动前看到的一样。

……

教师：小朋友们都有一双善于观察的眼睛，发现了长方体、正方体、圆柱、球的相似之处和不同之处。通过比较图形，我们又进一步地了解了长方体、正方体、圆柱、球的特征。

点评

通过看一看、摸一摸、比一比、说一说等活动，让学生自主探究各种立体图形的特征及它们之间的不同，帮助学生理解和正确辨认各种立体图形，培养学生观察能力和语言表达能力，初步建立空间观念。

三、巩固新知，实践应用

1.回顾课堂。

教师：通过这节课的学习，你知道了什么？

2.课堂活动第1题。

教师：我们来玩个游戏，老师把这些物体放进口袋(不透明)里，如果我们不看，只凭手摸，你能根据要求准确地拿出对应的物体吗？

教师与一名学生示范，教师说物体名字，学生摸。

教师：你是用什么方法判断自己摸到的是正方体的呢？(学生回答略)

同桌一起完成。

教师：在看不见的情况下，小朋友们能根据物体的特征准确地摸出物体，看来大家对长方体、正方体、圆柱、球的特征已经很熟悉了。

3.练习八第2题。

学生独立完成，集体订正。

点评

数学模型直观化，教学时提供大量的标准图形变式，使学生排除粗细、长短、放置位置等无关特征对图形属性的干扰，深化对立体图形概念的认识。

4.练习八第3题。

出示题中的立体图形。

教师：怎样才能正确填出长方体、正方体、圆柱、球分别有多少个？

学生：分类来数这些物体。

教师：数的过程中怎样做到不重数、不漏数？

学生1：有顺序地数，可以从左往右数，也可以从上往下数。

学生2：还可以边数边做记号。

学生独立完成，全班反馈。

指名学生上台演示数的过程。

5.捏一捏。

课后用橡皮泥做出长方体、正方体、圆柱、球这4种立体图形。

点评

“捏一捏”活动让学生利用视觉、触觉感受，体验不同形状物体的特征，深化对立体图形的认识，发展学生的空间想象能力。

（重庆市北碚区华光小学 李莎莎）

第3课时

教学内容

教科书第56页例4,第57页课堂活动第2题。

教学目标

1.通过实物和模型,能进一步辨认长方体、正方体、圆柱、球等立体图形。

2.在实际操作中感受不同物体的特性,感知这些物体与现实生活的联系。

3.根据几种不同物体的特性,借助长方体、正方体、圆柱、球进行简单拼图,体验学习数学的乐趣,培养创新意识。

教学重难点

教学重点:进一步认识、理解长方体、正方体、圆柱、球4种立体图形。

教学难点:认识面的稳定性和球的易滚动性。

教学准备

多媒体课件,大小不同的长方体、正方体、圆柱和球多个。

教学过程

一、复习引入

出示立体图形,学生说出它们的名字。

学生:长方体、正方体、圆柱、球。

教师:这些立体图形有什么特征呢?

学生:正方体是方方正正的;长方体是长长的;圆柱有两个平平的面,而且都是圆形的;球是圆圆的,鼓鼓的。

教师:我们已经知道了长方体、正方体、圆柱、球的一些特征,今天这节课我们继续来研究它们还有哪些特性。

揭示课题,板书课题:认识立体图形。

点评

通过复习立体图形的特征,在已有的认知基础上,为进一步加深认识各种立体图形的形状特点打下基础。

二、小组合作,探究新知

1.活动一:滚一滚。

教师:今天我们来开展谁跑得快的比赛。先请小朋友们猜猜,这4种立体图形谁跑得快?

学生猜测。

教师:到底大家猜得对不对呢?我们可以做一个实验来验证大家的猜测。

课件出示搭斜面:首先用数学书搭一个斜面,然后把这些立体图形放在最高处,让它们自由运动,看看结果是怎样的。注意数学书摆放的斜面角度不能太大,不能太倾斜。

各小组根据教师的讲解和演示搭建斜面。听老师发出开始的口令,让它们自由滑下来,同时注意观察它们是怎样往下运动的。

各组在小组长的带领下开展实验,教师巡视,对有困难的小组进行指导。

教师:小朋友们在组长的带领下进行了谁跑得快的实验,哪个小组愿意与大家分享你们的实验过程?

学生上台演示。

教师:通过观察这个小组的演示和自己的实验过程,你发现了什么现象?

学生1:我发现球可以向四面八方滚动,滚得很快。

学生2:圆柱也可以滚动,但不像球那样可以向各个方向滚,只能在一个方向上滚动。

学生3:我发现圆柱如果把平平的面放在斜面上,它就不能滚动,只会滑下去。

学生4:长方体和正方体都不能滚动,只能滑动。

教师:小朋友们通过动手操作,发现有些形状的物体可以滚动,有些形状的物体只能滑动。你知道这是为什么呢?

学生1:因为圆柱和球是圆圆的,弯弯的,所以它们可以滚动。

学生2:长方体和正方体都是平平的面,所以它们只能滑动。

学生3:圆柱也有平平的面,所以它既可以滚动,又可以滑动。

教师:你们能利用图形的特征进行分析,而且说得很有道理,真会观察和思考。

点评

通过搭斜面、滚一滚的实践活动，营造比赛气氛，让学生进一步体验不同形状的物体的不同特征，巩固学生已经建立的空间观念，使学生体会到在玩中能学到数学知识，感受到学习数学的乐趣，树立学习的自信心。

2.活动二：搭一搭。

教师：把这些图形拼搭在一起，可以怎样搭？会变出什么物体？

学生1：我用两个不同大小的长方体上下拼在一起。

学生2：圆柱可以滚动，我用圆柱做小车的轮子。

……

出示小汽车。

教师：这搭建的是什么？你能照着搭出这个小汽车来吗？

学生动手搭建，全班展示。

教师：小朋友们搭得很好，能快速地搭出老师图片上的物体。你能说说都用了哪些图形，是怎样搭的吗？

学生：我用了一个大长方体和一个小长方体，上下拼在一起，搭成了小汽车的车身，用了两个大小一样的圆柱做了小汽车的轮子。

教师：今天我们又进一步认识了这些几何物体的特征，相信大家一定能发挥你的想象，搭建出更多、更漂亮的物体。

小组内合作设计和搭建物体。

展示学生作品，让学生说说搭建的方法。

点评

学生通过搭一搭活动，在操作活动中观察、思考、讨论，获得了直观认识，同时感受到立体图形之间的关系，培养了数学应用意识。

三、巩固新知，拓展延伸

1.回顾课堂。

教师：今天你对长方体、正方体、圆柱和球又有了哪些新的了解？

2.课堂活动第2题：你说我猜。

教师：这节课我们进一步了解了长方体、正方体、圆柱、球的一些特征，你能根据老师说的图形特征，来猜猜是哪个图形吗？

教师说立体图形的特征，学生猜测是哪个图形。

点评

在“你说我猜”的游戏中，教师说立体图形的特征，学生猜对应的立体图形，通过有趣的活动帮助学生对图形的特征进行再认识。

3. 图形拼搭在生活中的应用。

教师：在生活中，图形拼摆的作用可大了，我们一起来看看吧。

出示大型超市里货物的重叠，早餐店里蒸笼的重叠，家具店里自由组合柜……

请小朋友们用善于观察和发现的眼睛继续在生活中找找这样的现象，并与小伙伴、家人分享。

4. 小小设计师。

在家自己搭建一个喜欢的物体。

点评

在搭一搭、玩一玩中，借助多种感官加深4种立体图形特征的认识，感受数学与生活的联系，培养学生用数学的眼光观察现实世界。

（重庆市北碚区华光小学　李莎莎）

第4课时

教学内容

教科书第58页练习八第4~5题,思考题,补充练习。

教学目标

1.掌握立体图形长方体、正方体、圆柱、球的特征,并能辨认和区分学过的立体图形。

2.培养动手操作和观察事物的能力,初步建立空间观念。

3.通过观察和操作活动,培养合作探究和创新的意识,体验学习数学的乐趣。

教学重难点

教学重点:熟练辨认长方体、正方体、圆柱和球。

教学难点:感受不同立体图形之间的联系与区别,发展空间观念。

教学准备

多媒体课件、长方体、正方体、圆柱和球。

教学过程

一、游戏引入,复习立体图形的特征

教师:这个单元我们认识了几种立体图形,分别是哪些?

学生:长方体、正方体、圆柱、球。

教师:它们有怎样的特征呢?请你猜一猜老师说的是哪个立体图形。

猜谜语。

①圆圆滚滚小淘气,滚来滚去不费力。(球)

②四四方方六张脸,平平滑滑一个样。(正方体)

③上下圆圆一样大,放倒一推就滚动。(圆柱)

④长长方方六张脸,相对两面一样大。(长方体)

教师说完,学生猜出谜底,并举起相应的立体图形。

同桌互相看看,判断对方举起来的图形是否正确。

教师:小朋友们对长方体、正方体、圆柱和球的特征记得可牢了,又快又准地

说出了它们的名字。今天这节课我们来比比谁能灵活地运用我们学过的有关立体图形的知识。

揭示课题，板书课题：认识立体图形。

点评

用猜谜语引入，给学生创设愉悦的学习氛围，在游戏中回顾4种立体图形的特征。

二、巩固练习

1. 下列物体，是长方体的画“√”，是正方体的画“○”，是圆柱的画“△”，是球的画“□”。

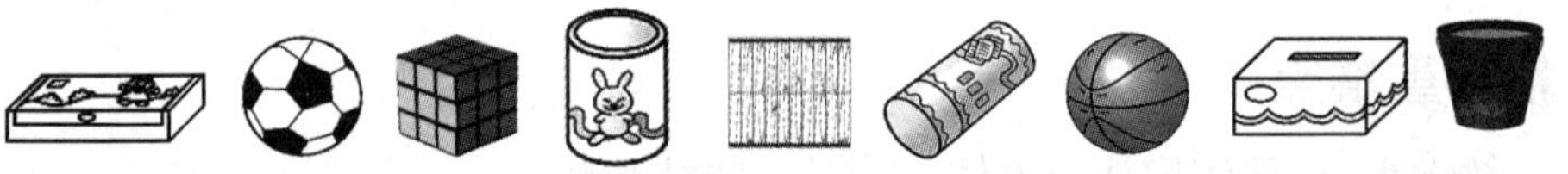

读题，学生独立思考后完成。

指名学生汇报，集体订正。

教师：为什么这个水桶不是圆柱？

学生：圆柱上下一样粗，这个水桶上面大，下面小，所以它不是圆柱。借助画图工具，从水桶中抽象出模型。

2. 数一数，填一填。

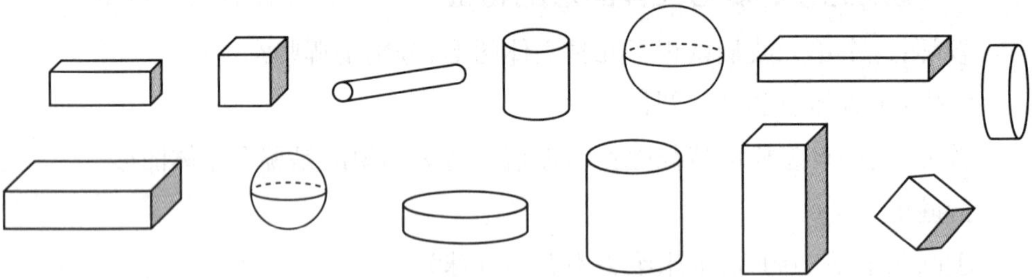

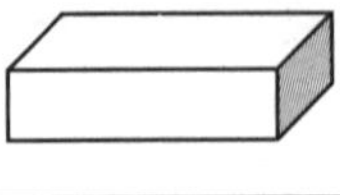	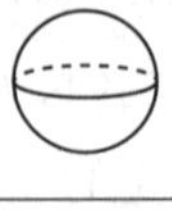	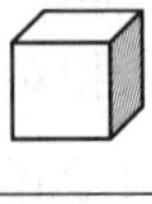	
(　　)个	(　　)个	(　　)个	(　　)个

学生独立完成，集体订正。

教师：你们在数的过程中是怎么做到不重数、不漏数的？

学生1:有顺序地数,可以从左往右数,也可以从上往下数。

学生2:还可以边数边做记号。

3.猜一猜。

玩游戏“猜一猜”,在玩时,只露出物体的一部分,通过观察露出的部分,猜猜物体是什么形状的。

课件出示,学生猜测,并说说自己的想法。

点评

数学模型直观化,考查学生对立体图形的认识和掌握情况。同时,通过判断水桶、苹果等案例,深化对立体图形的认识。

4.练习八第4题。

(1)出示题目及拼搭出的图。

学生读题,理解题意。

教师:每幅图都是由一个个小小的正方体拼搭出来的,你能数出用了几个?

学生独立完成。

全班交流,说说自己是怎样想的。

(2)指导学生验证第3幅图。

请小朋友们用小正方体搭出第3幅图的样子,搭好后数数用了几个小正方体。

教师:在图上我们能看见3个小正方体,为什么搭的时候用了4个?还有一个在哪里呢?

学生说说怎样搭出第3幅图的。

5.练习八第5题。

出示题目,读题,理解题意。

教师:请小朋友们从学具中拿出2个相同的长方体,想想可以怎样拼,想好了就动手试一试吧。

学生操作,教师巡视,指导有困难的学生。

展示学生的作品,学生介绍自己的拼法。

学生1:我把2个长方体上下拼起来,拼出了一个大长方体。

学生2:我把2个长方体左右拼起来,也拼出了一个大长方体。

学生3:我把2个长方体前后拼起来,也拼出了一个大长方体。

……

讨论有没有哪些是重复的拼法。去掉重复的拼法。

教师:你们也是这样拼的吗? 小朋友们真会想办法。通过刚才的拼一拼你有什么收获?

学生1:用2个相同的长方体,可以上下拼,可以前后拼,还可以左右拼。

学生2:我们用2个相同的长方体可以拼出3种不同的大长方体。

点评

在搭一搭、拼一拼的活动中,通过动手操作不断巩固所学知识,让学生能根据所学知识去解决问题,进一步加强学生的观察能力、想象力、创新意识,培养学生学习数学的兴趣。

三、拓展练习

练习八思考题。

出示由小正方体拼出的大正方体图。

教师:看图猜一猜,用几个小正方体可以摆出一个较大的正方体?

学生猜测。

教师:到底需要几个呢? 我们动手来拼拼看。

学生动手拼搭,看需要多少个小正方体,与学生的猜测是否一致。

全班交流,得出结论。

教师:要想得出更大一点儿的正方体,又需要多少个小正方体呢? 自己动手试试。

点评

通过观察、动手操作,发展学生的空间观念,培养学生操作、观察能力,让学生养成主动探究和合作学习的意识。

(重庆市北碚区华光小学　李莎莎)

综合与实践
我的伙伴我的班

单元教学导引

一年级学生在日常生活中对“上、下”“前、后”“左、右”空间方位已经积累了一些感性经验，但不一定能正确地加以判断。在一年级上册教科书中，学会使用三组相对应的方位词，以及用规范的语言描述物体的相对位置关系，充分利用学生的生活经验设计生动有趣的室内活动和室外活动，增强学生的学习趣味性。通过对空间方位的体验和规范描述，体验空间方位，初步建立空间观念，积累数学活动经验。

一、本活动的重难点是什么？

重点是学生通过对空间活动方位的体验和规范描述，经历空间位置关系的形成过程，积累数学活动经验，建立空间观念。

难点是用规范的语言清晰地表达出两个物体的位置关系。

二、如何培养学生的空间方位？

一年级学生以自己为中心的“上、下”“前、后”很容易界定，可以结合生活情境让学生独立判断；而"左、右"则要结合室内活动和室外活动帮助学生以自我为中心过渡到以其他物体为中心进行判断。

根据一年级学生的思维特点，他们的判断是受自己的直觉支配，需要借助一定的情境和活动来进行。因此，教师要多创设有趣、好玩的活动，让学生在活动中观察、判断。

在合作学习中引导学生会观察、会倾听、会合作、会表达，学会用规范的语言清晰地描述物体的位置关系。

单元教学目标

1.通过以"位置"为主题的学习活动，学会用"前后、上下、左右"等词语描述物体的相对位置。

2.经历描述人和物体相对位置的过程，培养观察能力和表达能力。

3.通过以"位置"为主题的综合实践活动，感受所学知识在生活中的应用，激发对数学学习的兴趣。

（重庆市两江新区为明学校 谭传芳）

活动一：认识前后、上下、左右

教学内容

教科书第56~60页；活动一。

教学目标

1.通过以“位置”为主题的学习活动，学会用“前后、上下、左右”等词语描述物体的相对位置。

2.经历描述人和物体相对位置的过程，培养观察能力和表达能力。

3.通过以“位置”为主题的综合实践活动，感受所学知识在生活中的应用，激发对数学学习的兴趣。

教学重难点

教学重点：在具体的实践活动中正确运用位置词来描述人和物体的相对位置。

教学难点：对人和物体左右位置的辨认和表达。

教学准备

教室座位图、教学课件、学习素材等。

教学过程

一、情境导入

教师出示教学图片（即教室座位图），提问：同学们，看看这张图片，这是我们熟悉的什么地方？

学生：教室。

教师：在教室里，你们看到了什么？有哪些人和物？

引导学生观察图片，描述图片中的场景和元素，例如：图片里有老师、学生，还有桌子、书本、笔、黑板等。

教师：是啊，我们的教室就像是一个大家庭，每天我们都要在这里学习、交流、成长。你们想不想用数学语言，向大家介绍你的伙伴和你的班级呢？

学生：想。

教师：同学们，今天让我们一起来学习用数学语言描述我们的伙伴和班级。数学并不遥远，它就在我们身边，只要我们用心去发现，就能感受到它的魅力。

现在，让我们开始今天的学习之旅吧！

教师：孩子们，我们一起来做一个拍手操，边说边做，老师看看哪个小组做得又对又整齐。

拍手操

我的小手拍一拍，
上拍拍，下拍拍，
前拍拍，后拍拍，
左拍拍，右拍拍，
我的小手举上来。

教师：我的孩子们反应真快！在刚才的口令中，藏着哪些有关方位的词，快来找一找？

教师：今天我们就来学习上下、前后、左右。

教师板书课题，学生齐读课题。

二、教授新知

(一)认识“上下、前后、左右”

教师：现在，请看我的手势。这是前，这是后，这是上，这是下，这是左，这是右。

教师手势示范，并让学生跟随。

教师：你能指一指自己的上下、前后、左右吗？注意身体不动。

教师：谁愿意来指一指？

抽学生指一指。

教师：我们一起来指一指。

全体学生一起指一指。

教师总结：现在大家都弄清楚了自己的上下、前后、左右。

点评

并不是所有的学生都能辨清楚“上下、前后、左右”，带着学生读一读、认一认、辨一辨，为接下来的学习扫清障碍。

(二)会用“上下、前后”说一说

课件出示图。

教师：你能说一说图中字典的位置吗？

学生1:字典在上面。

教师:我没有听明白,谁再来说一说。

学生2:字典在桌子的上面。

教师:听了两位同学说的“字典在上面”“字典在桌子的上面”,这两种表达,你喜欢谁的表达?为什么?

学生1:我觉得“字典在桌子的上面“的说法更完整。

学生2:她说清楚了“什么物体在什么物体的上面”。如果不说清楚“什么物体在什么物体的上面”,很容易让人产生误会。

教师总结:是呀,我们在表示某种物品的位置的时候,要说清楚谁在谁的上面。我们可以这样说“____在____的上面”。(板书:____在____的上面)

教师:“字典在桌子的上面”表达清楚、完整,我们一起读一遍。

点评

上、下的位置关系,大部分学生已有了生活经验,只是表达不完整,这里要尊重学生的知识基础,先让他们充分表达,再引导进行规范表达,为后续学习打基础。

教师:关于这幅图,谁能像这样清楚完整地再说一说这些物品直接的关系吗?

教师:(足球放上去)现在呢?

教师:看图再说一说,字典的下面有什么呢?

学生:……

教师:刚才,同学们把字典、足球、桌子的上下位置关系说得很清楚。再看看,在我们的教室,有这样上下的位置关系吗?我们的身体呢?你能和同桌说一说,谁在谁的上面,谁在谁的下面吗?

学生:……

教师:孩子们说得可真好。(出示第二张图片)那我们来继续学习前后。你能说一说小芳的前面是谁,小芳的后面是谁吗?

学生:小芳的前面是小兰,小芳的后面是小军。

教师:你还想说谁在谁的什么位置吗?

学生:……

教师:你能介绍一下你的前面是谁,后面是谁吗?我们可以用这样的句子来说:“我的前面是谁”“我的后面是谁”。

点评

学生是活动的主体，让学生在熟悉的场景中感受数学与生活的紧密联系。教师可以多鼓励学生自主表达，通过同桌间的交流和分享，培养学生的合作意识和表达能力。此处教师要重点关注学生对相对位置关系的描述及表达的规范性。

(三)通过左右手认识左右

教师：刚才小朋友介绍得很完整，为自己的表现鼓鼓掌吧！

教师：鼓掌要用到我们的小手。请小朋友看一看自己的小手，哪只是左手，哪只是右手呢？

教师：请举起你的右手，放下。请举起你的左手，放下。

教师说口令的速度加快。

教师：快速准备好了吗？

教师：左手右手，右手左手。

学生跟随教师的口令，举起左右手。

教师总结：孩子们，与左手同侧的是左边，与右手同侧的是右边，所以左右手是判断左右的重要依据。

教师：你是怎样快速区分哪只手是左手，哪只手是右手的？

学生：……

教师：你们真会动脑筋！通过左右手的分工来帮助我们记忆左右，这是很好的办法，你记住了吗？

点评

明确哪只手是左手，哪只手是右手，再通过学生说一说左右手的习惯分工，熟悉左右，逐步将“左、右”与“左右手”对应起来，建立判断左、右的标准。

教师：认识了这些好朋友，现在我们就用左、右手来活动活动，好吗？

活动1.请小朋友们伸出你的右手，和老师打个招呼；再伸出你的左手来，摸摸你可爱的小鼻子。

活动2.摸左耳，举左手；指右眼，摸右耳；举右手，指右眼。

活动3.孩子们，你们赶紧看一看你的左手边有什么？你的右手边有什么？

教师：孩子们记得可真快！

点评

在游戏活动中，学生充分体验自己身体中存在的左右，从而理解左、右的位置关系。

(四)以自己的左右为标准来说一说

教师：(出示第三张图片)小明的左面是谁？小明的右面是谁？先和你的同桌说一说。

学生1：小明的左面是小雨，小明的右面是小王。

学生2：小明的左面是小王，小明的右面是小雨。

教师：有两种答案，能说一说你是怎么想的吗？

学生1：我是以我自己的左右为标准的。

学生2：我是以小明的左右的为标准的。

教师：你们同意哪一组？

学生：……

教师总结：孩子们，当我们在介绍某个人的左面是谁、右面是谁时要以他的左右为标准。比如这里，判断小明的左面是谁、小明的右面是谁时，我们就要站在小明的方向去看小明的左面是谁，小明的右面是谁。

教师：现在我们一起转向小明的方向，伸出你的左手，回头看一看，小明的左面是(小雨)。伸出你的右手，回头看一看，小明的右面是(小王)。

教师：你还能说哪位小朋友的左面是谁、右面是谁呢？

点评

让学生明确在判断平面图上某物体的左、右时，是以“观察者”作为参照物，即观察者的左手边就是“左边”，右手边就是“右边”；在判断平面图上某人的左、右时，以图片上的人为观察者。教学中要特别注意学生表达的规范性和完整性。

(五)听口令，摆文具

1.摆一摆。

请学生将桌上的数学书、作业本、铅笔盒摆成一摞。

2.说一说。

抽学生向全班介绍自己的三件物品的位置。提醒学生注意使用规范的语言表达。

三、对口令

各小组进行对口令活动。活动完毕，指名学生回答。

1组：1在2的上面 $\xrightarrow{对}$ 2在1的下面

2组：小芳在小军的前面 $\xrightarrow{对}$ 小军在小芳的后面

3组：小王在小明的右面 $\xrightarrow{对}$ 小明在小王的左面

4组：左眼 $\xrightarrow{对}$ 右眼

点评

通过同一物体的位置因参照物不同而有不同的描述，让学生感知物体位置的相对性。

四、巩固练习

1.提供练习题，让学生独立完成，加深对位置关系的理解。

2.组织学生进行小组活动，利用教室内的物品或同学进行位置关系的描述和判断。

五、小结

教师：孩子们，学了这节课以后，你有什么收获？

教师：通过今天的学习，大家已经能够用方位词来描述物体的位置关系了。希望大家在日常生活中能够多加运用，这样不仅能提高我们的观察力和表达能力，还能更好地理解和感受生活中的数学。

六、作业布置

请大家回家后，找一找家里的物品，用方位词描述它们的位置，并记录下来。明天我们一起来分享。

点评

将数学与学生身边的生活实际紧密联系在一起，让学生感受到生活中处处有数学，学会用数学的眼光观察生活。

（重庆市两江新区为明学校　谭传芳）

活动二：介绍教室里人和物的位置

教学内容

教科书第61页；活动二。

教学目标

1. 能灵活运用“前后、上下、左右”等位置词来描述教室里物体的位置。

2. 培养观察能力和表达能力，增加同学之间的相互了解。

教学重难点

教学重点：在具体的实践活动中正确运用位置词来描述人和物体的相对位置。

教学难点：对人和物体左右位置的辨认和表达。

教学准备

教室座位图、教学课件、学习素材等。

教学步骤

一、新课导入

教师：同学们，今天我们要一起探索一个很有趣的话题——位置。我们每天都在教室里上课，你们知道教室里的物品都放在哪里吗？谁能用“前后、上下、左右”这些词来描述一下？

学生：……

教师：孩子们说得真棒！

点评

在这个环节，教师可以适当地放手，让学生自由地说。学生有错及时纠正，注意语言的规范性。

二、新课讲解

1. 介绍自己周围的小伙伴。

教师：现在，请你们看看自己的座位，然后用“前后、左右”来描述你的小伙伴坐在哪里。例如，“在教室里，我的前面是(　　)，我的左面是(　　)。”或者“×××在我的(　　)面。”

学生们开始描述自己周围小伙伴的位置。尽量每位同学都说一遍。

2.深入探索物品的位置。

教师:很好,现在我们已经知道了小伙伴们的位置。接下来,我们再来看看教室里的物品都放在哪里。请大家用自己的语言来描述一下。例如:物品架的上层放了书,下层放了文具。

学生们观察教室,并描述物品的位置。

点评

在活动中,学生用“前后、左右”等方位词描述自己和小伙伴以及教室里物品的位置关系,增强了学生的空间感知能力,锻炼了他们的语言表达能力。学生在活动中积极参与,通过观察、描述和交流,深化了对位置关系的理解。

三、巩固练习

教师:现在,我要给大家出一个小挑战。请你们用“前后、上下、左右”来描述教室里某个特定物品的位置。例如,黑板在国旗的下面。

学生们积极发言,描述物品的位置。

四、深入理解

教师:除了描述位置,我们还要理解位置的相对性。就像刚才提到的,“黑板在国旗的下面”和“国旗在黑板的上面”其实是同一个意思,只是观察的角度不同。你们能再举一些类似的例子吗?

学生们思考并举例。

点评

理解位置的相对性,认识到不同观察角度下位置描述的多样性。

五、课堂小结

教师:今天,我们一起学习了如何用“前后、上下、左右”来描述位置,希望大家在以后的生活中,能够更加注意观察周围的环境,并描述它们的位置。

六、作业布置

教师:我希望你们回到家后,能够用我们今天学到的知识来描述一下你家里的物品位置。明天上课时,我们来分享大家的作业。

（重庆市两江新区为明学校　谭传芳）

活动三:介绍校园内人和物的位置

教学内容

教科书第62页;活动三。

教学目标

1.通过实地观察,灵活运用“前后、上下、左右”等位置词介绍校园中的人和物的位置。

2.训练语言表达能力和综合实践能力,加深对校园的了解。

3.感受数学与生活的紧密联系,激发数学学习兴趣。

教学重难点

教学重点:在实践活动中正确运用位置词语来描述人和物体的位置。

教学难点:对人的左右位置进行辨认和表达。

教学准备

1.确定校园内具有代表性的活动地点,如教学楼、操场、花园等。

2.准备必要的活动器材,如记录本、笔等。

教学过程

一、回顾与导入

教师:同学们,在前面我们用上下、前后、左右介绍了我的伙伴我的班。在介绍我的伙伴我的班时,我们要用完整的数学语言来表达。

教师:(出示图片)谁能来说一说?

学生:……

教师:同学们都说得非常好,也说得很完整。今天我们要将所学的知识带入我们的校园里,我们要去户外活动。

教师介绍本次户外活动的目的和要求,激发学生的兴趣和好奇心。教师可以提前搭建好场景。

二、集中活动

将学生分组,每组指定一名组长,负责协调和组织。

教师带领学生到选定的活动地点进行集中活动。

在活动地点，教师示范如何运用位置词描述周围的人和物，并让学生模仿练习。

点评

在活动中，教师示范如何运用位置词描述周围的人和物，学生通过模仿练习，逐渐掌握位置词的使用方法，提高空间感知能力。

三、分组自由活动

学生分小组在校园内自由活动，自主寻找目标并用位置词进行描述。

教师巡回指导，确保学生的活动安全并给予必要的帮助。

点评

分组自由活动是一次富有创意的教学实践。学生们在教师的引导下，分组自由探索校园。通过自主寻找目标并用位置词描述，不仅锻炼了学生的空间感知能力，也提升了语言表达和合作能力。教师在活动中巡回指导，确保了学生的活动安全，同时也及时给予必要的帮助。

四、返回教室小结

学生返回教室，教师引导学生进行小结。

学生分享自己在活动中的发现和收获，教师给予点评和补充。

对于学有余力的学生，鼓励他们用画图或文字的方式描述校园中人和物的位置，并在班级内展示。

五、活动建议

1.活动前。

教师在活动前要确保对校园内的活动地点有充分了解，并事先做好安全评估。

2.活动中。

在活动过程中，教师要关注学生的学习状态和活动效果，及时给予指导和帮助。教师要根据学生的实际情况和校园特点，灵活调整活动内容和难度，以达到最佳的教学效果。

3.安全注意事项。

①活动前要向学生强调安全注意事项，如遵守校园规则，注意交通安全等。

②要确保学生的活动在教师的视线范围内进行，避免学生走失或发生意外。

③争取同组教师配合，共同照顾分组活动的学生，确保活动的顺利进行。

点评

学生们积极分享自己的发现和收获，展示了他们在活动中的成长与进步。教师则通过点评和补充，进一步巩固了学生的知识点，提升了他们的认知水平。对于学有余力的学生，鼓励他们用画图或文字的方式描述位置。

（重庆市两江新区为明学校　谭传芳）

活动四:介绍生活中人和物的位置

教学内容

教科书第63页;活动四。

教学目标

1.强化对“前后、上下、左右”等位置词的理解与掌握。

2.培养学生的应用意识和空间感。

3.引导学生对生活中使用位置词的情况进行归类,并能在生活中运用位置词与同学交流。

教学重难点

教学重点:在实践活动中正确运用位置词语来描述人和物体的位置。

教学难点:对人的左右位置辨认和表达。

教学准备

生活中常见的物品或图片,用于描述位置关系。

教学过程

一、情境导入

教师:在我们生活中,方位词无处不在,它们帮助我们描述和理解周围的世界。

教师:(出示图片)我们坐公交车时遵守交通秩序,都从前面的车门上车,从后面的车门下车。同学们,生活中还有哪些呢?想一想。

二、介绍生活中人和物的位置

教师:(出示图片)我们每个人的家里面都有冰箱,看!请说一说冰箱里那些菜品的位置。

学生:……

教师:同学们,说得可真好!

教师:同学们,你们会用自己的左右手比手势吗?

学生:会。

教师:老师出示图片你跟着比出来,看谁比得又对又快!

学生:……

教师:比得真好。其实,我们的身边也经常用到左右手,想一想有哪些?

教师:(出示图片)你想到了吗?

学生1:我们吃饭的时候,通常是左手拿碗,右手拿筷子。

学生2:我们写字的时候,左手压书,右手写字。

教师:还有吗?

学生:我们回答老师的问题时都是举右手。

教师:真棒,你们观察的真仔细啊!

教师:那老师可要考考你们了,准备好了吗?

教师:(出示图片)上下楼梯靠右,谁走错了?同学们可以相互讨论,说一说自己的理由。

学生:左边的两位同学走错了,因为他们是走的左边。

教师:你是以谁的左右为标准的呢?

学生:自己的。

教师:还有其他不同的意见吗?

学生:穿粉色衣服的女孩子走错了,因为她走的是左边,不是右边。

教师:你是以谁的左右为标准的呢?

学生:以粉色衣服女孩子的左右为标准的。

教师:你们同意谁的说法?

学生:粉色衣服的女孩子走错了。

教师:是的,同学们当我们看某个人的左右时,要以她的左右为标准。

教师:看来同学的知识都学得非常好,还能解决生活中的实际问题。

点评

联合生活实际,让学生感到生活中处处有数学,学会用数学的眼光观察生活

三、反思与自我评价

教师:请思考以下问题,并给自己在相应方面的表现进行评价(五星为最高)。

你能认识前后、上下、左右吗?(☆☆☆☆☆)

你能介绍教室里人和物的位置吗?(☆☆☆☆☆)

你能介绍校园内人和物的位置吗?(☆☆☆☆☆)

在生活中,你会用前后、上下、左右与同学交流吗?(☆☆☆☆☆)

点评

通过反思与自我评价，让学生自己回想在学习的过程中，是否都能完成以上目标，找到自己的不足点。学生的整体评价都很不错，在第4项评价中极少有学生给自己五颗星的，表明学生在生活中的运用表达还不够明确，需要进一步练习。

四、小结

教师：通过这次探讨，相信大家对“左右”这个方位词有了更深入的理解和应用。在日常生活和学习中，我们应该多留意身边的方位词，学会用它们来正确描述和沟通，这样我们的生活将变得更加有序和高效。

最后，我想邀请大家进一步思考：除了“上下、前后、左右”，还有哪些方位词在我们的生活中扮演着重要角色？我们又该如何更好地运用它们来描述和理解世界呢？期待大家在今后的学习和生活中继续探索和发现。

（重庆市两江新区为明学校　谭传芳）

第四单元
10~20的认识

单元教学

一、如何让学生感悟“数位”产生的 学生理解“数位”的具体策略是什么?

本单元第1课时认识10,也是初识“数位”概 课。对一年级的学生而言,数位是极为抽象的概念,是进一步认识数的基石。因此,引导学生理解数位是本单元的重难点,也是学生理解数的意义与组成的前提条件。教师在教学中应注意:

第一,通过对数位产生历史的了解,引导学生感悟数位产生的必要性。有学者说,如给每个新的数量一个全新的名字和符号,就会穷尽所有的心智和记忆。如给前20个数编上不同符号,你就会有所体会。在历史实践中,每种文明的初期就通过类似数位的概念解决了这个问题,如古巴比伦人发明的60进制。因此,数位概念的产生是历史发展的结果。教师可以通过创编故事、排演短剧的方式让学生了解数位发展的历史,对数位产生的必要性进行初步感知。第二,有效链接学生原本和数位内涵相关的生活经验，帮助学生理解数位。比如：学生数物品，有把物品分成堆的经验，这些堆中的物品都是相等的易处理的数量单位，教科书中的数小棒，十个一捆的十就是连接点。同时，对于为什么是十个一捆，教科书也侧面进行了解释——本单元第一个例题就是用10根手指来数出10，教师应在充分解读教科书的基础上运用好教科书的例题。

二、在本单元，如何培养学生的数感？

数感是核心素养的主要表现，培养数感有助于学生理解数的意义，增强好奇心，培养学习数学的兴趣。本单元培养数感的策略为：第一，重视数数的过程和直观模型操作，丰富数数的情境，通过正反数数顺序，体会数的增加和减少；第二，用好直尺图，借助几何直观，理解数的前后位置对应数的大小，判断直尺图上数与数的距离是大（或小）了一些还是大了许多。

单元教学目标

1.结合丰富的数数、操作直观模型等活动，经历从日常生活中抽象出数的过程，认识10~20各数，初步了解十进制，认识个位和十位；掌握10~20各数的组成和意义，会正确读、写10~20各数，会比较20以内数的大小。

2.经历探索20以内数的不进位加法和不退位减法的计算方法的过程，理解并掌握20以内数的不进位加法和不退位减法的计算方法；认识加减法各部分的名称。

3.在与同伴合作探索、相互交流计算方法的过程中，初步体验计算方法的多样性。

4.在日常生活和教师创设的真实情境中发现与提出数学问题，并尝试解决问题。

5.在解决问题的过程中，初步体验数学与生活的紧密联系，激发学习数学的兴趣，培养初步的应用意识。通过直尺比较等操作活动，帮助学生掌握20以内数与直尺图上的数之间的关系，初步建立数感。

（四川省成都市东城根街小学 甯加静）

认识10~20

第1课时　10~20的认识(1)

教学内容

教科书第65页例1、例2和第66页课堂活动。

教学目标

1.通过数一数、摆一摆、拨一拨等活动,感受10的意义,学会读、写10,会用10表示生活中的物体,在比较、分析、归纳的过程中发现10与其他数之间的关联。

2.借助计数器,初步感知十进制计数法,理解数位的概念,区别不同数位上的数所表示的意义,发展数感。

教学重难点

教学重点:理解不同数位所表示的意义,正确地读、写10,会用10表示生活中的物体。

教学难点:借助计数器经历"退九还十"的过程,初步感知十进制计数法,区别不同数位上的数所表示的意义。

教学准备

课件、小棒、计数器。

教学过程

一、复习旧知

教师:孩子们,我们已经认识了这些数字宝宝。看老师的动画演示,一起读出来。

学生跟着动画读1,2,3,4,5,6,7,8,9。

教师:这些数字宝宝当中最大的是谁呢?

学生:9。

教师:生活中哪些物体能用数字9来表示呢?(指名说)

学生1:9朵花。

学生2:9头牛。

……

教师:真好! 孩子们能用9这个数字表示生活中的不同物体。

教师:(动画突出7,8,9三个数字)你能比较出7,8,9的大小关系吗?

生1: 9最大。

生2:7最小。

生3:8比7大1,9比8多1。

……

教师:孩子们说得很全面。用“7”表示7个小圆片可以吗?(动画出示)

学生:可以。

教师:(动画演示)再添上一个小圆片呢?

学生:7添上1是8。

教师:说得很完整。(继续动画演示)请看大屏幕,还能接着说吗?

学生根据教师演示说出:8添上1是9,9添上1是10。

教师板书课题:10的认识。

点评

“10的认识”是一个基础且重要的数学概念,它不仅是计数的基础,也是进行加减运算、比较大小等数学活动的前提。教师以旧知铺垫顺势引出“10”这个数,有利于帮助学生进一步理解1~10这些数的有序性,也通过知识迁移明确“10”在生活中的适用性。这样的方式不仅能帮助学生培养数感,还能让他们在轻松愉快的氛围中学习。此外,教师在教学中还注重引导学生用完整的数学语言进行表达。

二、教学新课

1.数一数。

学生边比边数:从1数到10。

2.活动:摆一摆。

要求:二人小组,一人摆一人数,用小棒摆出10这个数。

教师:孩子,你看这一根小棒像数字几呀?

学生:1。

教师:你们刚才摆了几个一?

学生:10个一。

教师：谁愿意数给老师听一听？

活动：请一个小组配合，一人数，一人把小棒递给老师。

教师：把10个一捆成一捆，可以用哪个数来表示？

学生：10。

教师：（举起一捆小棒）10个一合起来是几个十？

学生：10个一合起来就是1个十。

教师：是的，大家跟着老师的动画再来数一数吧。

教师放动画，学生数，明确“10个一合起来是一个十”。

教师：你能将桌子上摆的10个一合成1个十吗？

3.活动：捆一捆。

要求：

①二人小组用橡皮筋将10个一捆成1个十。

②举起一捆小棒，用语言表达“10个一合起来是一个十”。

③完成后将小棒放进抽屉里，坐端正。

教师：1个十里面有几个一呢？

学生：10个。

教师：孩子们能在自己身上找到10个一吗？

学生：（举起双手）能。

教师：请用手势比一比。

学生用手势配合语言表述“10个一合起来是1个十，1个十里面有10个一”。

点评

通过二人合作“数一数、捆一捆”这样的活动，可以培养学生的动手能力和合作精神，激发学生的学习兴趣。在活动中学生通过动手操作，直观地感受到10个单独的单位（一）可以组合成一个更大的单位（十），进一步理解“10个一就是1个十”的概念。这种从具体到抽象的过程，符合学生的认知发展规律，有助于他们更好地掌握数学概念。

4.拨一拨。

教师：如果要表示数字9，我们应该拨几颗珠子？（9颗）

教师在黑板上准备好的计数器的个位上画9颗珠子。

教师：要表示10这个数，该怎么办呢？

学生1：在个位上拨10颗珠子。

学生2:直接在十位上拨1颗珠子。

教师:真好!孩子,你找到了一个新的位置。

5.认识计数器。

(1)认识数位。

教师:是的,满十的时候,我们需要把它放在新的“位置”上。(动画演示)计数器上从右起第一位是个位,第二位是十位。

(2)理解每个数位表示的不同意义。

教师:孩子们,请看。这两个计数器上都拨了1颗珠子,这两个“1”表示的意义是相同的吗?

师生:个位上的“1”表示1个一,十位上的“1”表示1个十。

教师追问:那个位上有2颗珠子,表示(2个一);5颗珠子表示(5个一),9颗珠子表示(9个一),10颗珠子表示(10个一)。

教师:那有10个一的时候该怎么办呢?

学生:在十位上拨1颗珠子。

教师:是的,满十个一时就在十位上拨1颗珠子,也就是一个十。

小结:10个一合起来是1个十。当个位上有10个一时,就应该在十位上拨1颗珠子表示1个十。

(3)活动。

按老师要求拨“1个一,2个一,3个一……10个一”。重点引导“退九还十”的过程。完成后二人小组合作拨一拨。

点评

教师在计数器上演示“10个一就是1个十”的变化过程,可以使抽象的概念变得更为直观和具体。通过实际的操作,教师可以清晰地展示10颗珠子如何转变为1颗十位上的珠子,由此引入数位,这样学生就能更直观地理解这一数学概念。此外,这种演示方式还可以帮助学生建立数与量之间的联系,使他们对数的概念有更深的理解。通过观察和模仿教师的操作,学生可以更好地掌握在计数器上表示数字的方法,从而提高他们的数学操作能力。

6.10的书写。

具体写法:左边一格写“1”,右边一格写“0”。注意“0”的写法,一开始引导孩子按照正确的方向书写,勤加练习以掌握技巧。

三、课堂活动

1.生活中的10。

教师:我们今天认识了“10”这个数,那你能找一找在生活中哪些物体可以用10这个数来表示吗? 和你的同桌说一说。(说完之后请人说)

学生1:10根手指可以用10来表示。

学生2:10个苹果可以用10来表示。

多媒体演示一系列生活中常见物体的图片或实物,如一盒巧克力有10颗,旗台边有10棵树等。

教师总结学生的发言,归纳出生活中常见的用数字“10”来表示的物体或现象,并强调数字“10”在生活中的重要性。

2.边拨边数。

利用计数器,一人数,一人拨。重点是数到10时,要退掉个位上的9颗珠子,在十位上拨1颗珠子。(10个一合起来是一个十)

3.从0数到10。

让学生从0数到10。

教师:声音真洪亮。你看老师圈出了几个数字?(老师圈0~9)

学生:10个数字。

教师:我发现十这个数和前面的数字有点不一样。你发现了吗?

预设:10是两位数,0~9都是一位数;0~9的写法、样子各不相同,10是由“1”和“0”两个数字组成的。

小结:从10开始往后的数都是由0~9这些数字组合而成的。

教师:真好! 孩子们把计数器上的数读出来。(10)

教师:老师想在计数器上再拨1颗珠子,你猜我会拨出哪个数呢?

学生:11,20。

教师:还有没有可能是其他的数呢? 孩子们下去以后慢慢地研究。

四、渗透数学文化

教师:今天我们学会了用计数器来计数,你知道我们的古人是怎么来计数的吗? 让我们通过一段视频来了解一下吧。

教师:(课件出示)古人用这样一块小石头代表1,这样一块大石头代表10,如果数越来越大,石头越来越多,这样的计数方法是不是很麻烦?(是)用计数器计数有什么好处呢?

学生1:让人看了很清楚。

学生2:表示的数更准确,以前用石头表示,但数量多了会数不清楚。

学生3:可以节省时间,不用那么麻烦。

……

教师:十进制计数法是人类经过了几千年不断探索出来的,是古人智慧的结晶,希望孩子们在学习过程中不断创新,创造出新的奇迹。

点评

通过这一环节,学生可以更好地理解历史文化的渊源。通过了解和学习古人的计数方式,学生们可以认识到数学和计数在人类文明发展中的重要性,以及它们如何随着时间的推移而演变。这种跨越时空的学习体验能够激发学生对历史文化的兴趣,并加深他们对数学本质的理解。

五、课堂总结

教师:通过这节课的学习,大家有什么收获呢?

学生:……

(四川省安岳县东方红小学 周丽梅)

第2课时 10~20的认识(2)

教学内容

教科书第66~67页例3、例4及课堂活动。

教学目标

1. 在具体情境中通过摆一摆、涂一涂等活动，进一步体会10的加减法含义，能根据10的分解写加减法算式，形成运算能力。

2. 通过“凑十找朋友”“10的拆分歌”等活动熟练地掌握10的对子数，形成初步的数感。

3. 能根据情境用较规范的语言表达10的加法与减法的含义，并经历和同伴交流的学习过程，获得数学活动经验。

教学重难点

教学重点：熟练掌握10的分解与组成，会写加减法算式，提高运算能力。

教学难点：在具体情境中用较规范的语言表达10的加减法含义，培养表达能力。

教学准备

教师准备：多媒体课件、20根磁性小棒、0~10的磁性数字卡片。

学生准备：10根小棒，用色卡纸自制的0~10的数字卡片。

教学过程

一、回忆旧知，引入新课

PPT出示9个鸡蛋。

教师：看！老师带来了什么？（出示9）看到9这个数字宝宝，你能想到我们学过的哪些知识？

引导学生回忆旧知，如：9可以表示9支铅笔、9棵树……；8添上1就是9；9可以分成1和8，1和8组成9；9分成1和8，能写出1+8=9、8+1=9、9-1=8、9-8=1四个算式……

教师：9个鸡蛋添上1个鸡蛋是多少？

引导学生说10个鸡蛋或1盒鸡蛋。

教师：如果用小棒来代替这些鸡蛋，要摆多少根小棒？

引导学生说出10根或1捆。黑板贴出1捆和10根小棒。根据教师捆、拆的动作，引导学生回忆10个一是1个十，1个十里面有10个一。

教师：前面我们学了一些数的分解和加减法，今天我们用以前的方法继续学习10的加减法。（板书课题）

点评

从生活情境中抽象出9，让学生回忆旧知，从而回顾旧的学习经验，从1盒鸡蛋过渡到一捆小棒，让学生感知数学来源于生活；在捆、拆10的过程中，让学生复习10的认识，为新授10的分解做好铺垫。

二、自主探索，构建新知

（一）教学例3：10的分解与组成

1.分析10分成1和9。

教师：如果我们将10根小棒分成两堆，可以怎样分？

让学生独立思考，再同桌说说，最后抽学生回答。

教师：（黑板上分小棒）如果一堆分1根，另一堆分9根，我们可以怎么表达？

引导学生用规范的语言表达：10可以分成1和9，1和9组成10。

教师板书例3的表格。

教师：根据这些信息你能想到什么？

鼓励学生说出加、减法算式，并表达算式的含义。如：1+9=10，9+1=10，因为1根小棒和9根小棒合起来是10根小棒；10-1=9，因为有10根小棒，一堆分了1根，另一堆还剩9根；等等。教师板书四个算式。

总结：根据这一种分法，我们就能写出四个不同的算式。

2.我会摆。

教师：你还能将10根小棒有顺序地摆一摆，分成另外的两堆吗？接下来我们同桌合作完成，请看合作要求。谁愿意来大声读一读？

同桌合作要求：（1）摆。用10根小棒摆一摆，一人摆一次，然后交换。（2）说。摆小棒的小朋友说：“10可以分成（　　）和（　　），（　　）和（　　）组成10。”

让用不同方法摆的两桌同学上台展示。如：（1）10分成1和9，9和1，2和8，8和2……（2）10分成1和9，2和8，3和7……

教师：你更喜欢哪种排列方式？为什么？

总结：只要我们有序地分，就会分得又快又对，而且不容易漏掉。

3.我会比。

教师:你能用手势来比画10的分解与组成吗?谁来创编一个?

抽学生试试,然后同桌互相分享自己的比画方法。

4.我会填。

教师:请迅速地将分得的结果填在题单的表格中,看谁写得又好又快。

10	1								
	9								

学生独立完成,同桌交流,然后展示学生按不同顺序填写的结果。

教师:你能从上面选择一组中的两个数来填空吗?填完后说说你的发现。

(　　)+(　　)=10　　　(　　)+(　　)=10

10-(　　)=(　　)　　　10-(　　)=(　　)

发现:如果找10分成5和5这一组写算式,只能写出1道加法算式和1道减法算式,其余的都能写出2道加法算式和2道减法算式。

点评

利用学生已有学习经验不难得出10的分解,教师引导学生通过观察10根小棒分解成1根和9根,板书的10分成1和9,能想到四个算式,用数形结合的方式给学生建模。通过摆一摆、说一说,培养学生的动手操作能力、语言表达能力、合作能力等;用手势比一比既巩固了10的分解知识,又给了学生创造的空间,有利于培养学生的个性化发展;让学生填一填表格,检验学生掌握知识情况,选一组数填空并说发现,将本例题升华,给优生提供发展机会。

(二)教学例4:涂一涂,算一算

●●○○○○○○○○ 2+□=10　□+□=10　10-□=□　10-□=□

○○○○○○○○○○□+□=10　□+□=10　10-□=□　10-□=□

○○○○○○○○○○□+□=10　□+□=10　10-□=□　10-□=□

1.分析题意。

教师:你看到了什么?想到了什么?

先引导学生观察题意,表达出每排有10个圆,再给几个圆涂色,然后根据绿圆和白圆个数分别写出2道加法算式和2道减法算式。

2. 独立完成，同桌交流。

3. 展示学生作品。

引导学生表达，如：我涂了三个●，绿圆有3个，白圆有7个，合起来是10个，所以3+7=10，7+3=10；有10个圆，我涂了3个绿色的圆，还剩7个白色的圆，所以10−3=7，10−7=3；等等。

4. 同桌互相说。

一人选择一组来说。

点评

在学习例3和已有学习经验的基础上，本例题放手让学生独立完成、同桌交流，教师只需引导学生通过观察看懂题意，点拨学生用较规范的语言表达加减法算式的含义，培养孩子自主学习的能力，以及观察和表达能力。

三、回顾提升，巩固应用

（一）课堂活动

教师：目前我们已经认识了1~10这些数宝宝，看！它们正准备排队做游戏。

1. 我会排。

教师：它们的顺序太乱了，你能将它们重新排一排吗？请用自己手中的数字卡片按一定的顺序摆成一排。

先同桌分享自己的排法，再抽学生到黑板上排。引导学生表达可以按从小到大的顺序和从大到小的顺序摆成一排。

2. 我会找。

教师：数字宝宝们排好队了，它们准备玩“凑十找朋友”的游戏。

游戏规则：不打乱顺序，哪两个数合起来是10，它们就是好朋友。你知道哪两个数宝宝是好朋友吗？

先独立思考，再同桌交流。

教师：谁上台来给一对对好朋友连一条线，让它们手拉手？

抽学生上台连线。

教师：你有什么疑惑吗？5没有找到朋友，很难过，它没有朋友吗？

引导得出：5的朋友是5，这里只有一张5的数字卡片，不能连线。

教师：请同学们把自己桌上这一对对好朋友手拉手，让它们回到自己的抽屉里。

让学生按找朋友的方法，一对一对地将卡片放入抽屉。

3.我会表演。

教师：数宝宝们找到了自己的好朋友，很开心，它们准备一起唱歌跳舞啦。我们跟着它们一起动起来吧！跟着视频学10的拆分歌。

10的拆分歌：“一九一九好朋友，二八二八手拉手，三七三七真亲密，四六四六一起走，五五合成一双手。”

点评

通过排一排、找一找、演一演等活动，用学生感兴趣的游戏活动方式，巩固所学数字的顺序以及10的组合，培养初步的数感，以便掌握10的加减法计算，为以后学习进位加法和退位减法做铺垫。

（二）课堂练习

1.看图填算式。

8+○=○

10−1=○

总结：求合起来是多少用加法计算，求剩多少用减法计算。

2.观察下列算式，你有什么发现？

1+9=10	10−1=9
2+8=10	10−2=8
3+7=10	10−3=7
4+6=10	10−4=6
5+5=10	10−5=5
6+4=10	10−6=4
7+3=10	10−7=3
8+2=10	10−8=2
9+1=10	10−9=1

独立观察、思考，同桌交流。引导学生有顺序地观察，可横着看，竖着看；可从上往下看，从下往上看……用自己喜欢的方式表达自己的发现。

点评

通过大括号形式的练习题，让学生表达图意，并能正确解决问题。在观察10的加减法算式规律时，让学生初步感知加法中和不变、减法中被减数不变的规律，让不同的学生在数学上得到不同的发展。

四、说说收获，教师总结

教师：同学们，通过这节课的学习，你有哪些收获？

教师：我们运用10的分解与组成能解决10的加减法，还让数字宝宝们凑十找到了自己的好朋友。这一对对好朋友可了不起啦，在我们以后的计算中它们经常会手拉手出来展现自己。因此，我们一定要记住它们哦！

点评

本节课是在学生已经认识了0~10和学习了9以内的加减法基础上学习的，学生会用已有学习经验来学习这节课的内容，因此，这节课的教学设计要明确“教什么”“教到什么程度”“怎么教”的问题，应大胆放手给学生，运用独立思考、动手操作、合作分享等方式给学生提供学习平台，形成初步的数感和运算能力。本节课通过“摆一摆”“说一说”“比一比”“填一填”“排一排”“找一找”“演一演”等多种形式，让学习过程活动化、游戏化、生活化，通过观察、操作、思考、表达等培养学生的“三会”能力，不仅为整个小学阶段加减法计算打下了坚实的基础，还注重了学生核心素养的培养。

（四川省资阳市雁江区第一小学　罗芳）

第3课时 10~20的认识(3)

教学内容

教科书第68页例5、例6,第69页课堂活动第1~2题。

教学目标

1.结合具体情境,体会11～20各数在生活和学习中的作用和价值,知道11～20各数的组成,会正确读写11～20各数。通过观察、操作、比较等数学活动,发展数感。

2.体会生活中处处有数学,在学习的过程中获得成功的体验,激发数学学习兴趣,树立学习数学的信心。

教学重难点

教学重点:能认、读、写11～20各数,知道11～20各数的组成。

教学难点:体会数的位置值原理。

教学准备

教具准备:多媒体课件、磁性小棒、磁性粘贴、计数器、磁性算珠若干。

学具准备:小棒、橡皮筋、计数器。

教学过程

一、创设情境,引入新课

(一)课件出示兔子和石头对应的图片

教师:在原始社会,这位猎人抓到了1只兔子,他就用一个小石头来表示,现在他抓到9只兔子,该用多少个小石头表示?

学生:9个。

(二)课件出示猎人打到11只兔子的图片

教师:今天这位猎人运气特别好,抓到好多兔子,我们一起数一数吧(带领学生用点数法数)。除了1个1个地数,还可以怎么数?

学生甲:2个2个地数。

学生乙:5个5个地数。

教师:小朋友们真会数。但是在没数之前,你能一眼看出有多少只兔子吗?

学生:不能。

教师：如果你是猎人，你会怎么办？

全班集体交流。

（三）课件出示大石头和小石头合起来表示数的图片

教师：聪明的猎人想了一个办法，然后很高兴地说他今天打了11只兔子。你同意吗？为什么？

学生：同意，因为1个大石头表示10只兔子，1个小石头表示1只兔子，合起来就是11只兔子。

点评

通过创设猎人计数的需求，当兔子的数量越来越多的时候，以“一”为单位的计数显得烦琐，于是学生猜想更便捷的计数方法，引出计数单位“十”。10个小石头用1个大石头表示，就由“个的计数”进入到“群的计数”。大石头配小石头可以表示更复杂的数，为11~20这样以“群与个相结合”的计数方式打下基础。

二、自主探索，构建新知

（一）教学例5

1.认识11。

（1）从小棒图和计数器图抽象出11。

教师：猎人会用大石头和小石头结合起来表示11只兔子，这很了不起。小朋友们能用手中的小棒或计数器表示11只兔子吗？请动手摆一摆，拨一拨，再跟同桌说一说吧。

请学生上台贴磁性小棒和磁性算珠。

教师：这捆小棒表示多少？

学生：表示1个十。

教师：这根小棒表示多少？

学生：表示1个一。

教师：1个十和1个一用计数器怎么表示呢？

学生：在十位和个位上分别拨1颗珠子表示。

教师：这两颗珠子合起来表示的数应该怎么写？怎么读？

学生：这个数应该写作“11”，读作“十一”。

点评

引导学生经历“石头图→小棒图→计数器图→数字表示”这一逐步抽象的认识过程，自己建构11的写法、读法和组成。学具操作后再用语言描述，手脑结合，加深理解，为后续各数的认识打下基础。

(2)感受两个“1”意义的不同。

教师：在11的石头图、小棒图、计数器图、数字表示中，你觉得哪种方法是最简洁的？

学生：数字表示。

教师：11的两个“1”长得一样，意义也一样吗？为什么？

学生：不一样，个位上的“1”表示1个一，十位上的“1”表示1个十。

点评

引导学生体会11中两个“1”的意义跟数位有关，为后续学习例6做好铺垫。

2.认识十几。

教师：表示十几的数还有哪些？

学生：还有12，13，14，15，16，17，18，19。

教师在田字格里规范写法。

教师：用什么方法能快速地找到它们呢？

学生独立思考后，全班集体交流。

学生甲：在数字几的左边写上1就得十几，比如在2的左边写上1，就得到12，3的左边写上1就得13，以此类推。

学生乙：11增加1是12，12增加1是13，13增加1是14，以此类推。

点评

引导学生从结构和大小两个角度思考“新数”与“旧数”的关系。由几的左边写上1就变成了十几，体会十几和几在读法、写法上的区别与联系；由十几增加1就得到下一个数，体会相邻两个数的大小关系是产生新数的重要原因。

3.认识20。

(1)理解“化10为1”。

教师:用计数器拨出19,19再增加1该怎么表示呢?

学生甲:个位上再增加1颗珠子。

学生乙:我觉得个位上的10颗珠子可以用十位上的1颗珠子代替。

教师:为什么要这样做呢?

学生:因为“10个一就是1个十”,这样表示更简洁。

(2)20的读、写及组成。

教师:个位上没有珠子了,用什么表示呢?

学生:用0占位。

教师:现在这个数该怎么写和读呢?

学生:写作“20”,读作“二十”。

教师:20是由几个几组成的呢?

学生甲:20是由2个十组成的。

学生乙:20是由20个一组成的。

点评

引导学生利用“10个一就是1个十”,将个位上的10颗珠子转化成十位上的1颗珠子,让数的表示更简洁,从而抽象出20。让学生体会数的表示中0的占位作用,引导学生用“十”和“一”为计数单位表示20。

4.整体认识11~20各数。

教师:观察这组数,你有什么想法?先独立思考,再和同桌说一说。

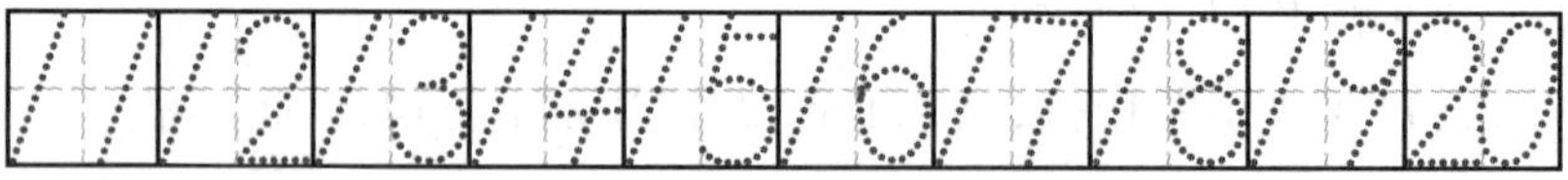

学生甲:我发现表示十几的数十位上都是1,个位依次增加1。

学生乙:我发现后一个数比前一个数多1,前一个数比后一个数少1。

点评

引导学生从相同点、不同点、前后数的关系等角度观察和分析,从整体上认识11~20各数,体会它们的同与不同,变与不变,培养学生的观察和表达能力。

(二)教学例6

课件出示20和2的计数器图片。

教师:这两个计数器上分别表示的是什么数?

学生:2和20。

教师:同样都是两颗算珠,为什么表示的数不一样呢?

学生:个位上的"2"表示2个一,十位上的"2"表示2个十。

教师:你觉得数的大小可能与什么有关?

学生:跟数位有关。

教师:在11~20中,哪个数最能说明这个问题?

学生:11。

教师:为什么?

学生:11中个位上的"1"表示1个一,十位上的"1"表示1个十,意义不同。

点评

通过观察和分析,发现20和2的区别以及11中两个"1"的不同意义,引导学生思考和体会数字的大小与数位有关,感悟位置值原理。

三、练习应用,巩固深化

1.完成教科书第69页课堂活动第1题:照样子,说一说。

课件出示课堂活动第1题的图片。

引导学生用刚才学的11~20各数说一句话,和同桌交流生活中的数。

2.完成教科书第69页课堂活动第2题:对口令。

课件出示课堂活动第2题的图片。

全班采用男女生互问互答的方式,复习十几的组成与分解。

点评

通过课堂活动第1题,让11~20各数从抽象回到具象,学以致用,加深认识;通过课堂活动第2题,巩固11~20各数的组成与分解,用男女生竞赛的方式增加活动的趣味性。

四、反思评价,总结提升

教师:通过这堂课的学习,你有什么新的收获?有什么疑问?

点评

整个教学环节,重点介绍了11~20各数的抽象与认识过程,特别是11的认识,体现了"直观→半抽象→抽象"的认知过程。在认识了11的基础上,引导学生从结构和大小两个角度思考"新数"与"旧数"的关系,为新数的产生另辟蹊径,培养学生的观察和创造能力。把11~20的认识分成11~19和20两段进行教学,既体现了知识的逻辑性,又有利于学生形成清晰的数概念。教师尽量引导学生感悟知识,经历知识发生发展的过程,而不是直接告知,让学生充当知识的发现者、创造者,而不是被动的接受者。

(四川省资阳市雁江区第一小学 鲁辉)

第4课时 10~20的认识(4)

教学内容

教科书第69页例7、例8,第70页课堂活动第1~2题。

教学目标

1.理解10~20各数的顺序,会用“大一些”“小一些”“大得多”“小得多”等语言描述两个数的大小关系,通过观察、对比、表达等方式发展学生数感。

2.能熟练运用分解与组成,口算10加几和相应的减法,理解算理,培养有序思维能力。

3.体验动手、动脑、动口带来的学习乐趣。

教学重难点

教学重点:会描述20以内两个数的大小关系,会运用分解与组成进行10加几和相应减法的计算。

教学难点:理解“大一些”“大得多”“小一些”“小得多”的相对性。

教学准备

多媒体课件、直尺、小棒。

教学过程

一、游戏互动,引入新课

教师:小朋友们,老师和大家一起来玩拍数游戏,拍一下手表示1个一,双手交叉拍肩表示1个十。你们准备好了吗?

学生:准备好了。

教师拍手3次。

教师:老师拍的数是几?(学生齐答3)

教师:拍一下肩,再拍两次手。

教师:现在拍的是几?(学生齐答12)

学生模仿老师拍手并再次说数。

教师:请同桌两个小朋友一起玩拍数游戏,再用“(　　)个十和(　　)个一合起来是(　　)”的方式来说说你拍的数是几。

点评

游戏导入环节，用拍数的方式复习数的组成，通过动手、动口，训练了学生的观察能力、语言表达能力、合作交流能力，促使学生会用眼睛观察，会用脑思考，会用语言表达。

二、自主探索，构建新知

1. 教学例7:10~20的数序和比大小。

(1)认识直尺，熟悉数序。

教师:刚才小朋友们拍的数宝宝都藏在你的笔袋里，你能找到它们了吗?

学生拿出直尺，观察，读数。

教师:你有什么发现?

学生甲:我发现直尺上左边的数小，右边的数大。

学生乙:直尺上的数都是按顺序排列的。

(2)给数宝宝排队。

教师:看黑板上画的直尺(直尺上标有0~3的数以及所有刻度)，谁来当当小老师? 指导老师补充完成没有写出的数。

引导女生从3顺数到12，男生再从20倒数到13，教师写数。

点评

学生通过直观地观察直尺，了解直尺上的数序，再按照数序来说数，分组顺着数，倒着数，加深印象。在玩中学，既培养了学生良好的数感，又能提高学习数学的兴趣，让学生获得学习快乐，同时体现数学源自生活。

(3)比较大小。

教师:在前面的拍数游戏中，有些小朋友拍了11和12这两个数，它们谁更大呢? 为什么?

学生甲:12更大，因为12在11的后面，大的数排后面。

学生乙:12更大，因为11加1等于12。

学生丙:12更大，因为12里有1个十和2个一，11里只有1个十和1个一。

教师:真是会动脑筋的好孩子。如果要让你在直尺上给11和12找到它们的家，你会找吗?

教师出示课件，直尺上标有0~9。

教师:你看到了哪些数?(学生齐答:0,1,2,…,9)

教师:9的后面是几?(10)

课件出示10。

教师:为什么是10?

学生:比9大1的数就是10。

教师:10的后面是几?大家一起数出来。(学生齐答:11,12)

教师:你能在直尺上找到11和12的家吗?指一指。(课件出示11和12)

教师:现在老师要出示后面的一个数,猜猜它是谁?为什么这样猜?

学生甲:13,因为12后面就是13。

教师:请小朋友再猜不同的数。

学生乙:14,因为14比前面的数大。

学生乙:我猜是20,我看到直尺上20在最右边。

教师:老师要出示15,你能找到15的家吗?和15相邻的数是(　　)和(　　)。(课件出示15,再出示14和16)

教师:中间有一个空缺,你知道是哪个数吗?(学生齐答13)为什么是13?

学生甲:因为比12大1的数是13,比14小1的数也是13。

学生乙:13是14前面一个数。

学生丙:在12和14中间的数是13。

教师:直尺上还缺一些数,请同学们说一个比16大一些的数。(大一些也可以说是多一些)(板书:大一些)

引导学生说出17,18,19,20。

教师:观察11和13,11比13小,可以说11比13小一些,还可以怎么说?(板书:小一些)

学生:13比11大一些。

教师:11比12呢?还可以说12比11……

学生:11比12小一些,还可以说12比11大一些。

教师:20比3呢?

学生甲:20比3大一些。

教师:如果要用大得多和大一些来说,你觉得20比3大一些还是大得多呢?

学生乙:20比3大得多。(板书:大得多)

教师:为什么是大得多,而不是大一些呢?独立思考,再同桌讨论。

学生丙:11和13离得近,中间只隔了12,20和3离得远,中间隔了很多数。

教师:说得很好,还可以换一种说法:3比20小得多。(板书:小得多)

引导学生观察直尺，理解大一些、小一些是直尺上离得近的两个数的描述方法，大得多、小得多是直尺上离得远的两个数的描述方法。

点评

从比较两个数大小入手，把数的前后顺序，一个数的相邻数，两个数中间的数，比一个数大一些、大得多、小一些、小得多等知识有机融合到一起，让学生通过直尺直观感受，并运用不同方法描述一个数；还通过有条理地思考，大胆猜老师要出示什么数，用对比的方法理解大一些和大得多的不同，明白二者的区别，多角度理解数，认识数，体现了学生思维的多样性、有效性、创造性，让思维方式进阶。

(4)说一说。

教师：同桌合作，选择两个数，用“(　　)在(　　)的(　　)面”“(　　)比(　　)大一些”“(　　)比(　　)大得多”“(　　)比(　　)小一些”“(　　)比(　　)小得多”这样的语言来说一说。

(5)第70页课堂活动第1题：找一找，说一说。

教师：请拿出数学书，翻到第13页，观察第13页的前面一页是哪一页？后面一页呢？

学生甲：第13页前面一页是第12页，后面一页是第14页。

学生乙：第13页在第12页的后面，在第14页的前面。

(6)猜猜我是谁。

依次出示三条信息，出示一条信息猜数一次，给学生充分思考猜数的空间。

A.我比2大得多　B.我比16小一些　C.我比13大一些

2.教学例8：运用数的组成和分解进行计算。

(1)用15的组成说算式。

教师：拍手游戏再次上线，请看老师拍你们刚才猜的数。你猜对了吗？

教师：请大家一起拍一拍这个数，(　　)个十和(　　)个一，合起来就是(　　)。

引导学生边拍边说数的组成。

教师：请一个小朋友上台来用小棒在黑板上摆一摆，其余同学同桌合作，一起摆一摆。

一学生上讲台在黑板上贴小棒，左边贴1个十，右边贴5个一，再次说数的组成。

教师:(手势圈一圈摆的小棒)你能把1个十和5个一合起来,写成加法算式吗?同桌指着小棒相互说一说。

教师:你是怎样算的?

学生甲:左边有1个十,就是10根,右边有5个一,就是5根,10根加5根就是15根。(板书:10+5=15　5+10=15)

学生乙:我是用接着数的方法数出来的。

教师:孩子们真棒,你们用数的组成写了2个加法算式。如果把15分成这样的两部分,你还能写出2个减法算式吗?请小声说给同桌听。

(2)用18的组成说算式。

教师:请大家看仔细,老师再次拍数。老师让最认真的小朋友上台把老师拍的这个数,用小棒表示在黑板上。

老师拍数18,一学生上台摆18,同学在桌上摆。

教师:你们和他的摆法一样吗?说一说,18可以分成几个十和几个一。你能根据这个分解写出减法算式吗?

学生:18-10=8,18-8=10。(板书两个减法算式)

教师:通过减法算式能写出加法算式吗?请同桌合作,一人说加法算式,一人说减法算式。

(3)口算加减法。

教师:请同学们快速口算10+1=,10+3=,10+9=。

学生甲:10+1=11,10+3=13,10+9=19。

教师:大家猜猜,他为什么算得这么快这么好呢?

学生乙:10和1组成11,10和3组成13,10和9组成19。

引导学生观察,总结出10加几等于十几。

教师:再计算17-7=,18-8=,12-2=,你有什么发现?

引导学生总结出十几减几等于十。

点评

学生通过动手摆一摆,结合数的分解与组成,能快速进行加减法的计算;再通过观察它们的共同点,进行归纳总结,给不同层次的学生提供了不同的发展空间,为培养孩子的归纳总结能力助力。

三、练习应用,巩固提升

第70页课堂活动第2题:凑一凑,算一算。

教师：通过这节课的学习，小朋友们学会了比大小和计算。现在让我们一起来玩闯关游戏，看看谁最能干。

两个小朋友上台互动，一人说1个十，另一人说几个一，凑成1个十几的数；再根据这个数说2个加法算式和2个减法算式。

教师：两位同学说得很好，请同桌合作，仿照他们的方法用1个十和几个一凑数算一算。

四、归纳总结，升华提高

教师：通过这节课的学习，同学们学到了什么知识？你还想学哪些相关的知识？

点评

本节课在初步认识了10~20的基础上，结合直尺来理解数序、比较大小和简单计算。这节课让学生动手、动脑、动口，训练了学生有序思维，大胆猜测，还利用简单的学具，为学生提供了实践性强、趣味性浓的学习空间。在学习过程中又设计了游戏式的情境，让学生高度参与，层层深入，仔细思考，大胆动脑，准确表达，加深了对10~20的认识，体验到了数学学习带来的乐趣。

（四川省资阳市雁江区第一小学　杨历）

第5课时 练习课

教学内容

教科书第70~71页，练习九第1~10题。

教学目标

1.复习梳理10~20数的认识过程，掌握10~20各数的意义和组成，能正确地读、写10~20各数。

2.在解决问题的过程中，从复习的角度发现问题、提出问题，体验独立思考、小组交流、班级交流等不同的解决问题的方式。

3.能运用20以内数与直尺图上的数之间的对应关系，会比较20以内数的大小，初步建立数感。

教学重难点

教学重点：熟练掌握10~20各数的意义和组成。

教学难点：从一年级学生的心理认知特点出发，初步理解数位和位置值的概念。

教学准备

多媒体课件、小棒、橡皮筋、计数器、直尺。

教学过程

一、对数说话，复习导入

教师：小朋友们，本单元我们认识了新的数朋友，你想对这些数朋友说些什么吗？

（教师引导）学生1：我想对10说，你是1个十也是10个一。

（教师引导）学生2：我想对13说，你是由1个十和3个一组成的。

（教师引导）学生3：我想对12说，你的个位是2，十位是1。

（教师引导）学生4：我想对15说，你前面一个数是14，你后面一个数是16。

……

在学生表达过程中，鼓励学生借助小棒、皮筋、计数器边说边操作，让表达形式更丰富、生动。学生操作完了，还可以全班一起再边操作边说，进一步巩固数的意义和组成的知识。

教师：看来大家对新的数朋友都很了解，能从数的组成、读写、大小各种不同角度对它们说话，说明小朋友们在新课学习中是善于倾听，善于思考的，所以才有了今天精彩的表达。老师相信在今天的课堂上你们也一定能做到会听、会思、会说！

点评

将数拟人化，学生在对数说话的过程中，通过多角度、多形式的表述，唤醒学生头脑中对10~20各数的认识的知识，为接下来的复习梳理做好铺垫。同时，在师生对话中，教师要引导学生用规范的数学语言表达。

二、巧用生成，复习巩固

1.情境创设。

教师：数朋友14不开心了，刚才没有小朋友对它说话。我有个好主意！我们用尽量多的方式表示出14，相信它看见你们的作品，一定会开心起来。

引导学生用尽量多的方式表示14。学生完成后，用多媒体展示台按“具体物体—抽象成简单图形的物体—小棒图—计数器图—数”的顺序呈现作品。

2.作品交流。

教师：你看懂了这幅作品是怎么表示14的吗？

学生通过观察、教师引导说清楚：用什么表示14的1个十和4个一。

教师：仔细观察这几幅作品，它们有什么相同与不同？

教师引导，学生发现几幅作品的相同点都是在表示14。注意抓住主要的不同点：“1个十”的表示不同，可以是10个苹果、10个圆圈、10根小棒，也可以是1捆小棒、1颗珠子。学生在生生交流、师生交流中，感悟数位与位置值在计数方面的重大价值。

3.问题驱动。

教师：按屏幕上呈现的作品顺序，你有什么发现？

学生发现画14个苹果等具体物体太耗费时间，表达也不够简洁明了。同时，在计数器的十位画1颗珠子，比画10个圆圈、小棒等都更加方便。

教师：小朋友们，你们的讨论精彩极了，从你们的讨论中我们再次复习了表示数的不同方法，也再次感受到“小小数位”的“大大作用”。它可是数学家们留给我们的宝贵财富，我们一定要学懂它，用好它。

4.小结。

教师:数朋友14开心极了,谢谢孩子们丰富多彩的表达。回头看,在新课中,我们都表示过“11”了,怎么今天还要表示“14”呢?结合刚才的学习过程,有什么新的感受或收获吗?

学生:……

点评

数是对数量的抽象,数对学生而言是抽象的存在,数位则比数更加抽象。如何基于一年级学生的认知特点,帮助学生理解这些抽象的概念?这是本单元的难点,也是复习时需要再次着力的地方。本环节用学生自己的作品,按人类对数位的抽象的真实过程呈现出来,通过问题驱动,让学生从自己作品中真切感悟到为什么要把“10个一”记录成“1个十”,感悟抽象的“数位”的内涵。

三、落实练习,查漏补缺

1.复习数数。

(1)出示练习九第2~3题。

教师:先独立数一数,再数给同桌听一听。

教师:想一想你从同桌那里学到了哪些好方法。

学生在全班分享自己学到的好方法。教师一方面抓取数的技巧:边数边做标记进行圈画,有顺序地数避免重复遗漏;一方面让学生感受到数的方法的多样性,可以一个一个地数,可以多个多个地数。

学生用计数器,再次巩固2颗珠子在不同数位上的不同意义。

(2)出示练习九第4题。

教师:试一试,在直尺图上数一数。

学生按顺序在直尺图上填数,初步感受直尺图数数的几何直观。

(3)出示练习九第7题。

教师:先观察这些数是按什么顺序排队的,再按规律填一填。

让学生感受数数可以从正反两个方面来数,在数的过程中感受数的增加和减少。

点评

数数的练习有四个层次。第一,数生活事物草莓、樱桃、串珠、小棒;第二,数半抽象的长方形、计数器;第三,数直尺图上的数;第四,正反两个方向数完全抽象出来的数。练习的这四个层次,让学生在数数过程中再次经历数的抽象过程,培养数感。

2.复习数的意义与组成。

出示练习九第1题,第6题。

教师:我们一起读完题目,你认为哪些词语很重要?

让学生从关键词入手,学会分析问题、解决问题。

3.20以内数比大小。

出示练习九第8~9题。

先独立完成,再让学生来说一说你是怎么比数的大小的。

4.口算比赛。

翻到教科书第71页,完成第10题。

可以用比赛的方式,先完成的孩子悄悄静息等待,全班完成后开火车订正答案。

点评

学生做完练习后有一个反思回顾的过程,这既是总结提炼方法的过程,也是生生交流相互启发的过程。

四、课堂小结

教师:在认识10~20的数的复习过程中,你有什么收获?

(四川省成都市东城根街小学 甯加静)

不进位加法和不退位减法

第1课时 不进位加、不退位减

教学内容

教科书第72页例1、例2,第73题课堂活动第1~2题。

教学目标

1.通过观察、操作、讨论和交流,经历探索计算方法的过程,了解加减法各部分的名称,理解不进位加法和不退位减法的计算方法,感悟算法的多样性,以及加减法之间的联系。

2.培养观察能力、理解能力和分析能力。

3.在主动探索新知识的过程中获得成功体验,树立学好数学的信心。

教学重难点

教学重点:掌握对齐数位加减的计算方法。

教学难点:理解并掌握20以内不进位加法和不退位减法的计算算理。

教学准备

计数器、小棒。

教学活动

一、复习旧知

1.11的意义。

教师:(出示1)小朋友们,1可以表示什么呢?

出示11,用小棒图演示11。

教师:这是多少? 两个"1"一样吗? 为什么?

出示计数器表示的11。

教师:你还有什么发现?(两个"1"的位置不一样)

2.数的组成。

教师用多媒体出示计数器,学生读数并说数的组成。

3.口算。

7+2=　　6−4=　　10+5=　　9−6=　　8+10=　　8−3=

点评

在充分复习计数单位、数位、数的组成、10以内数的计算方法之后才进行新课的教学，既有利于巩固前面所学的旧知识，为后面的新知学习铺好基础，又能通过旧知引入新知。衔接新旧知识，帮助学生更快进入新课，在新旧知识的对比中更好地理解新课程内容。

二、教学新课

教师：孩子们算得真快！前面学习了10以内数的加减法，今天我们来学习更大数的加减法。（板书课题）

（一）教学例1

1.摆小棒，说图意。

老师在黑板上摆小棒，请学生说一说图意并提出问题。

教师：你会列算式吗？

学生说算式，教师板书：13+2=。

教师：为什么用加法算式表示呢？

2.说算法。

教师：请孩子们猜一猜可以怎么算呢？

引导学生说出往后面数两个数，13过了就是14，15。（这是用的数数法）

引导学生说出用3+2=5，10+5=15。

3.探索方法。

教师：他们的方法正确吗？咱们来验证一下。

（1）借助图中小棒展示计算方法。

教师：那么“13+2”等于多少呢？谁愿意到上面来指一指、说一说吗？（学生边摆边说）

预设：先把3根小棒和2根小棒加起来等于5根小棒，再把这5根小棒和前面的10根小棒加起来，等于15根小棒。

教师：为什么不把2根小棒加在10根小棒里呢？

预设：3根小棒加2根小棒合起来就是5根小棒，然后再加上一捆（10根）小棒，就得到一共15根小棒，计算更简单。（学生汇报时老师动画演示）

(2)拨算珠计算。

教师:孩子们,计数器也是我们计算中的好帮手。下面我们就用计数器来体验一下为什么要把2根小棒和3根小棒加在一起。

小组活动:两人一组,一人说一人拨。用计数器拨一拨“13+2”,感悟过程和方法。

预设:首先我们把13在计数器上面表示出来,然后把2颗珠子加在个位上。

教师:为什么2颗算珠要加在个位上?

预设:因为3表示3个一,2表示2个一,合起来是5个一。

教师:如果我把这2颗算珠加在十位上可以吗?

学生:加在十位上就加上20了。

教师:对了,因为我们这里的“2”表示的不是2个十,而是表示的2个一,所以要2个一对着3个一相加(动画演示),再用5个一加1个十,合起来是15。

小结算法:个位上的数加上个位上的数。

4.巩固练习(说算法)。

14+2=　　　　13+6=　　　　4+13=

点评

创设情境,引导学生开展观察、操作、猜想、推理、交流等活动,使学生通过数学活动,掌握基本的数学知识和技能。经历借助旧知猜想计算方法,再验证的过程,使学生得到成功的体验;用摆小棒、拨计数器的方式让学生合作探究,来理解数学,将抽象的数学知识变成直观的实践操作,加深学生的理解,深切体会数学来源于生活。

(二)教学例2

教师在黑板上摆小棒,请学生说一说图意并提出问题。

教师:你会列算式吗?

学生说算式。教师板书:15-2=。

教师:为什么用减法表示呢?

学生:……

教师:可以怎样计算呢?请同学们猜一猜。

学生1:往前面数两个数,14,13,所以15-2=13。(这是用的数数法)

学生2:用5-2=3,10+3=13。(心算)

1.探索方法。

教师：他们的猜想是否正确呢？咱们来验证一下。

(1)借助小棒计算。

教师：谁愿意到上面来指一指、说一说吗？(边摆边说)

预设：一共15根小棒，拿走2根，还剩下13根。

教师：为什么从5根小棒里拿走2根？为什么不从一捆里拿走呢？

预设：一捆不用打开，从5根小棒里直接拿走更简单，然后用剩下的小棒再加上一捆(10根)小棒就得到一共13根小棒。(学生汇报后教师动画演示)

(2)拨算珠计算。

教师：下面我们再用计数器来感受一下方法吧！

小组活动：两人一组，一人说一人拨，用计数器算出“15-2”等于多少。

教师：请一个孩子说一说你的方法。

预设：首先我们在计数器上拨出15，然后从个位拿走2颗珠子，个位上剩下的3颗表示3个一，十位上有1颗表示1个十，合起来是13。

教师：为什么2颗算珠要从个位上减？

预设：因为5表示5个一，2表示2个一，5个一减2个一还剩3个一。

教师动画演示。

2.试一试。

教师：会算减法了吗？我们来试一试。

18-3=　　　　　17-1=　　　　　16-4=

小结算法：个位上的数减个位上的数。

点评

有了加法探索计算方法的基础，教师在减法教学时更注重培养学生独立思考的交流合作意识。学生二人一组，训练“听”和“说”的能力，同时理解减法的算理，对以后的数学学习有很大的帮助。

(三)课堂活动

1.我说算式你来拨。

教师说，同学拨结果是多少。

二人小组一个人说，一个人拨，两人一起读算式和结果。

2.看卡片说算式。

教师多媒体出示两张卡片，要求学生说一个加法算式、一个减法算式。（两组）

学生两人一组，一人说出一个十几的数，一人说出一个一位数，然后两人用这两个数说加法算式和减法算式，并试着算一算。

学生汇报。当出现进位加法和退位减法时，可以给学生留一个自主探究的小任务。

点评

为调动学生学习的积极性，安排两个不同层次的数学活动，发挥学生自主学习的能动性，让学生通过操作、观察、交流、思考，提出解决数学问题的方案，引导学生掌握计算方法，加深对本课的认识，同时加深对算理的理解。

三、课堂总结

教师：你有什么收获？

学生：……

（ 四川省资阳市安岳县东方红小学 郭志华）

第2课时 运用不进位加法和不退位减法解决问题

教学内容

教科书第73页例3、例4,第74页课堂活动。

教学目标

1.经历运用不进位加和不退位减解决简单实际问题的过程,能理解并表达图意,会提出数学问题并选择正确的方法解答问题。

2.通过合作交流、动手操作等活动,培养观察能力、动手操作能力、合作探究能力、语言表达能力。

3.感受数学与生活的联系,体验用数学知识解决生活中实际问题的乐趣。

教学重难点

教学重点:学会用数学知识解决生活中简单的实际问题,初步感受数学的应用价值。

教学难点:通过观察、操作、讨论来理解题意,选择正确的解答方法。

教学准备

多媒体课件、小棒、圆片。

教学过程

一、知识链接

计算大比拼。

出示算式,学生计算,说最后两个算式的算法。

出示"+"。

教师:这个符号是什么符号呢?你能写一个你喜欢的加法算式吗?你能讲一讲与它有关的数学故事吗?

教师:哦,原来用加法可以解决表示合起来或是增加的问题(板书:合起来)。那今天我们就来解决问题。(板书课题)

教师:看到数学符号就能发现它藏在生活里的秘密,同学们真棒!

点评

复习20以内不进位加法、不退位减法的计算方法,为本节课解决实际问题扫清计算障碍,增强学生的自信心和成就感。从"+"这个符号到加法算式,再到说故事,层层深入,为学生后面的学习奠定基础。

二、探究新知

(一)教学例3

1.说一说。

教师:仔细观察这幅图,和同桌一起编一个数学故事,比一比哪组编得最好?

引导学生说出:队列中原来有12名少先队员,又来了5名少先队员。

教师:你能提一个什么数学问题呢?

引导学生说出:现在一共有多少名少先队员呢?

教师:我们把故事和问题连起来说一说。(一边说,一边加上合起来的手势)

点评

教学中让学生通过仔细观察,然后与同桌分享数学故事,提升数学语言表达能力。

2.画一画。

教师:你能用画小棒的方式表示题目的意思吗?哪个小朋友来告诉老师,你是怎样画的呢?

引导学生在草稿本上画图,再请一个学生上台来展示,然后请他说想法。

3.算一算。

教师:你能列算式表示吗?(12+5=)

教师:12表示什么呢?5表示什么?为什么要用加法计算呢?

教师:12+5等于多少呢?请算一算。谁来告诉我等于多少呢?你是怎样算的呢?

引导学生说计算方法,教师强调个位上的数加个位上的数。

4.变一变。

教师:排队结束时,走了5名少先队员,还剩下12名少先队员。老师想知道,他们队列原来有多少名少先队员呢?你能列式解决吗?

引导学生说出求总数用加法来解决。

5.提炼方法。

教师:现在大家回忆一下,刚才解决问题的过程中,经过了哪几个步骤?

引导学生回答:先看图里有什么,找出数学信息和提出问题,然后再进行列式解答。

6.练一练。

出示课堂活动第1题。

教师：现在老师来考考大家，仔细观察课件的图，你有什么发现呢？你能把这个数学故事讲给同桌听一听吗？

教师：能列式解决这个问题吗？为什么要用加法呢？再看一看图，你还能说一个不一样的数学故事吗？用哪个算式表示呢？这次的加法表示的是什么呢？

小结：原来加法既可以表示把部分数合起来，求总数是多少，也可以表示增加一部分后是多少。

点评

围绕教学目标，创设学生喜闻乐见的问题情境，让学生根据这些情境提出问题并解决问题；再不断地变换情镜，配上变式练习，让学生体会和理解加法的意义，体验成功的喜悦，培养学生解决问题的能力。这样设计，不仅使教学变得更加生动，还在数学与生活实际问题之间筑起了一座畅通的桥梁，促进学生思维的发展。

（二）教学例4

出示减号“-”。

教师：这个“-”是什么符号呢？你能写一个你喜欢的减法算式吗？你能讲一讲与它有关的数学故事吗？

教师：原来减法可以表示分开。（板书：分开）

1.说一说。

教师：真棒！那老师送你们两样礼物吧！这是什么？（冰墩墩和雪容融）

教师：你在图上看到了些什么呢？你能提一个数学问题吗？老师想知道哪种吉祥物多，多几个呢？

2.议一议。

教师：能列式表示吗？（板书：18-6= ）你能告诉大家18表示什么？6表示什么？（同桌说一说）

3.摆一摆。

教师：你有什么办法来知道哪种吉祥物多吗？那咱们来摆一摆。摆的时候你想提醒老师注意什么问题呢？现在我们来让冰墩墩与雪容融拉拉手，拉拉手，成为好朋友。你有什么发现呢？反过来可以怎样说呢？

教师：你能教老师用小棒和圆片来摆一摆吗？（黑板上摆）这个6表示什么呢？

引导学生说出各数表示的是什么。摆放的时候要一个对齐一个来摆放。

教师小结：看来，减法可以解决分开和比多少的实际问题，你学会了吗？

4.练一练。

出示课堂活动第2小题。

教师：再过一个月就是元旦节了，老师带来了一些灯笼和中国节来装扮我们的教室，你能结合减法算式说一个数学故事吗？

学生：……

教师：说得真好，你能在图上圈一圈吗？为什么这样圈呢？

引导学生比多少。

点评

设计多样化的课堂活动，促使学生自主探究。通过“摆一摆，说一说”，让学生直观地感知数量的多少；让冰墩墩与雪容融交朋友，体会一一对应方法的重要性；让学生明确，6表示什么，从而突破难点，为后面的学习奠定基础。

三、全课总结

教师：这节课，我们学习了什么？

四、拓展延伸

请用16和3写一个你喜欢的算式，再摆一摆，画一画，和同桌一起说一说关于它的故事，比一比哪一组的故事讲得好。

点评

利用学生已有的生活经验为学生创设情境，教会学生用数学。通过让学生“说一说”“画一画”“摆一摆”多种丰富的实践活动，理解加法与减法的意义以及数学与生活的联系，加强应用数学意识的发展。

（四川省资阳市安岳县东方红小学　罗小平）

第3课时　加减关系一图二式及加减混合运算

教学内容

教科书第74页例5,第75页例6,第75~76页课堂活动第1~2题。

教学目标

1.能根据一幅图分别列出一个加法算式和一个减法算式,能根据列出的加法算式和减法算式说出加减法之间的联系。

2.能根据情境图准确列出加减混合算式,能说出算式中每一步表示的意义;掌握加减混合运算的运算顺序和计算方法,能正确进行加减混合运算。

3.在根据情境图列算式、说算式和根据算式说故事的过程中,发现数学与生活的联系。

4.在相互交流算式和算法的过程中,学会交流,学会合作。

教学重难点

教学重点:能根据一幅图列出加法和减法算式;掌握加减混合运算的运算顺序和计算方法。

教学难点:理解加减法之间的联系,正确进行加减混合运算。

教学准备

多媒体课件、教学投影仪、课堂练习卡。

教学过程

一、创设情境,引入新课

教师:孩子们,愉快的数学之旅就要开始了,让我们乘坐知识的列车出发吧!答对了火车就能开动了! 小小火车哪里开?

学生:哪里坐端哪里开。

教师:那我们请这一组同学来开火车。

学生从前到后依次口算。

教师:太棒了,孩子们,你们把火车开得又快又稳!太了不起了!掌声送给自己!那我们继续出发吧!

点评

针对一年级学生的认知规律和年龄特征设计了“开火车”环节,促使学生快速观察、认真思考、准确表达,引导学生学会倾听和对同学的回答进行评价。

二、自主探索,构建新知

(一)教学例5

教师:看,小小火车来到了花园里,花园里有哪些小动物?

学生:蝴蝶和蜜蜂。

课件出示情境图。

教师:你发现了哪些数学信息?

学生:我发现图中有11只蜜蜂、6只蝴蝶。

教师:你能提出什么数学问题?

学生:蝴蝶和蜜蜂一共有多少只?

教师:怎么列式呢?

请学生在题卡上写出算式并计算。

教师:你是怎样列式的?请说一说。

学生:11+6。

教师:“11+6”表示什么意义?

学生:左边的11只蜜蜂和右边的6只蝴蝶合起来就是11+6=17(只)。

教师:你是怎样计算的?

学生1:我用数小棒的方法计算的,左边11根小棒代表11只蜜蜂,右边6根小棒代表6只蝴蝶,合起来就是17根小棒,也就是17只。

学生2:我利用计数器计算的,先在计数器上拨出11,代表11只蜜蜂,再在个位上拨6个一,代表6只蝴蝶,一共就有17只。

学生3:我用的接着数的方法,11后面接着数6个数,就是17,所以一共有17只。

学生4:我根据数的组成来计算的,11分成10和1,1+6=7,10+7=17,所以11+6=17。

在课件上把11只蜜蜂分成10只和1只，利用动画让1只蜜蜂和6只蝴蝶飞到一起。

教师：孩子们真会动脑筋，想出了这么多种好方法，计算出了11+6等于多少。

教师接着出示课件，把右边的6只蝴蝶用虚线圈起来，提问：孩子们，现在你们从图中又发现了什么数学信息呢？

学生：蝴蝶和蜜蜂一共有17只，飞走了6只蝴蝶，蝴蝶全部飞走了。

教师：你能提出什么数学问题？

学生：有多少只蜜蜂？

教师：你真是一个提问小能手！那又该怎么列式呢？

让学生在题卡上写出算式。

教师：请你说一说，你是怎样列式的？

学生：17−6。

教师："17−6"表示什么意义？

学生：蜜蜂和蝴蝶一共有17只，去掉6只蜜蜂，就是17−6=11（只）蝴蝶。

教师：根据一幅图，我们能写出两个不同的算式，我们今天学习的第一个内容就是"一图二式"。（板书：一图二式）

教师：你能说一说这两个算式各表示什么吗？

学生：11+6=17表示蝴蝶的只数加蜜蜂的只数等于总只数，17−6=11表示用总只数减去蝴蝶的只数等于蜜蜂的只数。

教师：对比这两个算式，你有什么发现？

学生1：我发现，根据11+6=17可以直接写出17−6=11，还可以写出17−11=6。

学生2：我发现，这几个算式中，只有11，6，17三个数，没有其他数。

教师：那么这三个数分别表示什么意义呢？它们之间有什么关系呢？

教师：11和6是部分数，17是总数。那么，总数和部分数有什么关系呢？

学生：部分数+部分数=总数，总数−一部分=另一部分。

教师：在计算加减法时，是先把哪一个数位上的数相加减呢？

学生：计算加减法时，先把个位上的数相加减，再把个位上的得数和十位上的数相加。

教师：同学们不但发现了加减法之间的关系，还能根据一幅图写出两个算式，并且总结出了计算方法，真是会动脑筋的好孩子。

点评

用一图二式的呈现方式，进一步沟通加减法的内在联系，引导学生尝试提出问题并列式计算，充分交流，培养学生的语言表达能力。

（二）教学例6

教师：小火车开到城区，老师带领孩子们换乘公交车（出示第一幅图）。请观察情境图，你发现了什么数学信息？

学生：车上原有18人。

教师：（出示第二幅图）看，公交车到站啦！从第二幅图中，你又发现了哪些数学信息？

学生：公交车到站后，有4人下车，有1人上车。

教师：把两幅图放在一起，你发现了什么数学信息？

学生：车上原有18人，到站后，有4人下车，有1人上车。

教师：你能提出什么数学问题呢？

学生：现在车上有多少人？

学生在题单上写出算式。

小组内交流，并说一说为什么这样列式。

全班汇报算式。

学生1：我是这样列的，18−4+1。

教师板书：18−4+1。

教师：18−4表示什么呢？

学生：18−4表示车上原来有18人，下车4人后，车上还剩下的人数。

教师：你是怎样计算的呢？

学生：先算18−4=14，算出下车4人后，还剩14人；再用剩下的14人加上车的1人，14+1=15（人）。

教师：还可以怎样列式？

学生2：18+1−4。（教师板书）

教师：18+1表示什么呢？

学生：18+1表示原来的18人加上车1人后的人数。

教师：那你是怎样计算的？

学生：先用18+1等于19，再用19−4=15，算出现在车上还有15人。

教师：请大家好好观察这两个算式，哪些地方相同，哪些地方不同？

学生:都是既有加法,又有减法。

教师:对,这就是加减混合运算。(板书)

教师:它们都是按什么顺序计算的?

学生:都是先算左边,再算右边。

教师:对,都是从左往右依次计算的,都是把第1步计算的结果记在心中,并参与到下一步,依次计算。(板书:从左往右)

教师:那它们有什么不同呢?

学生:一种算法是先用原来的人数减去下车的4人,再加上车的1人;另一种算法是先用原来的人数加上车的1人,再减去下车的4人。

教师:为什么两个算式不同,但结果又相同呢?

学生:因为都是算的现在车上的人数。

教师:孩子们真会观察,请大家展开想象的翅膀,猜一猜汽车开到下一站,可能会上几个人,会下几个人。你可以提出什么问题?又该怎样解决呢?

点评

借助具体的情境图唤起学生的生活经验,读懂题意,引导学生用自己的语言叙述,培养学生的语言表达能力和问题意识;引导学生写出算式,突出运算顺序;引导学生思考还可以怎样列算式,培养创新意识。

三、练习应用,巩固深化

(一)完成课堂活动第1题

出示情境图,提问:从图中,你得到了哪些数学信息?

学生:树上原来有14只鸟,飞走了2只,飞来了3只。

教师:你能提出什么数学问题呢?

学生:树上现在有多少只鸟?

教师:怎样列式呢?

同桌相互说出不同的算式。

全班汇报。

学生1:我列的算式是14−2+3。14−2表示原来有14只,飞走2只后剩下的只数,再用剩下的只数加上飞来的3只,算出现在的只数。

学生2:我列的算式是14+3−2,表示原来的14只加上飞来的3只,再减去飞走的2只。

学生3：我发现不管是先加上飞来的3只，还是先减去飞走的2只，最后的结果都相同，因为都是算的树上现在有多少只鸟。

教师：孩子们真聪明，能用数学的眼光观察，根据情境图列出正确的算式。那么，你能根据算式说出数学故事吗？

（二）完成课堂活动第2题

出示算式16-4-2。

同桌根据算式相互说出数学故事。

全班汇报。

学生1：盒子里有16块饼干，爸爸吃了4块，我吃了2块，还剩多少块？

学生2：我有16元钱，买蛋糕用了4元，买面包用了2元，还剩多少元？

学生3：……

教师：孩子们真厉害，根据一个算式说出了这么多数学故事。生活中处处有数学，大家在生活中一定要认真观察，认真思考。

四、反思评价，总结提升

教师：通过这节课的学习，你有什么收获，又有什么疑问？

点评

学生在这节课之前，已会计算20以内的不进位加法和不退位减法，会根据一幅图列出四个算式。这节课利用学生已有的知识基础和生活经验，为学生提供了具有趣味性、实践性的广阔学习空间。通过层层递进的教学环节，更加系统地在数学情境中经历获取信息、提出问题、分析问题、解决问题的过程，引导学生在活动中仔细观察、独立思考、大胆表达，为接下来学习20以内数的进位加法和退位减法打下了全面而坚实的基础。教学时，注意在数的组成中渗透加减法的意义及其计算等内容，在加减计算中强化学生对数的组成的认识，从而实现认数与计算的有机结合；注意引导学生把所学的知识运用到实践中，解决身边的数学问题，体会数学的价值，培养学生的应用意识。

（四川省资阳市安岳县岳阳小学　陈平）

第4课时 练习课

教学内容

教科书第76~77页练习十第1~6题。

教学目标

1. 在丰富的生活情境中进一步理解所学内容，能正确计算20以内数的不进位加法和不退位减法及加减混合运算，激发计算兴趣。

2. 能够读懂图画意义并完成一图二式，进一步理解加减法之间的联系，初步感知学数学的乐趣。

3. 巩固所学内容，运用不进位加法、不退位减法解决简单实际问题，感受数学与生活的联系，调动参加数学活动的主动性，体会到用数学的乐趣。

教学重难点

教学重点：熟练口算20以内不进位加法和不退位减法，并能说清楚算理。

教学难点：运用不进位加法、不退位减法解决简单实际问题。

教学准备

多媒体课件、视频展台等。

教学过程

一、回顾整理，引入课题

教师：同学们回忆一下，在本单元我们学习了哪些知识？举例说说有哪些容易出错的题目。你想提醒同学在计算中应该注意什么？

学生：……

教师：这节课我们一起来复习本单元学过的内容。

板书：复习20以内不进位加法和不退位减法。

点评

复习本单元所学知识，帮助学生进一步巩固所学知识，调动学生学习的积极性。通过学生自主回顾思考，让大脑主动唤醒旧知识，让学生在回忆中激发提取和储存新知识的能力。

二、梳理算法，口算整理

1.教学练习十第1题：看图填空。

学生独立完成第(1)题。完成后同桌两人说说自己是怎么思考的。

教师巡视，及时帮助有困难的学生。

教师：你能看懂图的意思吗？和大家分享你的想法。

引导学生观察、思考和表达。第一幅图可以把右边的2根小棒与左边的4根小棒合起来，是6根小棒，再与1捆小棒合起来，就是16根小棒，所以14+2=16；从6根单根小棒里拿走2根小棒，还剩4根小棒，再与1捆小棒合起来就是14根小棒，16−2=14。

教师：刚才的同学是从数的组成角度计算减法的，你能换个角度思考吗？

引导学生从加减法关系角度思考，因为14+2=16，所以16−2=14。

教师：想加法算减法也是计算减法的一种方法。

教师：现在我们来读读14+2=16和16−2=14这两个算式，边读边想这两个算式有什么联系。

引导学生简要地回答这两个算式之间的联系。

教师：刚才的几位同学真了不起，把自己的想法讲得特别清楚，让别人一听就明白。谁能像他们一样，来讲讲第二幅图？

学生回答第二幅图：可以把右边的3根小棒与左边的5根小棒合起来，是8根小棒，再与1捆小棒合起来，就是18根小棒，所以15+3=18；从8根单根小棒里拿走3根小棒，还剩5根小棒，再与1捆小棒合起来就是15根小棒，18−3=15；看到减法想加法，因为15+3=18，所以18−3=15。

教师：第1题的第(2)题，谁来讲讲你是怎么想的？

学生：左边这幅图计数器个位上原来有3颗珠子，再加上3颗珠子，个位上一共有6颗珠子，所以13+3=16；右边这幅图计数器个位上原来有7颗珠子，拿走4颗珠子，个位上还剩下3颗珠子，所以17−4=13。

2.教学练习十第2题：口算。

教师：请同学们独立完成第2题口算，比一比谁算得又对又快。

学生独立完成，订正改错。

12+6=18	11+5=16	2+16=18	14+5=19
17−2=15	20−10=10	18−5=13	14−3=11

3.沟通联系，归纳算法。

教师：计算十几加几和相应的减法时，可以用数的组成来计算，也可以先把个位上的数相加减，再加整十数。

点评

对于一年级的小朋友来说，相同数位相加减的算理是比较抽象的，所以教科书设计了丰富的情境，通过观察直观图、在计数器拨出计算结果等活动帮助学生理解，让学生理解在两位数计算中，无论加上几还是减去几，都是从零散的小棒中增加或者拿走几个，即从个位加几或减几，引导学生通过观察、思考和表达，进一步理解算理。

三、综合应用，加深认识

1.教学练习十第3题：看图写算式。

学生独立完成第3题。完成后，同桌两个人说说自己是怎么思考的。

教师巡视，及时帮助有困难的学生。

教师：说一说图中有哪些已经知道的数学信息，需要我们解决什么数学问题。

引导学生观察、思考和表达。第一幅图告诉我们一共有15本书，右边有3本书。问题是：左边书包里有多少本书？这样列算式：15-3=12；第二幅图告诉我们左边有13颗糖，右边有6颗糖。问题是：一共有多少颗糖？这样列算式：13+6=19。

教师：同学们观察得真仔细。在解决问题时，像第一幅图这样，从总数里去掉几个(手势)，就要用减法计算；像第二幅图这样，把两个数合起来(手势)，就要用加法计算。

2.教学练习十第4题。

教师：我们一起来读第4题。

齐读：红花比黄花多多少朵？黄花比红花少多少朵？

教师巡视，及时帮助有困难的学生。

教师：谁能说说你是怎么算的？

学生：16-4=12。

教师：谁能说说算式里这三个数字在图中分别表示什么意思？

学生："16"表示红花有16朵，"4"表示黄花有4朵，"12"表示红花比黄花多12朵；"12"也可以表示黄花比红花少12朵。

教师：谁听懂了？刚才的同学想要表达的是什么意思？

学生：红花比黄花多多少朵和黄花比红花少多少朵的意思是一样的，都可以用同一个算式解决。

教师：我们用减法来求一个数比另一个数多几或者一个数比另一个数少几。

点评

解决问题教学的重点，是让学生分析和感受数量间的关系，从而联系运算的含义确定算法。复习课并不能涵盖所学全部内容，目的是通过举例引导学生学会回顾和反思。有选择地进行启发性交流，引导学生从不同角度思考，重在让学生初步养成回顾和反思的好习惯。

四、巩固拓展，沟通联系

1.教学练习十第5题。

学生独立完成第5题。完成后，同桌两个人说说自己是怎么思考的。

教师巡视，及时帮助有困难的学生。

引导学生观察、思考和表达。上面的算式是10+6=16或6+10=16，下面的算式是16-10=6或16-6=10。

教师：结合图中信息，说说算式表示什么意思，解决什么问题。

学生：6+10=16或10+6=16，10表示左边10块圆形蛋糕，6表示右边6块方形蛋糕，16表示一共有16块蛋糕，解决的问题是一共有多少块蛋糕；算式16-10=6，表示一共有16块蛋糕，圆形蛋糕有10块，解决的问题是方形蛋糕有多少块；16-6=10，表示一共有16块蛋糕，方形蛋糕有6块，解决的问题是圆形蛋糕有多少块。

2.教学练习十第6题。

教师：请孩子们看到第6题，齐读题目：想一想，填一填。题目要求我们做几件事？谁来说？

学生：2件事，先想一想，再填一填。

教师：看到左边的图，想一想，你看到了什么？谁来一边读一边把答案填到方框里，看看我们要解决一个什么样的问题？

学生：红弹珠有3颗，黄弹珠有7颗，蓝弹珠有2颗，一共有多少颗弹珠？

教师：你能列出一个算式吗？和你的伙伴讨论一下，然后写在数学书上。

学生：3+7+2=12（颗）。

教师：为什么用加法？里面的每个数表示什么意思？

学生：要求一共有多少颗，就是把三种颜色的弹珠合起来，用加法，“3”表示有3颗红弹珠,“7”表示有7颗黄弹珠,“2”表示有2颗蓝弹珠。

教师:说得非常好!请同学们用同样的方法完成右边的图。

先让学生独立完成,再抽学生回答。

学生:一共有18个苹果,地上有2个苹果,篮子里有3个苹果,树上有多少个苹果?列式为18-2-3=15(个)。

3.教师小结。

教师:同学们通过观察思考,能够根据一幅图列出两个不同的算式,解决两个不同的问题。

点评

能根据一幅图列出加法算式和减法算式是前面已经研究过的内容,因此本例题的教学把重点放在了加、减法关系的讨论上,让学生在汇报、交流活动中初步感知加、减法之间的关系,为后面学习20以内的退位减法做准备。

五、全课总结,反思提升

教师:今天这节课我们复习了哪些内容?练习中你有哪些体会和经验?

点评

通过对所学知识的梳理,帮助学生初步养成回顾与反思的良好习惯,并让学生在这个过程中进一步感受不同数学知识之间的内在联系和相似内容之间的差异;让学生经历提出问题、解决问题的过程,巩固所学知识,感受数学的应用价值,体会用数学的乐趣。

(四川省成都市泡桐树小学境界分校 蒋敏怀)

整理与复习

第1课时

教学内容

教科书第78页“单元回顾”“单元复习”，第79页练习十一第1~2题。

教学目标

1. 巩固10~20各数的认识和读写。

2. 复习20以内数的不进位加法和不退位减法的口算和混合运算及算理。

3. 初步感知知识的整理过程。

教学重难点

教学重点：熟练掌握两位数10~20各数的组成、读写。

教学难点：熟练口算20以内数的不进位加法和不退位减法，并能说出算理。

教学准备

多媒体课件、10~20的数字卡片及口算卡片、学具盒、计数器等。

教学过程

一、教师谈话引入复习内容

教师：小朋友们，最近我们又认识了一些和前面认识的1，2，3，…，9不一样的一些数，你们还记得它们是哪些数吗？老师请大家一起来按从小到大的顺序数一数这些数，你们能数吗？

学生：……

教师：哪些能干的小朋友还能倒着数一数这些数吗？会的一起来试一试。

学生数完后老师板书10~20各数。

教师：刚才大家一起数了数咱们新认识的数，声音洪亮、非常流利，表扬孩子们！那谁来说一说这些数和我们前面认识的数有什么不一样？

请多个学生回答后，教师板书并小结：前面1~9都是一位数，刚才请大家数的10~20全部都是由两个数字组成的两位数。

教师：学习了第四单元后，你们除了会数0~20这些数，还学到了哪些知识？请能干的孩子来说一说。

鼓励孩子能说多少算多少，主要包括读、写、组成、计算。

教师：这节课，我们就来整理、复习第四单元的内容。（揭示教学内容并板书：整理与复习）

点评

谈话导入环节主要针对学生的学习特点引起他们对学习过程和知识点的回忆；数数环节的设计主要是因为数数比较简单，所有孩子都会，更能激发学生的学习兴趣和自信心。通过师生谈话了解学生对本单元知识的认知情况，为更好地整理与复习本单元找准侧重点。

二、根据学情设计整理复习的要点，初步构建复习课的结构模式

教师：刚才孩子们对自己在本单元的学习收获说得真好呀！你们刚才说到这些点正是今天老师想跟大家一起来回顾和总结的地方，也是我们整理与复习重点关注的地方，老师要把大家说的这些重点写在黑板上。（板书：读数、写数、数的组成、数位、比大小、十几加几和十几减几的计算）

1.读数、写数。

教师：刚才在数数的过程中，我们先是怎么数的？

教师又让大家尝试着怎么数。

教师：想想这两种数法有什么相同和不同之处。（不同：一个是从小到大数，一个是从大到小数。相同：都是增加或者减少1。）

教师：我们在读和写10~20这些数的时候，是从哪个数位开始读写的呢？谁能举个简单的例子来给全班的小朋友说一说。

抽学生举例说明。

教师：大家觉得刚才的小朋友说得怎么样？谁能用自己的话总结一下读数、写数的方法？

学生：先十位再个位。

教师：老师再说一个更大的两位数，你还能写出来吗？

教师说出“85”这个数，让学生尝试写出来。

点评

数的读、写是认识所有数的基础，它是有固定的方法和规律的，让学生在此总结它们的特点，建立数的“读”“写”模型，为以后掌握更大数的读、写奠定基础，并初步建立数位的概念。

2.复习数位和数的组成、比较大小。

(1)数位的复习。

教师：请小朋友拿出我们的好帮手计数器。在这个单元，我们还认识了一个新的数位，就是刚才孩子们在读数、写数时说的那个“十位”，看着计数器说说十位在个位什么地方。(左边)如果我们在这个数位上写上一个数字，你知道这个数表示多少吗？请孩子们举例说一说。

学生：……

教师带领学生在计数器上玩拨数游戏，看谁又快又准。(10，20，16)

(2)“10”的组成复习。

教师：同学们，还记得我们本单元第一节课所学的10的组成吗？谁能说出10这个数可以分成几和几？你是用什么好办法记住10的所有组成的？

口诀：10可以分成1和9，10可以分成8和2……(共5组，每组都要做到有序)

教师：说一说，你能用10的组成来解决什么问题呢？(10以内的加减法)

(3)回忆、巩固11~20的组成。

教师：请孩子们来说说我们这个单元认识的数，是怎样组成的？刚才老师给出了一个更大的数，谁能说一说它的组成？(85是由8个十和5个一组成)

教师：(在计数器上拨出“11”这个数)11中的两个“1”表示的意思一样吗？

让学生指着计数器说说为什么。

教师：(再拨出12这个数)它和11有什么关系？

学生：12比11大。

学生：12在11的后面。

教师：(再拨拨13)它和12又有什么关系？

学生：12在13的前面。

(4)比较数的大小。

教师：(出示如$11<12<13<14<15<16<17<18<19<20$)我们认识的11~20各数，越往后数越大，相邻两数之间，后面的数比前面的数大。

教师：请孩子们在计数器上拨出15，19和20三个数，并结合数的组成说说为什么$15<19$和$20>15$的数学道理。

点评

在整理和复习中再次体会“数位”的重要性。正是因为有了数位的区别，所以在数位不同的情况下，就算是同样的数，大小也不一样。有了数位，才会方便我们去认识和区分更大的数，才能读、写出更多更大的数。

3.复习“十几加几”和“十几减几”的不进位加法和不退位减法计算。

(1)借助计数器、小棒复习“十几加几、减几”的不进位加法和不退位减法。

出示算式:13+6=。

教师:孩子们,你是如何计算“13+6=”的? 说说你的方法。(小棒、计数器)请孩子们上台来展示汇报你的计算过程。

学生1:先拿出1捆小棒和3根小棒表示出13,再往3根小棒里放进去6根小棒就是9根小棒,1捆加上9根小棒就是19根小棒,所以13+6=19。

学生2:先在计数器的十位上拨1颗珠子,在个位上拨3颗珠子表示出13,再往个位上拨6颗珠子,个位上就是9颗珠子,1个十和9个一,合起来就是19,所以13+6=19。

(2)通过加法计算思考减法。

教师:大家看懂了13加6的计算方法了吗? 不管是用小棒还是计数器,你觉得这两种方法有什么相同之处?

学生:先摆出或拨出1个十,然后再拿出3个一,最后往3个一里再放进去6个一就是9个一,合在一起就得到19。

教师:孩子们,看到13+6=19这个加法算式,你还能想到别的其他算式吗?请你拿笔写在练习本上,然后展示给大家看看。(6+13=19或19−6=13)

出示17−4=。

教师:小朋友你能不使用任何工具,直接说出17减4的计算方法和结果吗?同桌互相说一说,练习好了再上台来说说你的计算方法。

同桌交流。

教师:孩子们,看到17−4=13这个减法算式又让你想到了什么别的算式没有? 看哪个能干的小朋友来说一说。

抽学生回答。

教师:刚才我们又复习了10~20的加减法,小朋友你能用自己的话总结一下加减法的计算方法吗? 试着说一说。

点评

数学课堂借助教具或学具进行动手操作,更能调动学生学习参与的积极性。数学学习借助工具能让学生有更深刻的体会,有助于数学知识掌握和方法体系的建立,所以在课堂中让学生通过动手去操作计数器或者摆小棒来计算加减法,都是为了让学生更好地掌握加减法的算理;同时,也让学生在活动中初步体会加减法是相同计数单位的累加或相减,更利于学生理解加减法的意义。

三、回顾整理复习的过程，提炼复习方法，并完成相应的课后练习

1.回顾总结。

教师：孩子们，通过刚才对第四单元所学知识的简单梳理和深入探讨，我们对第四单元所学的知识有了更多的收获和发现，这就是我们进行单元整理复习的目的。以后的单元整理与复习时，我们还是会采用今天的这种学习方式来进行，期待你们在课堂上有更好的表现！

2.完成课后相应的练习。

教师：下面请大家翻开书第78页，请你完成第3题，边做边思考我们是怎样来计算这3道题的？还需要使用计数器或者小棒来帮助你吗？你是怎么想的？把你的想法给大家来讲一讲。

学生独立完成。抽学生回答。

3.完成练习十一第1~2题。

(1)填合适的数。

学生先独立完成，然后讨论。

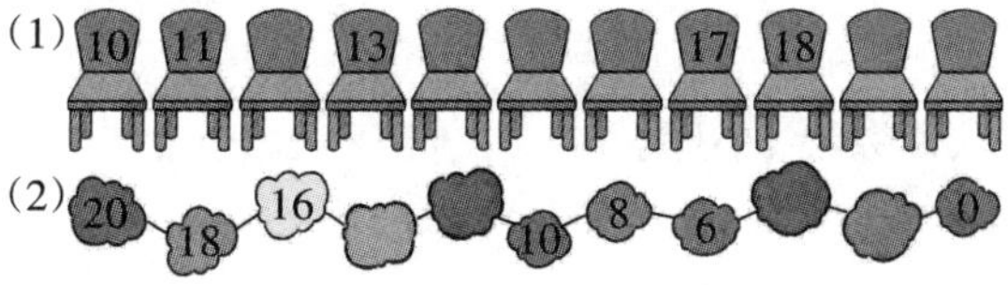

教师：孩子们已经完成了这两道题，在做题过程中你有什么发现？把你的发现分享给大家。

学生：发现：第一题的数是从小到大排列的，每次增加1；第2题是从大到小排列的，每次减少2。

教师：总之，以后遇到这样的填数活动，我们应该先观察题目中的数，发现数的规律后，再根据规律有序地完成填数游戏，要做到不错填、不漏填。

(2)看图填空。

先由学生独立完成。

教师：请孩子们先把你从图中看到的数写在图的下面，然后再填空。

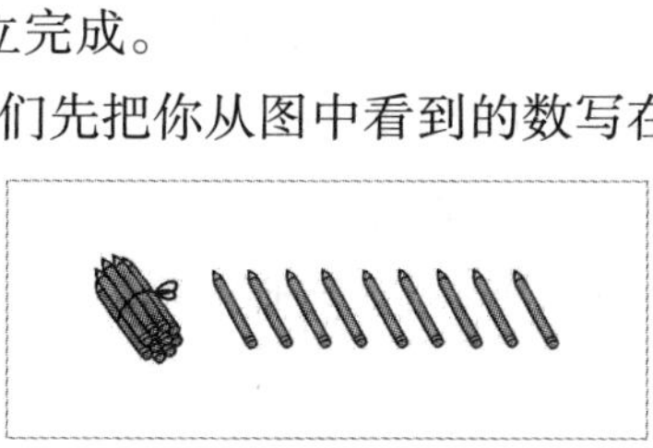

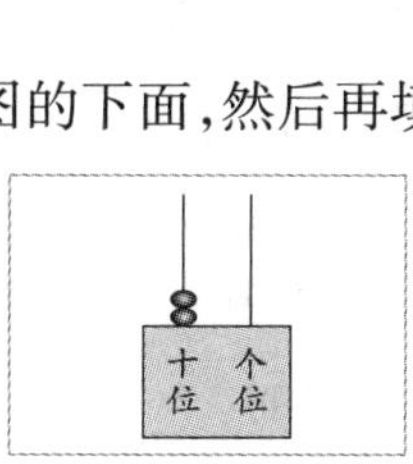

(　　)个十和(　　)个一是(　　)。　(　　)个十是(　　)。

教师：集体订正，并分析错误原因。

（四川省成都市泡桐树小学西区分校　程继伟）

第2课时

教学内容

教科书第79~80页练习十一第3~7题。

教学目标

1.将数与计数器图形相结合,进一步巩固数位与计数单位的概念。

2.结合实际情境,运用20以内数的不进位加法、不退位减法以及混合运算解决实际问题。

3.能从真实情境中提炼出数学信息,感受数学与生活的联系。

教学重难点

教学重点:20以内数的不进位加法、不退位减法以及混合运算。

教学难点:在实际情境中提取数学信息。

教学准备

多媒体课件、计数器、小棒。

教学过程

一、游戏引入

1.用小棒与计数器倒数。

教师:同学们,现在请单数小组的同学用小棒、双数小组的同学用计数器来表示数。我们从20开始倒数,每数一个数你就用手上的学具把它表示出来。

学生一边倒数,一边摆小棒或拨计数器。

2.你说我摆。

教师:现在请互相交换学具,用小棒的同学现在用计数器,用计数器的同学现在用小棒。请一位同学说一个10~20的数,其他同学用学具表示出来。

教师可在同学说的数的基础上要求再增加或减少几,用学具展示出来。

一位学生说数,其他学生用对应学具表示,教师引导学生说出这个数是由几个十和几个一组成的。

二、数的认识

1.展示练习十一第3题，画珠子。

教师：同学们，这个“画一画”是画什么？

学生回答后独立完成。

教师：请一位同学来说一说，你在每个数位上画的这些珠子表示的是什么？

学生回答。

教师：接下来，我们进行一个小游戏“我说你摆”。

同桌两人，一位同学说一个数，另一位同学用学具把它表示出来，然后两人交换，你说我摆。

学生同桌活动。

点评

通过同桌互动的游戏，进一步加深对数的认识。

2.展示练习十一第5题，填空。

教师领读，学生伸出手指，边指边跟读，读后独立完成。

学生在计数器上将该数表示出来，边说边摆。

三、加减运算与混合运算

1.练习十一第4题，比较大小。

教师：在这个单元，我们除了认识10~20以外，还学了与它们相关的计算。

引导学生回顾10~20的加减法以及混合运算。

教师：那么我们来做一个挑战，请你先写出第4题这些算式的结果，再在圆圈里填“>”“<”或“=”。计时开始！

学生完成后以开火车的形式汇报（需学生先说出算式的得数，再进行比较）。

2.练习十一第6题，看图解决问题。

（1）彩笔问题。

教师：从这幅图中你获取了哪些数学信息？

引导学生运用较为简洁的语言描述情境中的数学信息。

学生独立完成并回答。

教师：这里为什么用减法呢？

引导学生从整体和部分的关系来理解。

(2)圆片问题。

教师:从这幅图中你获取了哪些数学信息?

引导学生运用较为简洁的语言描述情境中的数学信息。

学生独立完成并回答。

教师:这里为什么用加法呢?

引导学生从部分和整体的关系来理解。

3.练习十一第7题,看图解决问题(混合运算)。

(1)乘公交车。

教师领读,学生伸出手指跟读。

教师:我们把讲台当作公交车,请同学们上来把三幅图的情境表演出来。

学生上台进行表演。

教师:请同学们列式计算。

学生独立完成并回答。

教师:为什么第一步要用加法,第二步要用减法?

教师引导学生将下车与减法、上车与加法相联系。

(2)运西瓜。

教师领读,学生伸出手指跟读。

教师:请同学们自己尝试列式解答。

学生独立完成。

教师:为什么两次都是用的减法?

教师点评。

教师:你怎么知道右边的人运了8个西瓜?

引导学生找出关键词“同样多”,并用“8”表示。

四、总结。

教师:你喜欢用计数器和小棒吗?为什么?

点评

通过学生说感受,再次回顾了计数器与小棒的作用,同时也培养了学生数形结合的意识。

(四川省成都市泡桐树小学西区分校 杨铮)

第五单元 20以内的进位加法

单元教学导引

本单元是20以内的进位加法。就本单元的教学，我们要侧重于让学生理解20以内的进位加法的算理，掌握其计算的方法（“凑十法”），且达到一定的速度；同时，在经历算理的探究、算法的形成过程中锻炼学生的思维，提升学生的思维能力，培养学生的核心素养。因此，本单元教案都是紧紧围绕这样一个主题目标设计编写的。为了方便老师们参考、使用以下教案，再做几点说明。

一、如何帮助学生理解算理？

对于进位加法的学习，算理的理解是“敲门的砖”，因为它是后续理解加、减运算算理的重要基础。教科书通过多个不同的情境，设计出供学生思考的问题，让学生逐步理解进位加法的算理。在教学中要注重算理的理解，如“9+3”，在教案中有这样的设计：为什么要把1和9放在一起呢？再如“8+5”，为什么不把5拆成1和4，而要拆成2和3呢？这样能有效引导学生理解为什么凑成10和怎样凑成10的道理，同时也渗透了推理意识的培养。

二、如何帮助学生掌握算法？

其实，让学生在理解算理的同时，也就自然生成了算法。教科书在编排算法时，主要给出了“拆小数、凑大数”的方法。为了培养学生思维的灵活性，还给出了“拆大数、凑小数”的方法，但主要是前者。因为相比较来说，前者较简单。那么，在教学中就要以“拆小数、凑大数”为主，所以教案设计时也是以“拆小数、凑大数”为主，并辅之一定的练习加以巩固，让学生逐步达到熟练的程度，从而培养学生的运算能力。

三、要关注数学思想方法的渗透。

学习数学，数学思想是灵魂。对于20以内的进位加法，学生是第一次学习，要让学生感悟出把新的知识转化为学过的知识，也就是要把进位的加法转化为不进位的加法。那么，在教学时就要关注这一点，例如，例1的教学，要想办法转化为学过的“10加几”。教案注重了这方面的设计，有效渗透了转化的数学思想，培养了学生的核心素养。

四、要注重情境的创设。

教科书对进位加法以及找规律、提问题，都注重了实际情境的创设，那么在教学时同样要注重创设实际情境。以下的一些教案，在传授知识的同时，都是在实际的情境中进行的，这样能对学生渗透应用意识的培养。

单元教学目标

1.结合具体的情境，进一步体会加法的含义。

2.经历探索20以内进位加法计算方法的形成过程，理解进位加法的算理，掌握进位加法的计算方法（“凑十法”），并能熟练地口算20以内的进位加法。

3.通过观察、思考、交流，发现20以内加法的运算规律，培养初步的观察与思考能力、语言表达能力和推理意识。

4.结合具体的情境，初步尝试提出数学问题，为“发现问题、提出问题、分析问题、解决问题”素养的培养奠定基础，并能获得一些简单的、初步的解决数学问题的方法。

5.能克服数学学习活动中遇到的一些困难，丰富并积累数学学习的经验，初步建立学好数学的信心。

（山东省郓城县教研室 王善合）

进位加法

第1课时　进位加法(1)

教学内容

教科书第82～83页单元主题图、例1，完成第84页课堂活动第1～3题和第87页练习十二第1～2题。

教学目标

1. 理解"凑十法"的算理，掌握"凑十法"的算法，并能用"凑十法"较熟练地进行计算。

2. 经历"凑十法"的生成过程，培养初步的观察、抽象、归纳、概括的思维能力和语言表达能力。

3. 通过一系列的探究学习活动，激发学习数学的乐趣，建立学好数学的信心。

教学重难点

教学重点：掌握"凑十法"的计算方法，并能较熟练地进行计算。

教学难点：理解"凑十法"的算理。

教学准备

课件、小棒、计数器等。

教学过程

一、创设情境

教师：喜欢体育活动吗？我们一块儿看学校组织的体育活动好不好？(好！)请看大屏幕(出示单元主题图)。你们能发现什么？

学生：同学们都来参加体育活动了，有踢毽子的，还有踢足球的……

教师：根据同学们发现的这些信息，你能提出一个数学问题，并列出算式吗？

学生1：操场上有8个小朋友，又来了5个小朋友。一共有多少个小朋友？列出算式是：8+5。(板书：8+5)

学生2：操场上已经有9个小朋友在踢毽子，又来了5个小朋友。一共有多少

个小朋友踢毽子？列出算式是：9+5。（板书：9+5）

学生3：足球场上有9个小朋友在踢足球，场外有3个小朋友在观看，一共有多少个小朋友？列出算式是：9+3。（板书：9+3）

学生4：箱子里面有9瓶水，箱子外面有3瓶水。一共有多少瓶水？列出算式也是：9+3。

教师：很好，请同学们观察这些加法算式：8+5、9+5、9+3，与我们以前学的加法算式有什么不同？

学生1：8+2等于10，8+5的结果大于10了。

学生2：9+1就等于10了，9+5的结果也一定大于10。

学生3：我们原来学的加法算式，个位上的数相加，结果最大是10，这几个算式的结果都大于10了。

教师：很好！像8+5、9+5、9+3这样的加法算式，两个数字相加大于10了，我们把这样一类的算式叫作“进位加法”的算式。那么，“进位加法”的算式怎么算呢？这节课我们就来学习“进位加法”的算法。

板书课题：进位加法（1）。

点评

由单元主题图创设问题情境，让学生就情境图提问题、列算式，从而引出本单元要学习的主题：进位加法。同时，也让学生体会所学知识与现实生活的联系。

二、探究新知

1. 自主探究。

教师：我们先算9+3（板书：9+3=□），那么9+3的结果是多少呢？能不能把9+3转化为我们学过的知识呢？大家都知道10加几，结果就是十几。能不能把9+3转化为10加几呢？请同学们拿出准备好的小棒或计数器，来摆一摆或拨一拨，看9+3的结果是多少。

学生活动，教师巡视。

点评

课堂上要尊重学生的主体地位，让学生采用自主探究的方式来学习，发挥学生的主观能动性；同时让学生动手操作，能有效培养学生动手操作的能力。

2.理解算理。

教师:哪位同学能说一说你的想法?

学生1:(上台演示,演示过程如图1)我是这样想的,左边摆9根小棒,右边摆3根小棒,从右边拿出1根放到左边,左边就凑成了10根,右边还剩2根,10+2=12,所以结果是12。

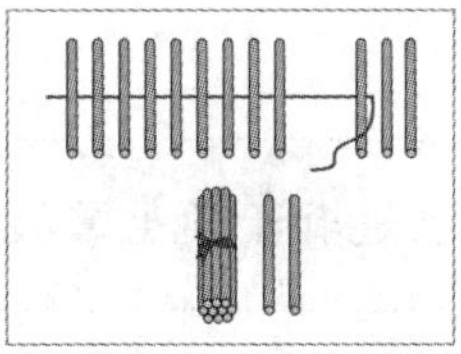

图1

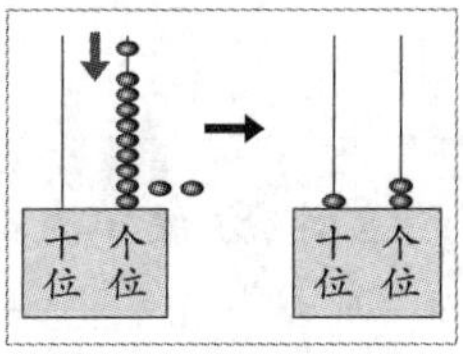

图2

教师:同意吗?(同意)还有不同的想法吗?

学生2:(上台演示,演示过程如图2)我是这样想的,个位上有9颗珠子,再拨1颗珠子就凑成10颗。把这10颗珠子一块拨回去,在十位上拨1颗珠子,表示1个十。还剩2颗珠子,10+2=12,所以结果是12。

教师:同意吗?(同意)那么这两位同学的想法有没有相同的地方呢?可以先独立思考,然后在小组内交流。

学生交流,教师巡视。

教师:哪位同学能来说一说?

学生1:它们有相同的地方,都是拿出1颗,与9颗放在一起凑成10,就变成学过的10加几了。

学生2:它们都是想办法凑成10,转化为学过的知识来计算。

教师:大家同意吗?(同意)

点评

数的运算的重点在于理解算理。这里让学生思考,找出“摆小棒和拨计算器”的共同点,能有效促进学生对“凑十法”算理的理解,同时渗透了转化的数学思想。

3.归纳算法。

(1)抛开学具,抽象算法。

教师:请大家再想,不论是摆小棒,还是拨计数器,都是把3拆成了两个数,拆成了哪两个数呢?接下来是怎么做的?

学生：把3拆成了1和2，1和9凑成10，10+2=12。

教师：同意吗？（同意）如果老师把想的过程写成右面的形式，你能补充完整吗？

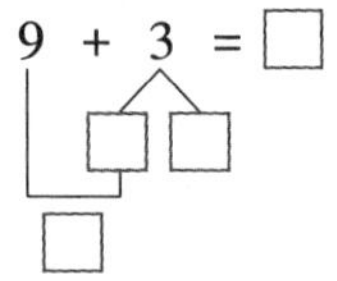

学生独立完成。

教师：对于9+3，把3拆成1和2，1和9凑成10。把一个加数凑成10再算的方法叫“凑十法”。

点评

给出“凑十法”的名称，方便学生交流，也利于学生掌握。

（2）再次活动，深化算法。

完成84页课堂活动第1，2题。

教师：如果是9+4，又是怎样凑成10的呢？9+6呢？

学生活动，教师巡视。

教师：哪位同学说一说你的想法？

学生1：我用小方块摆的。左边摆9块，右边摆4块，从右边拿出1块放到左边，就凑成10块，右边还剩3块，10+3=13，结果是13。

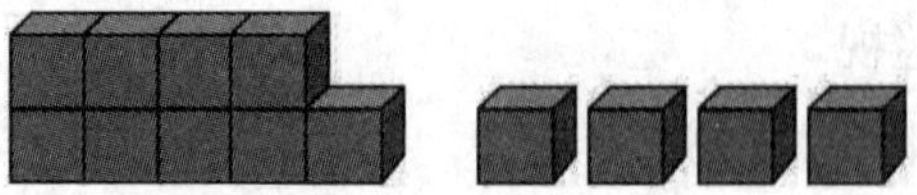

学生2：我把4拆成了1和3，1和9凑成10，10+3=13。

教师：同意吗？（同意）那9+6呢？

学生1：我是拨的计数器。个位上有9颗珠子，再拨1颗就凑成10颗。把这10颗珠子一块拨回去，在十位上拨1颗珠子，表示1个十。还剩5颗珠子，10+5=15，所以结果是15。

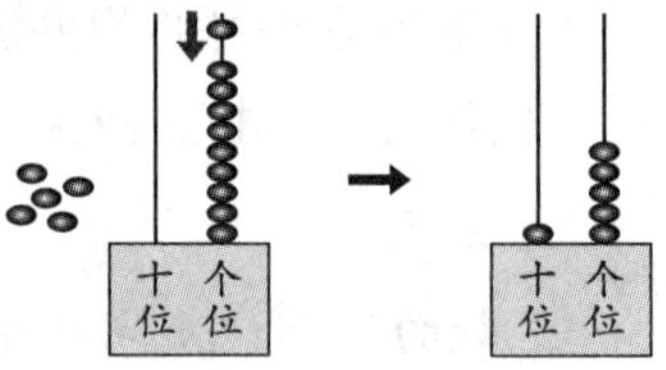

学生2：我把6拆成了1和5，1和9凑成10，10+5=15。

点评

就“9+3”给出“凑十法”，还是有一点“单薄”，再通过课堂活动的学习，学生对“凑十法”的算理、算法的理解和掌握就比较牢固了。

4.思维发散。

教师：同学们，对于9+3，除了“凑十法”，还有其他的算法吗？

学生1：我是这样想的，9接着往后数3个数，10，11，12。所以结果是12。

学生2：我是这样想的，把9看作10，10+3=13，13-1=12。

……

教师：同学们的算法都很好，现在请大家打开教科书第83页，完成“试一试”。

对于这4个练习题，可以让学生说出算的过程，从而进一步熟练掌握“凑十法”。

点评

让学生叙述算的过程，既巩固了所学知识，又培养了学生的语言表达能力。

5.思考归纳。

教师：刚才同学们做的练习题都是用凑成10的方法，很快就算出了结果。现在你能总结一下，能用9+1凑成10来计算的算式有哪些？

可以展示学生的整理结果，有9+2=11，9+3=12，9+4=13……

也可能是：2+9=11，3+9=12，4+9=13……

点评

很多算式都能用“凑十法”计算，让学生体会“凑十法”的算法，提高学生学习数学的兴趣，同时体会进位加法运算的一致性。让学生对整理的结果按一定的规律排列，也为例4的学习找规律做一定的铺垫。

6.思维升华。

教师：到现在为止，同学们已经理解了“凑十法”，下面我们开展一个“对口令”活动。请大家打开教科书第84页，看课堂活动第3题，仿照他们开始游戏。

学生活动，教师巡视。

教师：你们有什么发现？

学生：两个数相加，交换两个数的位置，和不变。

点评

对于“两个数相加，交换两个数的位置，和不变”这个结论，学生在学习10以内的加法和20以内不进位加法时就有接触，这里再次让学生感悟，为后面学习加法运算律做好铺垫。

三、巩固练习

完成练习十二第1～2题。

对于第2题，让学生先圈10，学生的圈法可能是不一样的。但学生只要清楚右边圈出的个数是1个就可以了，至于圈哪个，由学生自己选择；学生完成后，要交流圈的方法。

四、课堂小结

教师：今天我们学习了什么内容？

学生：……

（山东省郓城县教研室　王善合）

第2课时　进位加法(2)

教学内容

教科书第84页例2,第85页课堂活动第1~2题和第87页练习十二第3~4题。

教学目标

1.理解“凑十法”的算理,掌握“凑十法”的算法,并能用“凑十法”熟练地进行计算。

2.在操作、讨论、交流中培养观察、比较、抽象、概括的思维能力,动手操作的能力和对知识的迁移类推能力。

3.在主动探索进位加法计算方法的学习过程中获得成功体验,树立学好数学的信心。

教学重难点

教学重点:能熟练运用“凑十法”进行计算。

教学难点:在已有经验的基础上,对“凑十法”进行迁移。

教学准备

课件、小棒、计数器等。

教学过程

一、复习导入

1.比一比,看谁算得又对又快。

9+1+4=(　　)　　9+1+6=(　　)　　9+1+5=(　　)

2.口算,并说一说是怎样算的。

9+4=(　　)　　9+8=(　　)　　9+9=(　　)

教师:刚才同学们对进位加法的计算已比较熟练了,接下来我们继续学习进位加法。

板书:进位加法(2)。

点评

通过对进位加法的练习,帮助学生回忆梳理已有的知识经验,为继续学习新知识做准备。

二、探究新知

1. 出示视频图。

教师：同学们喜欢参加运动会吗？请观看视频，你能获得哪些数学信息？

出示例2图，采用情境动画的形式呈现，在操场上有8人，又跑来5人。

学生：操场上有8人，又跑来5人。

教师：同意吗？（同意）根据以上信息，你能提出什么数学问题呢？

学生：这时一共有多少人？

教师：怎样列出算式？

学生：8+5。

教师：同意吗？（同意）

板书：8+5=□（人）。

2. 理解算理。

（1）自主探究。

教师：8+5等于多少？还能用凑成10的方法计算吗？下面自己选择学具操作，看还能不能用凑成10的方法计算，并和同桌说说你是怎么想的。

学生活动，教师巡视。

（2）汇报交流。

教师指名学生上台进行操作，并说明怎样“凑十”的。

学生：我左边摆8根小棒，右边摆5根小棒，从5根小棒中拿出2根放到左边，8加上2就是10。5根拿走2根还剩3根，10加3就等于13。

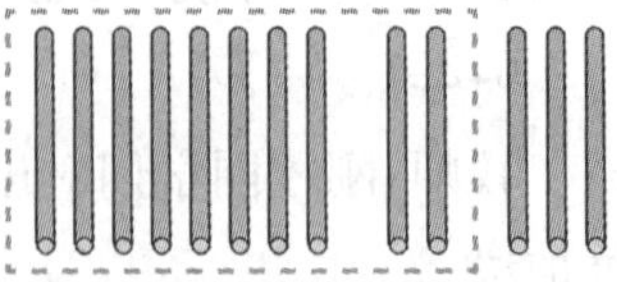

点评

让学生边说边操作小棒，把形象的操作过程与抽象的计算过程一一对应起来，有助于学生真正理解“凑十”的方法，夯实算理。

3.归纳算法。

教师:这位同学的做法,你们同意吗?(同意)很好！请大家注意,在摆小棒的过程中,这位同学把5拆成了哪两个数？接下来是怎么做的?

学生:把5拆成2和3,2和8凑成10,10+3=13。

教师:老师还有一个问题,为什么不把5拆成1和4呢?

学生1:不能拆成1和4。因为1和4当中的哪个数和8都不能凑成10。

学生2:算8+5,要看8来拆5。因为8+2=10,所以5只能拆成2和3。

教师:同意吗?(同意)看来在拆数时还不能随意地拆,要看着8去拆。我们把这种拆数的方法叫作“看大数,拆小数”。

教师:如果老师把想的过程写成右面的形式,你能补充完整吗?

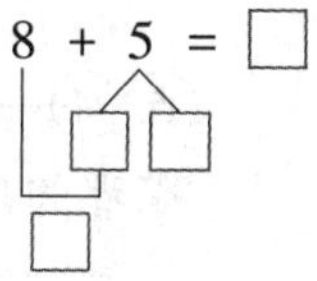

学生独立完成。

教师:同学们再想一下,计算8+5与9+5有什么相同点和不同点?

学生1:相同点,都是用“凑十法”计算的。

学生2:不同点,对于8+5,要把5拆成2和3;对于9+5,要把5拆成1和4。

……

点评

学生的思维从具体到抽象需要一个过程,要帮助学生逐步脱离实物的操作,先明确“看大数、拆小数”,再借助框架图,厘清计算的过程;同时,通过8+5与9+5的比较,让学生体会进位加法的结构化和一致性。

4.思维发散。

教师:对于8+5,除了“凑十法”,还有其他的算法吗?

学生1:(上台演示)我用计数器。我是这样想的,个位上有8颗珠子,再拨2颗珠子就凑成10颗。在十位上拨一颗珠子,表示1个十。还剩3颗珠子,10+3=13,所以结果是13。

学生2:我是这样想的,8接着往后数5个数,9,10,11,12,13,所以结果是13。

学生3:我先把8看成10,10+5=15,15-2=13。

……

教师:同学们的算法都很好。现在请大家完成教科书第85页的“试一试”,把结果填到□里,并说出你的想法。

点评

让学生叙述自己的计算过程,既巩固了所学知识,又培养了学生的语言表达能力。

5.思考归纳。

教师:刚才同学们都用“凑十法”很快算出了结果。现在你能总结一下,用8+2凑成10来计算的算式有哪些吗?

学生汇报,可能是:8+3=11 8+4=12 8+5=13……

或者:3+8=11 4+8=12 5+8=13……

点评

整理的结果让学生按一定的规律排列,为例4学习找规律做好铺垫。

6.进一步熟练“凑十法”。

师:请同学们打开教科书85页,完成课堂活动第1~2题。

学生活动,教师巡视。

课堂活动第1题,可以提出问题:8+4中,为什么要把4分成2和2?8+6中,为什么要把6分成2和4?促进学生对“凑十法”算理的理解。

课堂活动第2题,学生填完后,要交流计算的方法,然后和例1比一比,找出计算的相同点和不同点,更利于学生对“凑十法”的理解与掌握。

三、巩固练习

让学生完成教科书第87页练习十二第3~4题。

对于第3题,要让学生观察计算的结果,看能发现什么?本题隐含着:“一个加数不变,另一个加数比较大,它的和也比较大;另一个加数比较小,它的和也比较小”的结论。对于本题让学生发现规律要有弹性,能说个大概就行。如果学生观察不出来,也不要强求,不要灌输学生。

四、课堂小结

教师:这节课你有什么收获?

学生:……

(山东省郓城县公明小学 郝秀春)

第3课时 进位加法(3)

教学内容

教科书第86例3,第86页课堂活动第1~2题和第88页练习十二第5~6题。

教学目标

1.进一步理解、掌握“凑十法”,并能熟练地进行口算。

2.再次经历计算进位加法的过程,培养观察、联想、类比、迁移的思维能力。

3.通过具体实例,感受数学与生活的密切联系,对数学学习产生浓厚的兴趣,坚定学好数学的信心。

教学重难点

教学重点:熟练“凑十法”的运用,且有一定的速度。

教学难点:能把“凑十法”迁移到20以内进位加法的所有算式中。

教学准备

课件、口算卡片。

教学过程:

一、复习导入

9+4=	6+8=	8+3=	3+9=
9+2=	8+3=	4+8=	9+6=

先让学生计算,再说一说是怎样算的。

教师:对于上面的算式,同学们都能想到先把9和8凑成10,用“凑十法”进行口算。今天,我们将继续学习进位加法。

板书课题:进位加法(3)。

二、探究新知

1.出示例3情境图。

教师:小朋友们,告诉大家一个好消息,农民伯伯的果园丰收啦!今天我们一起到果园里去看看好不好?(好)请看大屏幕(出示例3情境图),你能发现什么?

学生会说:农民伯伯摘了7筐苹果、5筐梨。

教师:根据同学们发现的这些信息,你能提出一个数学问题吗?

学生:农民伯伯摘了7筐苹果、5筐梨。一共摘了多少筐水果?

教师:根据这位同学提出的问题,想一想怎么列算式。

学生:7+5。

教师:同意吗?(同意)

板书:7+5=□(筐)。

教师:7加5等于多少呢? 请同学们在练习本上尝试算一算。

学生活动,教师巡视。

点评

尊重学生的主体地位,让学生尝试把前面学习的“凑十”的方法迁移到这里,培养学生的迁移能力。

2.归纳算法。

教师:哪位同学能来说一说你的想法?

学生:我还是用凑成10的方法。7是大数,把5拆成了3和2,7和3凑成10,10+2=12。所以7+5=12。

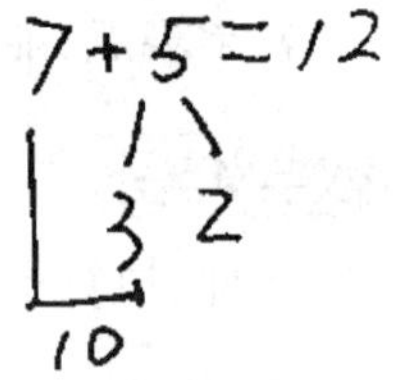

学生上台板演,如右图。

教师:同意吗?(同意)

教师:还有不同的想法吗?

学生:我把小数5凑成了10。把7拆成了5和2,5和5凑成了10,10+2=12。所以7+5=12。

教师:同意吗?(同意)请你来写一写你想的过程。

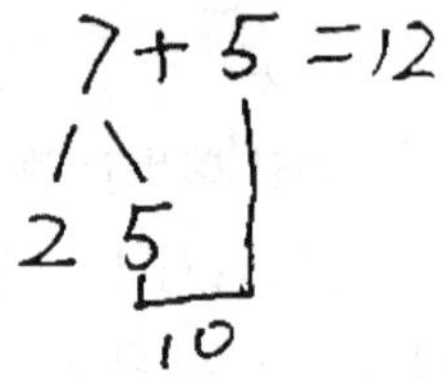

学生上台板演,如右图。

教师:这个同学的想法还是“拆小数、凑大数”吗?

学生:这是“拆大数、凑小数”。

教师:这说明了什么道理?

学生:这说明,“凑十法”可以拆小数、凑大数,也可以拆大数、凑小数。

教师:对于我们前面学习的进位加法的算式,如9+4、8+6,能不能也用拆大数、凑小数的方法来计算呢?

学生:能!

教师:很好! 下面请同学们独立完成教科书第86页的“试一试”。

学生计算、教师巡视。对于这4个练习题,可以让学生说出算的过程,从而进一步熟练“凑十法”。

点评

通过“拆小数”和“拆大数”的思考，让学生体会“凑十法”的算理，同时灵活选择方法进行口算。

3.体会计算的结构化和一致性。

教师：刚才大家计算了7+5，它和我们前面学习的9+5、8+5，有什么相同点和不同点？

学生：相同点是都可用“凑十法”进行计算。

学生：都可以拆小数、凑大数，也可以拆大数、凑小数。

学生：不同点是，9+5是用9+1凑成10；8+5是用8+2凑成10；计算7+5时，要用7+3凑成10。

点评

通过已有的“凑十”经验，放手让学生自己探究计算方法，体会进位加法的结构化和一致性。同时在探究算法中，体会算法多样化，使学生的思维得到发散。

4.思考归类。

教师：刚才同学们做的练习题都是用凑成10的方法，很快就算出了结果，真棒！现在你能总结一下，用7+3凑成10来计算的算式有哪些吗？

可以展示学生的整理结果，有7+4=11，7+5=12，7+6=13……

也可能是：4+7=11，5+7=12，6+7=13……

点评

整理的结果让学生按一定的规律进行排列，为例4的学习找规律做铺垫。

5.把“凑十法”迁移到6+5。

教师：同学们已经知道，用“凑十法”能很快地计算进位加法，那么6+5是不是进位加法？如果是，又怎样计算呢？

学生1：因为5+5=10，6+5肯定是进位加法。

学生2：可以把6凑成10。把5拆成4和1，6和4凑成10，10+1=11，所以6+5=11。这叫“拆小数，凑大数”。

学生3：也可以把5凑成10。把6拆成5和1，5和5凑成了10，10+1=11，所以6+5=11。这是“拆大数，凑小数”。

教师：同意吗？（同意）很好！那么，6加几的进位加法算式又有哪些？

……

点评

让学生展现不同的思维过程，使他们获得积极的学习体验，感受成功的快乐，同时使他们的创造性思维得到进一步发展。

6.综合提升。

教师：为了提高大家的口算速度，我们来一个“对口令”的游戏，请同学们打开教科书第86页，看课堂活动第1题，同位两人合作，说一说6+7、6+6、6+5的结果，看哪一组做得又对又快。

课堂活动第2题，通过交流的形式，让学生说出所有得数是12，13，14，15的加法算式。对于本题，待学生说出结果，要打开盒子给学生看，从而提高学生的计算兴趣。

三、巩固练习

学生先独立完成练习十二第5~6题，再集体订正。

练习第6题，在学生完成后要让他们交流算法。通过本题，让学生清楚凑十法的算法不是唯一的，可以“拆小数”，也可以“拆大数”，要尊重学生的选择。

四、课堂小结

教师：今天我们学习了什么内容？

学生：……

（山东省郓城县公明小学　张海燕）

第 4 课 时　练习课(1)

教学内容

教科书第88~90页练习十二第7 ~ 15题及思考题。

教学目标

1.进一步熟练“凑十法”,提高计算的正确率和计算速度。

2.经历多种形式、多种题型的练习过程,培养运算能力。

3.通过练习等学习活动,激发学生学习数学的兴趣,培养认真审题和细心计算的学习习惯。

教学重难点

教学重点:提高计算的正确率。

教学难点:培养细心计算和仔细审题的学习习惯。

教学准备

数字卡片、课件。

教学过程

一、复习导入

1.看卡片开火车。

6+8=	8+4=	7+5=	4+9=	8+8=
9+3=	6+9=	8+7=	7+4=	5+7=
8+9=	7+6=	8+4=	6+5=	9+5=

2.导课。

教师:大家注意观察,这些算式有什么共同点?

学生1:都是进位加法。

学生2:都要用“凑十法”来计算。

教师:很好! 为了能让同学们进一步熟练“凑十法”,计算时能做到又对又快,今天我们就来上一节练习巩固课。

板书课题:练习课(1)。

点评

通过练习找算式的共同点，导出本节课的课题。开门见山地明确本节课的内容，利于学生展开学习。

二、指导练习

1.出示练习十二第7题。

教师：请同学们试着在练习本上做一做。

展示学生作品：7+4=11，4+7=11。

教师：观察这位同学写的两个算式，你有什么发现？

学生：交换加数的位置，和不变。

教师：同意吗？（同意）我们发现了这个规律，有什么用处？

学生：可以使计算快一些。

教师：很好！根据这个规律，请同学们完成8~11题。

学生做练习十二第8~11题，先独立完成，再集体订正，然后全班交流，说一说在做题中的发现。

点评

对练习题，要充分放手，让学生自己去做，落实学生是学习的主体的理念。

2.出示练习第15题。

（1）读题，获取信息。

教师：观察图片，你知道了什么？

学生：滑板车每个9元，飞机模型每个6元，木马每个8元，小熊每个7元，要买两种玩具。

（2）理解"最少""最多"。

教师：你怎样理解"最少""最多"？（小组讨论）

学生：最少就是价格较低的两种玩具的钱数相加，最多就是价格比较高的两种玩具的钱数相加。

(3)列式解答。

教师:怎样解答呢？自己在练习本上做一做。

(4)学生讲解。

学生:先比较出4种玩具钱数的大小为9＞8＞7＞6,所以最少是7+6=13(元),最多是9+8=17(元)。

(5)让学生独立完成12~14题,做完后交流。

3.出示思考题。

(1)读题,获取信息。

教师:读题,你知道了什么？

学生1:题中告诉我们,“我”的前面有8人,后面有6人。

学生2:问题是“一共有多少个同学？”。

(2)理解题意。

教师:如何理解题意呢？请同学们用学具先摆一摆,或者在练习本上画一画,表示出这一排学生。(接下来让学生汇报。)

学生1:通过摆一摆就能发现,“我”不在8个里面,也不在6个里面。

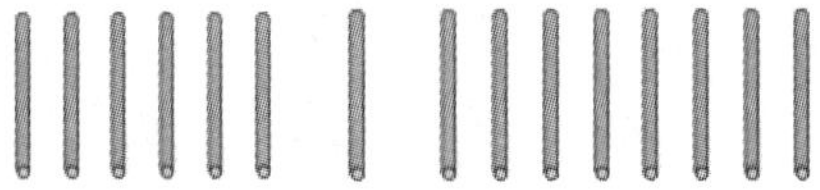

6个同学　　我　　8个同学

学生2:通过画图,我发现这一排学生分为3部分:我、前面8个、后面6个。

6个　　我　　8个

○○○○○○　○　○○○○○○○○

?

学生3:我也是这样画的,“我”就是图中说话的小男孩。

点评

因为低年级学生的思维特点是以直观形象思维为主，所以在解答问题时，要引导学生用学具操作或者用符号表示出来，让学生看得见、摸得着，这样学生的思维才能得到锻炼和发展。同时，也能培养学生的符号意识、模型意识和数形结合的思想。

(3)列式解答。

教师：怎样列式解答呢？（小组讨论）

学生：8+6+1=15（个）。

三、巩固练习

1.直接写得数。

9+7=	5+6=	7+8=	9+9=
7+6=	9+8=	7+5=	3+9=

2.妈妈要买其中的两篮鸡蛋，最多能买多少个鸡蛋？最少能买多少个鸡蛋？

7个　　8个　　9个

四、课堂小结

教师：这节课你有什么收获？

学生：……

（山东省郓城县公明小学 郝秀春）

第5课时 找规律

教学内容

教科书第91页例4,第91页课堂活动第1~2题,第93页练习十三第1~3题。

教学目标

1.能根据要求填充表格,并能够根据表格找出比较简单的运算规律。

2.经历发现20以内加法表中运算规律的过程,培养初步的观察、思考、归纳、概括的思维能力。

3.通过找规律的学习活动,培养观察、思考的良好学习习惯。

教学重难点

教学重点:20以内加法的运算规律的发现。

教学难点:感悟数值与图形的结合。

教学准备

课件、算式卡片、1~9数字卡片和练习本。

教学过程

一、复习导入

1.复习旧知。

教师:请同学们以开火车的形式口算下面各题,看谁算得又快又对!

教师出示算式卡片,让学生口算出结果,并进行评价。

9+4=	8+5=	7+4=	8+7=	6+5=
7+5=	6+3=	9+5=	3+8=	5+7=
5+3=	7+7=	4+8=	9+3=	1+6=

2.谈话导入。

教师:刚才大家算了这么多的加法算式,它们的结果都不相同,但它们的结果有没有一定的规律呢?(学生困惑,一时回答不上来)我们今天就来学习“找规律”。

板书课题:找规律。

点评

通过提出的问题，让学生回答时感到困难，激起学生学习的动机，从而积极地投入到探究新知的学习当中去。

二、探究新知

1.填充表格。

教师：请同学们观察表格，你能读懂什么？（大约2min）

9									
8									17
7								15	16
6							13	14	15
5						11	12	13	14
4					9	10	11	12	13
3				7	8	9	10	11	12
2			5	6	7	8	9	10	11
1		3	4	5	6	7	8	9	10
+	1	2	3	4	5	6	7	8	9

教师：哪位同学愿意把你的想法分享给大家？

学生1：最下面一行是1到9，竖着的第一列也是1到9，是按顺序排的。

学生2：左下角有个“+”号，格子里的数都表示两个数相加的“和”。

学生3：用最下面一行中的1~9与第一列中的1~9分别相加，得到的和填到它们交汇的格子里。

教师：它是怎么交汇的？你能举一个例子吗？

学生4：比如，倒数第二行最先出现的3，就是用3所对的这一行中的“1”与所对的这一列中的“2”相加得到的。

教师：大家听明白了吗？谁再来举一个例子？

学生5：倒数第二行中最后的数10，它是用这一列中的9与这一行中的1相加得到的。

教师：这两位同学说得太棒了！条理清晰，表达准确，值得大家学习。看来，表格中的每个数都是横行与竖列相加得到的。接下来，请同学们拿出老师课前给你们准备的学习单，自己把空白的地方填完整吧！

学生独立完成表格，教师巡视，帮助学困生。待学生完成后，展示学生的作品，引导学生评价。

点评

根据表格中的横行与竖列给出的数求和，还是第一次。让学生读懂表格，并填写表格，使学生能感悟数值与图形的结合，为后续学习图形的位置等内容奠定基础。

2.探究规律。

教师：请大家仔细观察所填的表格，你能发现什么规律？先思考，再与小组内的同学说一说你的发现。（学生交流，教师巡视）

9	10	11	12	13	14	15	16	17	18
8	9	10	11	12	13	14	15	16	17
7	8	9	10	11	12	13	14	15	16
6	7	8	9	10	11	12	13	14	15
5	6	7	8	9	10	11	12	13	14
4	5	6	7	8	9	10	11	12	13
3	4	5	6	7	8	9	10	11	12
2	3	4	5	6	7	8	9	10	11
1	2	3	4	5	6	7	8	9	10
+	1	2	3	4	5	6	7	8	9

教师：哪位同学愿意把找到的规律来分享一下？

学生1：从下往上看，每一列中的数越来越大。

学生2：从上往下看，上排的和比下一排的和都多1。

学生3：我发现两个数相加得到的"和"出现的次数不同，次数最多的是"10"，次数最少的是"2"和"18"。

学生4：斜向下看，每一斜排的和是一样的。

……

教师：太棒了！同学们都有一双善于发现规律的眼睛。现在老师有一个问题，为什么从下往上看，每一列中的数越来越大了呢？

学生1：因为竖列中的加数从下往上是越来越大的。一个加数不变，而另一个加数越来越大，它们的和也就越来越大。

教师：同意吗？（同意）那为什么从上往下看，上排的和比下排的和要多1呢？

学生2：那是因为横行的加数不变，竖列里的加数上面的比下面的多1，所以上排的和比下排的和要多1。

教师：那为什么10出现的次数最多呢？

学生3:那是因为10可以分成:1和9、2和8、3和7……

教师:那出现次数最少的和分别是2和18,这又是为什么?

学生9:因为根据表格中的加数计算,只有1+1=2,9+9=18,所以它们出现的次数最少。

教师:同学们总结得太棒了!掌声送给他们!

点评

引导学生先按竖列找规律,再按横行找规律,然后从全表中找规律。在发现规律的学习活动中,培养学生初步的观察、思考、抽象、概括的思维能力。

3.思维提升。

完成教科书第91页课堂活动第1~2题。

第1题,学生可能出现的排列规律是:9+1、9+2、9+3……

或是:9+9、9+8、9+7……

第2题,填法不唯一,填法有:0和14、1和13、2和12……

点评

对于课堂活动,充分放手让学生自己完成,培养学生发现规律的能力,同时还复习了20以内的加法的计算方法。

三、巩固练习

让学生独立完成练习十三第1~3题,再集体订正。

对于第1题第(1)题,排列时另一个加数可以从小到大,也可以从大到小;对于第(2)题,排列时另一个加数从小到大、从大到小都要排。学生完成后要展示、评价。

第2题,学生完成后,进行交流。对于本题还有改造的空间,每个小题后面可以再加一个(　　)让学生填,只要填的数不超过20就行。

对于第3题,可以增加一个图放到后面,如右图。让学生根据发现的规律去填,然后再展示、评价。

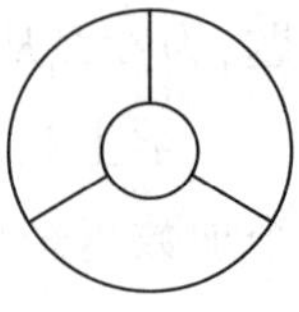

四、课堂小结

教师:哪位同学来说一说这节课你学到了什么?

学生总结,教师补充。

(山东省郓城县公明小学 王慧芳)

第6课时　提问题

教学内容

教科书第92页例5、课堂活动和第93~94页练习十三第4~5题。

教学目标

1.根据生活实例，理解其中蕴含的数量关系，能捕捉有关信息，提出数学问题并给予解决。

2.经历发现并提出问题、分析并解决问题的过程，培养学生初步的观察、思考、提出问题的能力。

3.通过一系列的探究活动，培养应用意识，养成认真观察的好习惯。

教学重难点

教学重点：搜寻数学信息，提出数学问题并解决。

教学难点：捕捉数学信息，提出数学问题。

教学准备

课件、多媒体PPT。

教学过程

一、激趣导入

教师：同学们好，看到老师，你有什么发现？或者有什么问题要问老师吗？（学生1回答）你真是一个善于观察的好孩子！（学生2回答）你真是一个善于提问的好孩子！老师相信你们都有一双善于观察、善于发现数学问题的眼睛。今天，我们就通过你的观察和思考，来学习“提问题”。（板书课题：提问题）

点评

通过学生随意的提问，激发学生提问题的兴趣，利于在下面的学习过程中敢于提问题，敢于交流，从而培养学生学好数学的自信心。

二、探究新知

1.发现并提出问题。

教师：同学们喜欢参加体育活动吗？（喜欢）观看视频。

播放视频。

教师：根据画面，你能获得哪些数学信息？

课件播放例5情境动画：在操场上有9人在踢毽子，又来了5人。不显示题目要求和问题。

学生1：我发现，左边有9个小朋友，右边又来了5个小朋友。

学生2：我认为，原来有9人在踢毽子，又来了5人。

教师：同意吗？（同意）

课件显示对话框：原来有9人在踢毽子，又来了5人。

教师：根据以上信息，你能提出一个数学问题吗？

学生3：原来有9人在踢毽子，又来了5人。现在一共有多少人？

课件上显示对话框：现在一共有多少人？

学生4：我的问题是，原来的人数比又来的人数多几人？

学生5：我的问题是，又来的人数比原来的人数少几人？

点评

播放视频，让学生根据动态的画面捕捉有关信息，理解其中蕴含的数量关系，提出相对应的数学问题，这样能培养学生获取信息、发现并提出问题的能力。

2.分析并解决问题。

教师：我们来看屏幕上的这个问题，谁来说一说你是如何理解这个问题的？

学生1：我认为就是把原来的9个小朋友和又来的5个小朋友合并在一起，就是现在一共有多少人。

学生2：就是把两部分合起来，用加法计算。

教师：同意吗？（同意）怎样列出算式？

学生3：算式是9+5=14（人）。

教师：请你上台写出算式。（学生上台书写）大家同意吗？（同意）

点评

让学生说出对问题的理解，并列出算式，能有效培养学生分析并解决问题的能力。

3.课堂活动，提升能力。

课件出示：课堂活动主题图。

教师:老师这里还有一幅图片,你能找出数学信息并提出数学问题,再列式解答吗?请大家先认真观察,再独立思考,有了自己的想法之后,和小组的同学交流。

学生活动,教师巡视。

教师:哪位同学说一说你的想法?

投影展示学生的成果。

学生1:我发现左边有8只蜜蜂,右边有6只蜜蜂。提出的问题是:一共有多少只蜜蜂?算式是:8+6=14(只)。

学生2:我发现左边有5朵花,右边有7朵花。提出的问题是:一共有多少朵花?算式是:5+7=12(朵);或者是7+5=12(朵)。

学生3:我发现的信息和他们的一样,提出的问题不一样。问题是:左边的蜜蜂比右边的蜜蜂多几只?算式是:8-6=2(只)。

学生4:我提出的问题是:左边的花比右边的花少几朵?算式是:7-5=2(朵)。

……

教师:大家的表现太棒了!老师还有一个问题,这么多的数学信息,怎样才能避免把信息弄混呢?

学生:老师,我有办法,如果提出的是蜜蜂问题,那就只看和蜜蜂有关的信息;如果提出的是花朵问题,那就只看和花朵有关的信息。

教师:同意吗?(同意)哪位来接着说?

学生:我们还要看清楚提的问题是什么,求一共多少是求和,要用加法;求相差多少,是求差,要用减法。

教师:同学们都这么棒啊!都是善于观察分析的小达人!现在,你能把怎样提问题、怎样解答问题,说给大家听一听吗?

学生1:我们要仔细观察题中的数学信息,根据这些信息提出数学问题,最后再列式解答。

学生2:在解答时,求一共多少用加法,求相差多少用减法。

点评

面对图中较多的信息,让学生斟选有关信息,提出数学问题,从而锻炼学生的思维,提升学生“搜集信息、提出问题”的能力。

三、巩固练习

完成练习十三第4~5题。

学生活动,教师巡视。

对于第4题第(2)题,重点放到信息的获取上,理解“我做的和你同样多”是什么意思,并让学生交流,再提问题。第4题第(3)题,重点放到提问题上,学生可以提出用加法解决的问题,也可以提出用减法解决的问题。

对于第5题,题中没有用语言呈现数学信息,需要观察画面,寻找有关的信息,要让学生交流,共同提高。

四、课堂小结

教师:回顾一下,通过这节课的学习,你有什么收获?

学生1:我学会了根据数学信息提问题。

学生2:我知道了提问题要先观察,寻找数学信息,再提出问题。

学生3:我还学会了要根据要求,才能正确地解答问题。

……

点评

在回顾中总结、概括提问题的方法,要先找出有关信息,根据信息提出问题,然后才是解答问题,旨在培养学生初步的“发现并提出问题、分析并解决问题”的能力。

(山东省郓城县公明小学　祝凤云)

第 7 课 时 练习课(2)

教学内容

教科书第94～95页练习十三第6～10题。

教学目标

1.通过不同形式的练习,能找到更方便、更快捷的解决方法;初步学会梳理信息,能根据捕捉的有关信息提出数学问题,并给予解决。

2.经历产生计算方法多样化的过程,进一步提高运算能力;培养用数学的眼光去观察,提升发现和提出问题、分析和解决问题的能力。

3.通过一系列的练习活动,养成善于观察、勤于思考的习惯。

教学重难点

教学重点:梳理数学信息,提出数学问题并解决。

教学难点:根据题目特点,寻求快捷的计算方法。

教学准备

课件、多媒体。

教学过程

一、激趣导入

教师:小朋友们,老师今天要带你们到数学乐园里面玩一玩,你们想去吗?(想)可是路上会有很多难关要闯,这些难关都是一些练习题,只要我们把这些练习题完成了,难关就闯过了,大家有信心吗?(有)好！下面我们开始。

板书课题:练习课(2)。

二、思维提升

闯关开始!

1.第一关:思考达人。

完成练习十三第6题:一共浇了多少盆花?

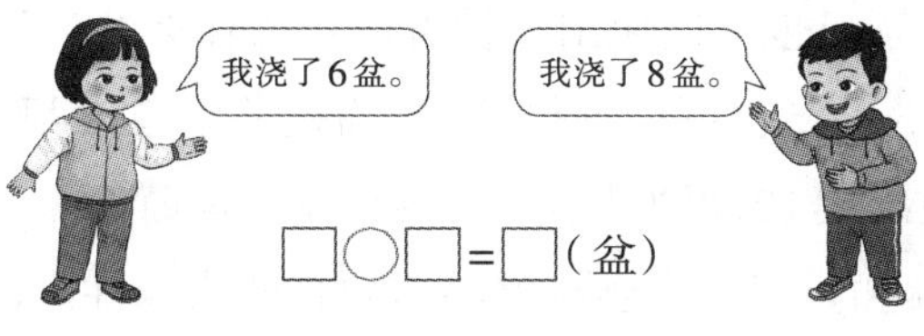

教师:谁先把这道题完成,谁就能得到一朵漂亮的花了,这可是过关的钥匙哦!

学生独立完成。

教师:这么快就完成了,能说一说你是怎么做到的吗?

学生:我首先找到题目中的信息,一个小朋友浇了6盆,另一个小朋友浇了8盆,问题是一共浇了多少盆花。也就是把两个人浇的盆数合起来,所以我用6+8=14(盆)计算的。

教师:大家都同意他的方法吗?(同意)谁还有需要提醒大家注意的地方吗?

学生:解决这样的问题一定要先找信息,弄清楚问题是用加法计算还是减法计算,再去列式解答。

点评

让学生独立完成并介绍解决问题的方法及注意事项,不仅能培养学生分析并解决问题的能力,还能提升学生总结概括和语言表达的能力。

2.第二关:巧算达人。

出示练习十三第7题,让学生完成。

教师:你们计算这么快,说一说你的算法吧。

学生1:我是先算的8+6,用"凑十法"把6分成2和4,8加2等于10,再算10加4等于14,最后用14减4等于10。

学生2:我也是用"凑十法"算的,只是把6分成2和4以后,只算8加2等于10就行了,这里的加4和后面的减4正好是0。

学生3:我是先用8减4等于4,然后再用4加6等于10进行计算的。

教师:大家的方法可真多,那9+6+4又是怎么算的呢?

学生1:我用"凑十法",先把6分成1和5,9加1等于10,10加5等于15,再加4等于19。

学生2:我是先算的6加4等于10,再算9加10等于19。

教师:对于这两种算法,你更喜欢哪一种?为什么?

学生:我喜欢第二种,先把能凑成10的算出来,这样计算比较快,非常简单。

教师:还有哪些题目也可以使用这种方法?为什么?

学生:8+3+7和5+8+5也可以这样算,因为这些题里面都有正好能凑成10的数,所以先把这些数凑成10,再加另外一个数,就非常简便。

教师:通过第7题的计算,你还有哪些需要提醒大家注意的地方呢?

学生：计算这些题之前，一定要先观察题目中数的特点，然后根据数的特点选择合适的方法计算。

点评

通过计算、交流，让学生体会计算方法的多样性。根据不同题目，找到合适的计算方法，这样不仅计算准确，还能提高计算的速度。

3.第三关：速算达人。

出示练习十三第8题。

教师：接下来我们分组开火车，比一比，看哪个小组的火车先开到家。计时开始！

教师：好快啊！第二小组给大家分享一下，你们做得这么快，用的什么办法？

学生：我们发现右边的数都是十几的数，所以在计算时可以省略步骤。比如：8+4，把4分成2和2，8和2凑成10，10加2这一步就可以省略，只比较2和右边个位上的数就可以了。

教师：大家赞同他们的算法吗？（赞同）恭喜你们，获得"速算达人"的称号。

点评

通过"开火车"练习，引导学生在对比中加深理解，在概括中把握联系，在评价中受到激励。练习的数量要适当，既要保证技能的形成，又要防止学生的负担过重。

4.第四关：巧思达人。

出示练习十三第9题。

教师：请同学们先想一想，然后说一说是怎样解答的。

学生1：第一个小题和第三个小题，右边的数比左边的数大，所以要用加法；第二个小题和第四个小题，右边的数比左边的数小，所以要用减法。

学生2：最后两个小题，9和3都是小于10的数，要想结果大于10，所以只能用加法；10和6都是大于5的数，所以只能用减法，才能让结果大于5。

点评

根据题目当中数的特点，找对应的解决方法，这样能达到举一反三的目的。

5.第五关:全能达人。

出示练习十三第10题图。

教师:请同学们先观察图片,把你发现的信息整理一下;接着根据信息提出数学问题并解答;然后再和小组同学交流一下;最后咱们比一比,看哪个小组用最快的速度、最合理的方式梳理信息,并能提出数学问题、解决问题。开始吧!

小组活动。

教师:哪个小组先来展示你们的作品,并给大家说一说你们的方法?

投影展示学生作品,并上台指着作品说一说。

学生1:我们小组是用画图的方法整理的信息,并提出了6个数学问题。

学生2:我们小组是用文字记录的方法整理的信息,也提出了6个数学问题。

学生3:我们小组是用表格的方法梳理的信息,我们提出了9个数学问题。

教师:通过这几组同学的回答,你还有什么想法?

学生1:我发现梳理信息非常重要,信息如果找错了,就没有办法来正确地提出问题、解决问题。

学生2:我发现梳理信息越简洁、越明了越好,这样既节约了时间,又提高了解决问题的速度。

学生3:我发现观察、发现信息非常关键。找不到相关信息,就没有办法提出相应的问题。

学生4:我发现同样的信息可以提出不同的数学问题。比如:左边有7只鸟,右边有4只鸟,可以提出:"一共有多少只鸟?"还可以提出:"左边比右边多几只鸟?"或者"右边比左边少多少只鸟?"。

点评

在小组活动中，充分调动学生的积极性，让他们把自己学会的东西都讲出来，培养学生的思维能力和语言表达能力。

三、练习提升

1. 计算。

3+6+4=　　14−4−1=　　18−2−5=

7+3−8=　　9−6+8=　　14−4+6=

2. 在□里能填几？

9+□=14　　□+7=16　　10−□=5

8+□=16　　19−□=11　　□+6=13

3. 找信息，提出两个数学问题，并解答。

问题1：____________

□○□=□（只）

问题2：____________

□○□=□（只）

四、回顾总结

教师：同学们，今天学得高兴吗？你学会了哪些本领？又有哪些新的收获？

学生1：我学会了巧算，让计算速度更快！

学生2：我学会了先观察数的特点再计算！

学生3：我明白了不同的题目都有不同的解决方法，找对方法很重要。

学生4：我学会了如何快速地梳理信息，还知道了信息比较多时，一定要选择对应的信息提出数学问题。

……

点评

在回顾中总结，会根据数的特点选择合适的方法；提出问题前要先找出有关信息，并梳理信息，根据信息提出问题，然后才能正确解答问题；培养学生观察、巧算的能力，梳理信息的能力及提出问题、分析并解决问题的能力。

（山东省郓城县公明小学　祝凤云）

整理与复习

第1课时

教学内容

教科书第96页“学习回顾”,第96页“单元复习”第1~2题,第97页练习十四第1,3~11题。

教学目标

1.进一步巩固“凑十法”,并能正确、熟练地进行口算。

2.经历“凑十法”的整理过程,初步感知整理的方法,培养归纳、概括、整理的能力,养成整理、复习知识的好习惯。

3.通过与他人合作交流,体验与同伴学习的快乐和成功的喜悦。

教学重难点

教学重点:正确、熟练地口算20以内的进位加法。

教学难点:学会对知识进行整理。

教学准备

课件、练习本。

教学过程

一、谈话导入

教师:同学们,经过一段时间的学习,我们完成了“20以内进位加法”单元的学习,对加法有了一定的理解。今天这节课,我们一起来整理“20以内进位加法”的内容,你们有信心吗?(有)

板书课题:整理与复习(1)。

点评

通过谈话直接导入,明确本节课的学习任务,这样能最快抓住学生的注意力,激发学生对本节课的学习欲望。

二、回顾整理

1.学生交流，回忆知识。

教师：同学们，本单元我们都学习了哪些知识？你最大的收获是什么？请同学们以4人小组的方式，一人说其他人听，组内同学可以相互补充。开始吧！

学生交流，教师巡视，了解学情。

点评

小组进行合作交流，能培养和提高学生合作的意识。

2.小组汇报，共同整理。

教师：哪个小组先来说？

学生1：我们学习了进位加法的计算方法。

学生2：我们学会了用“凑十法”来计算20以内的进位加法。

板书：凑十法。

教师：看来第一组的同学收获不少，哪个组的同学还有补充？

学生3：我知道怎么用“凑十法”来计算，可以“拆小数，凑大数”。

学生4：我有补充，拆小数凑大数，就是把大数凑成10来计算。

学生5：除了用“凑十法”来计算以外，我们还学习了用交换加数位置来计算，和也不变。

教师：你还会用不同方法来计算，真了不起！老师给写下来。

板书：交换加数位置，和不变。

教师：你们真是会思考的好孩子，第五组同学还有补充，我们一起来听听。

学生：为什么要凑十？因为我们前面学过10加几就是十几，所以就把进位加法中大的数先凑成十，再算十加几，很快就能算出来啦。

教师：你们同意吗？老师都忍不住要为他鼓掌啦！会用转化的思想来理解“凑十法”，太厉害啦！从这里我们可以看出，“转化”在数学中是一种很重要的数学思想。

板书：转化⟶10+几。

学生1：“凑十法”还可以拆大数、凑小数。

学生2：我同意他的观点，但是拆小数、凑大数计算更方便。

学生3：对，两种方法都可以，但是拆小数、凑大数计算更方便。

教师：同学们都有自己的想法，老师都被你们震撼了，以后数学学习就要像这样多倾听，多思考，多整理，大胆地说出自己的想法。

教师：还有需要补充的吗？

学生1：我们还在本单元学会了自己提问题，自己解决问题。

板书：解决问题。

学生2：我还发现20以内的进位加法的得数中还有一些规律。

教师：同学们太了不起了。通过大家的合作，我们把本单元的知识进行了整理，可以简单地分为计算和解决问题两大类。这节课我们重点复习计算，接下来老师要考考大家的计算能力。准备好了吗？

点评

通过交流汇报、共同分享的过程，培养学生学会倾听和总结的习惯；教师根据学生的汇报，进行合理的板书，能让学生感受到用思维导图整理知识比较清楚、有条理、很简洁，渗透整理知识的方法，培养学生整理知识的能力。

3.进一步熟练算法。

（1）出示“单元复习”第1题。

教师：你能快速算出每组算式的得数吗？（能）好，算完的同学再仔细观察每组中两个算式有什么联系？

学生独立完成，教师巡视。汇报交流。

学生1：我发现每组两个算式的得数相同，第二个算式的结果进位了。

学生2：我发现每组第一个加数都相同，把第二个加数按第一个加数进行分拆，这样能很快凑成10。

学生3：我发现第一个算式就是第二个算式用“凑十法”来计算的过程。

点评

通过计算和对比，再次加深理解“凑十法”的算理。

（2）出示“单元复习”第2题。

教师：先不填，观察一下这些计算有什么共同的特点？

学生1：这些都是进位加法。

学生2：都是拆小数来凑大数。

学生3：都是用“凑十法”来计算的。

学生填，教师巡视。再指名回答。

点评

通过认真观察并交流，培养学生总结、概括的能力；通过计算，进一步熟练“凑十法”的运用。

三、巩固练习

让学生完成练习十四第1，3～11题。

对于第1题，可给学生提出要求：在保证计算正确的情况下，尽可能地加快计算的速度。

第3题的题目明确了口算，所以口算前要给学生明确要求：1min口算8~10道题，让学生清楚要达到的目标。

第4题是连加连减、加减混合的计算，可以给学生明确，把一道题看作两道口算题的综合，采用口算的方法进行计算。

第5题要安排学生预先准备好纸带，活动时可以安排学生一人进行；也可以安排两人合作，一人移动纸带，一人口算结果，轮换进行。

第7题有一定的综合性，可给学生明确思路：先计算，再比较。

第8题带有游戏的味道，可以给学生创设比赛的情境，提高学生的计算兴趣。

第11题，学生做完后要交流，要让学生知道：解决一个问题，需要选择有用的条件，舍去无用的条件。这是培养学生分析并解决问题的必修课。

以上练习题让学生独立完成，教师个别指导。可以提出要求：计算正确、快速。

四、课堂小结

学生谈体会和收获。

板书设计：

整理与复习

- 20以内的进位加法
  - 计算方法
    - 凑十法
      - 拆小数　凑大数
      - 拆大数　凑小数
    - 交换加数的位置，和不变
  - 转化 ⟶ 10＋几
  - 解决问题

（山东省郓城县公明小学　江静）

第2课时

教学内容

教科书第96页“单元复习”第3题，第97～99页练习十四第2，12～14题及思考题。

教学目标

1.面对实际问题能理解题意，寻找数量关系，确定解题方法并能独立解决实际问题。

2.经历分析并解决问题的过程，培养初步的观察能力、分析并解决问题的能力。

3.在有趣的活动中学数学、用数学，体会数学的价值，树立学好数学的信心。

教学重难点

教学重点：借助已有的知识和生活经验解决生活中的实际问题。

教学难点：理解题意，寻找数量关系，确定解题方法。

教学准备

课件、练习本。

教学过程

一、直接导入

教师：同学们，上节课我们对本单元的计算做了整理与复习，老师发现同学们算得又对又快。这节课我们将对本单元的解决问题做一下整理，你们有信心挑战自己吗？（有）

揭示课题：整理与复习（2）。

点评

开门见山，直接导入，能有效激发学生对本节课的学习欲望和热情。

二、解决问题

1.课件出示教科书第96页“单元复习”第3题。

教师：请仔细观察，从题目中你知道了哪些信息？要解决什么问题？

学生1：从题目中知道已经搬走了7盆。

学生2：还知道剩下8盆没搬走。

学生3：问题是原来有多少盆。

教师：请同学们把你发现的信息和问题完整地说一说。你会解答吗？

学生独立完成，教师巡视。

教师：谁来给大家分享一下你的想法。

学生1：原来有多少盆？就是把搬走的和剩下的两部分合起来，用加法计算。

学生2：我列的算式是7+8=15（盆）。

学生3：也可以是8+7=15（盆）。

教师：同意以上同学的想法吗？（同意）

板书：加法7+8=15（盆）或8+7=15（盆）。

教师：如果老师把问题变化一下，你还会解决吗？

课件出示：

（1）李奶奶吃掉4个鸡蛋后，还剩8个鸡蛋，原来有多少个鸡蛋？

（2）小明借给小红3本课外书，还剩下9本，原来有多少本课外书？

学生1：和刚才的例题是一样的，都是把两部分合起来。

学生2：物品变了，数量也变了，但都是求原来的，所以方法不变。

点评

对于生活中的问题，让学生借助生活经验，理解问题中的数量关系，就会降低思维的坡度，同时还能积累解决问题的经验，提高分析问题、解决问题的能力。

2.出示练习十四第12题。

课件只出示情境图，不出示问题。

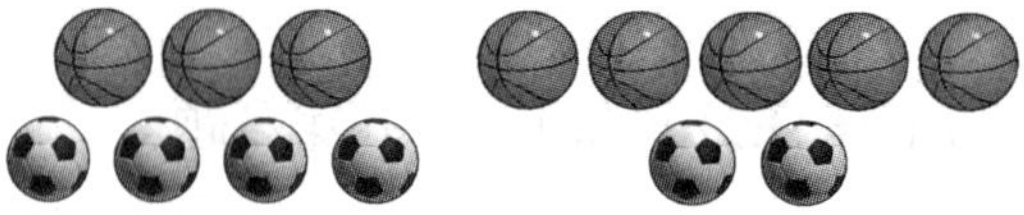

教师：观察图，你能获得哪些数学信息，能提出什么数学问题？

学生1：左边有7个球，右边有7个球。一共有多少个球？

学生2：上面有8个球，下面有6个球。一共有多少个球？

学生3：上面有8个篮球，下面有6个足球。一共有多少个球？

教师：请同学们根据自己的理解，列式解答。

让两个学生上黑板列出算式：7+7=14（个），8+6=14（个）。

教师：对这两位同学的算式，你们同意吗？（同意）老师有一个问题，都是求“一共有多少个球”，为什么算式不同呢？

学生回答略。

点评

为什么算式不同？老师提出这个问题，旨在启发学生，解决问题可以从不同的角度、不同的思路去解答，从而提高分析并解决问题的能力。

3. 出示练习十四第14题。

教师：自己读题，先说“最合适”“准载乘客15人”是什么意思，再说对这道题的理解。

学生1：“最合适”就是正好，不多不少。

学生2：“准载乘客15人”就是一辆车最多只能坐乘客15人。

学生3：这个题就是找哪两个组的人数刚好是15人。

教师：你们真是了不起，太棒了！请同学们自己写出算式。

学生写算式。

教师：如果老师把体育组人数改成5人，又怎么坐车呢？请同学们课下交流。

点评

先理解题目中的关键词，再去理解题意，就会把问题变得更加贴近学生的生活，也符合一年级学生的思维特点。变式题的安排，能有效培养学生思维的灵活性和发散性。

三、巩固练习

完成练习十四第2，13题及思考题。

对于第2，13题，放给学生独立完成，然后交流。

思考题的解题思路：□在第二个算式里，要先确定★是多少才行。由第一个算式能求出★=7，那么第二个算式就变成了□−7=1，所以□里填8。

四、课堂小结

教师：通过刚才的复习和整理，你们有什么感受？

学生：感觉解决问题变得更熟悉、更简单了。

教师：很好！这就是整理和复习的作用。学了一些知识后，我们就要进行整理和复习，这样学到的知识才更牢固。

点评

引导学生感受“整理与复习”的作用，从而帮助学生养成良好的学习习惯。

（山东省郓城县公明小学　唐爱云）

第六单元 总复习

单元教学导引

一、怎样使学生感悟计数单位?

谈到数的组成，比如：12是由1个十和2个一组成的，这里就体现了数的本质结构特征，数是由计数单位和个数累加而成的；20以内的加减法也都是对计数单位的累加或减少，所以怎样使学生感悟计数单位，是我们总复习阶段的重难点所在，也是后期学习更大的数与多位数、小数、分数加减法的基础。

本学期经历了从一位数的学习进入到两位数的学习后，对数位的理解，特别是十位上的1表示10的理解要深入。我们要让学生理解并会进行数的多样表达，去感受不同数位上的数字表示的数值不同，初步感悟和理解数位的含义，初步形成数感；还要鼓励学生选易错的加法题和减法题，尝试说明是如何计算的，特别要说清楚运算的道理。在学生说明的过程中，鼓励学生借助小棒、小方块、计数器和数线等小工具，从不同的角度探索算法，让学生去体会为什么要在相同数位上相加减，感受“10个一就是一个十”，明白满十进一的道理。

二、如何去引导一年级学生主动整理知识?

虽然本年级的学生是一年级的儿童,但为了使学生逐渐养成良好的学习习惯,提高他们整理与复习的能力,教师可以先鼓励学生通过举例,回忆学习了哪些内容。例如:在复习长方体、正方体等几何体时,可以请学生自己说一说学了哪些立体图形以及在生活中哪些物体的形状是长方体、正方体、圆柱、球。如果学生在回忆学习内容时有困难,教师可以根据复习的内容,让学生参考教科书中的问题后,再举例子,补充想到的内容。例如:从数尺上,不仅知道数的大小顺序,还可以通过数数的活动,去表达加法递增和减法递减的特性。

单元教学目标

1.经历对本学期各个领域所学内容进行梳理的过程,进一步理解所学内容,初步养成整理所学知识和自我反思的意识。

2.进一步认识20以内的数,能正确计算10以内数的加减法和20以内数的进位加法;理解上下、前后、左右的位置和顺序;能通过实物和模型辨认长方体、正方体、圆柱和球;能对简单几何体进行分类。

3.能运用学过的知识解决相关的实际问题。

4.通过操作、游戏等丰富多彩的活动,对数学产生一定的好奇心,形成学习数学的兴趣、初步合作交流意识和独立思考的习惯。

第1课时 总复习(1)

教学内容

教科书第101页“学习回顾”“知识整理”。

教学目标

1. 回顾并复习本期学过的数学知识，唤醒对知识的记忆。

2. 通过回看书本、小组讨论等课堂活动，初步建立对知识的分类整理意识，渗透四大板块的分类原则。

3. 初步感受数学知识之间，数学与生活之间的联系。

教学重难点

教学重点：回顾本册知识。

教学难点：建立知识之间的联系，感知知识的分类。

教学准备

多媒体课件。

教学过程

一、组内互动，引入新课

教师：小朋友们，一学期的学习结束了，老师发现你们在这一学期里都长高了，长壮了，还学到了很多的新知识。谁愿意和老师分享一下你的收获？

学生：我们认识了很多的数，0，1，2，3，…，20。

教师板书：数。

教师：你说得真好，我们一起来数一数。(全班学生一起数)数是学习数学的基础，每一个都很重要。还有其他的知识吗？

学生：还学习了用数来做加减法，我会算9+5=14。

教师：没错，有了数我们就能进行一些运算。(板书：运算)刚刚他提到9+5，你们还记得，是怎么算的吗？和同桌说一说，也可以在作业本上画一画，表达你的想法。

学生讨论交流，尝试用语言和书写回顾“凑十法”的计算过程。

教师：还学了什么？

学生：我还学会了用上、下、左、右、前、后来描述我的位置。

学生:还认识了长方体、正方体。

教师:长方体和正方体是生活中常见的立体图形,生活中哪些物体可以近似的看作一个长方体呢?

学生:冰箱、满满的抽纸、行李箱……

教师:还能举出一些其他的立体图形和生活中的物体有联系的例子吗?

学生:足球、篮球都是球。

学生:魔方可以看作正方体。

学生:奶粉的罐子是圆柱。

教师:没错,我们这学期除了学习了数,还学习了形,了解了可以用数学的眼光去观察生活,感受到了数学和生活的联系。

点评

通过学生之间、师生之间的互动,帮助学生回顾本学期主要的知识,并选择其中重点内容进行较为详细的阐述。借助具体的算式,让学生描述"凑十法"的算法,培养学生的表达和倾听能力,也帮助学习较为困难的学生温习知识。图形环节让学生广泛举例,感受数学和生活的紧密联系,为后续学习图形,以及培养学习兴趣打下基础。

二、讨论交流,知识分类

教师:刚才孩子们说得很好,我们这学期的确学习了很多方面的数学知识。如果老师要请你们把刚刚谈到的知识分分类,你们觉得哪些知识有相同的地方,可以放在一起?

翻看书本,小组讨论书本中哪些知识可以分为一类。

学生:我发现"认识0~9"和"认识10~20"可以分为一类,都是在教我们这些数是多少,还有怎么写。

学生:我也想说,加法和减法怎么算,也可以分为一类。

教师:你们的发现很有价值,在数学上我们把这样的知识称为"数与代数"(板书:数与代数)。在这学期,我们认识了0~20的数,知道了它们分别表示多少个,怎么写,以及20以内简单的加减法计算。

(板书:0~9的认识与加减法,10~20的认识与加减法)

教师:还有其他小组有讨论结果吗?

学生:我们把学习的长方体、正方体、圆柱和球这些知识分为一类。

教师:谁来猜猜他们组为什么这么分?

学生:这些都是立体图形。

教师:你的发言很有价值,与刚刚的类型不同,我们讨论的是图形,在数学上我们把这些与图形相关的知识称为“图形与几何”。(板书:图形与几何)

教师:我们才刚刚开始学习,这些只是图形与几何领域里很小的一部分,叫作立体图形。(板书:立体图形)它们可以被分为一类。

教师:还有其他的吗?

学生:在刚刚开学的时候,我们一起介绍了我的幼儿园。

学生:我们还学习了用上下、左右、前后描述我们的教室。

教师:回想起了,这几节课里孩子们都积极发言,踊跃参与,贡献了很多精彩的发言,现在想来老师都想为你们点赞!这样的有趣的课程叫作活动课,在数学上我们把它称为“综合与实践”,以后我们还要一起做更多有趣的数学活动和游戏。

整个环节,师生边梳理,教师边板书,形成如教科书中所示的知识结构图。

点评

一年级上期的复习课,是学生第一次接触数学知识的归类和整理。在本环节中,继续鼓励生生互动,在讨论中发现知识之间的联系,在老师的帮助下将知识的类别命名,初步感知数学的四大领域,为后续的学习做铺垫。

(四川省成都市少城小学 陶文竹)

第2课时 总复习(2)

教学内容

教科书第102~103页“数与运算”第1~5题。

教学目标

1. 进一步认识20以内的数,能用数表示日常生活中的物体数量;能正确认识个位和十位,知道同一个数字在不同的数位表示的意义不同;能用“>”“<”“=”表示两个数的大小关系;能正确计算20以内的进位加法和不退位减法。

2. 经历对本学期数与运算知识梳理的过程,初步养成回顾反思的良好习惯,初步感受归纳、整理的数学思想。

3. 感受数学与生活的联系,能运用学过的知识解决相关的简单实际问题。

教学重难点

教学重点:掌握20以内数的认识及20以内的进位加法、不退位减法计算。

教学难点:能正确运用所学知识解决简单实际问题。

教学准备

多媒体课件、视频展示台、算式卡片、大冒险获胜者小奖状、金币巧克力。

教学过程

一、创设情境,导入复习

出示情境:小朋友们好,我是数学王国的机灵狗,今天我想邀请大家进入数学王国,开启一场复习大冒险,寻找宝藏。你们愿意接受邀请吗?那么,让我们开启有趣的复习大冒险吧!

点评

针对一年级学生的认知规律和年龄特征,以游戏闯关的情境进行导入环节,提升学生的参与感,使学生迅速地进入课堂状态,渲染课堂氛围。

二、复习回顾

1. 数的读写。

出示情境图:走近数学王国,大门却是紧闭着的。门上贴着三幅鱼缸图。

教师:我们该怎么打开大门呢?

学生猜测:只要将鱼的只数填入田字格,就能打开大门。

学生填写后汇报:第一个鱼缸有两条鱼,用数字2表示;第二个鱼缸没有鱼,用数字0表示;第三个鱼缸有五条鱼,用数字5表示。

教师:看来我们可以用数来表示生活中物品的数量,生活中处处都是数学呀! 现在大门已经打开,我们快进去看看。

点评

数学来源于生活,数的产生与发展来源于人类的生活需求,让学生在真实情境中理解数量的实际含义。

2.数位的认识。

刚走出城门,迎面走来了两个士兵(两个分开的数字1),说道:"想要进入城门,还必须要过我们俩这一关呢! 我们两个长得一模一样,都是表示1个一。"

问题1:当我们合在一起的时候(两个数字1靠拢变为数字11),我们表示的意思还一样吗?

问题2:你能借助画图的方式来说明你的想法吗?

教师巡视,寻找学生不同的表现形式,如学生用小棒或计数器上的珠子来说明:两个1表示的意义不一样,左边的1在十位上,表示1个十;右边的1在个位上,表示1个一。

教师:相同的数在不同的位置上,就产生了不同的意义。看来数字所在的位置是很重要的,我们一定要找准个位和十位的位置。接下来还会有什么奇遇呢? 我已经迫不及待啦。

点评

基于生活经验,学生很容易得出两个数字"1"表示的意义不一样的结论。在这个过程中,我们应该引导学生运用已有学习经验去解释——两个数字1到底哪里不一样? 问题2回到这学期学生熟悉的两种学具上,用小棒能清楚看出:1捆的这1个十与1根的这1个一的数量差别;用计数器上的位置值,能让学生清晰地观察到两个数字"1"所在的数位不同,深化学生对数概念的理解。

3.大小比较。

教师:数尺大道上堵满了数,它们正在进行比大小活动。我们要尽快帮它们得出结果,并告诉它们比大小的方法,才能快速通过数尺大道。

4◯7　　8◯12　　17◯13　　20◯19

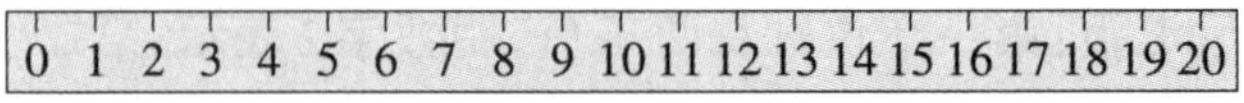

让学生完成后思考：

问题1：观察这根数尺，你有什么发现？

问题2：在比较上面4组数的过程中，你用了什么方法？

引导：①数尺从左到右的数是依次变大的，因此两个数比较大小时，在数尺右边的数一定比在数尺左边的数大。

②两位数一定比一位数更大。

③数位相同时，最高位上数字大的数就大；如果最高位相同，就继续比较下一位。

教师：你们总结的策略可真有用，用你们的策略，数居民们能很快比较出大小关系，数尺大道以后再也不会因为比大小而出现拥堵现象啦。不知不觉已经来到最后一关，宝藏就在眼前。

点评

比较数的大小，学生通过观察不一定形成规范的结论，只要学生能用自己的语言描述规律，教师都应给予赞赏。这里对比较数大小的策略进行总结，可以为后续更大数的大小比较、小数的大小比较提供策略支撑，方便后面构建知识链接，打通知识脉络。

4.20以内的加法和不退位减法。

出示最后一关的压轴人物——智慧老爷爷：恭喜大家成功来到最后一关！我们的成功都离不开团队的协作。接下来，就要看看大家能不能齐心协力闯过最后一关。

关卡1：用算式卡片开小火车。

教师可根据课堂剩余时间及班上孩子的计算掌握水平，选择单人、同桌或四人小组的方式来开小火车。

开完小火车后，请算得又快又好的同学，分享他的计算小技巧。

小结：数的组成和分解是运算的好帮手，注意"满十进一"。

关卡2：在生活中寻找算式"2+4=6""7−2=5"，用它们编写一个现实情境。

在学生基于自身经验分享算式对应现实情境后，引导他们发现：两部分合起来用加法，知道了总数与其中一部分，求另一部分用减法。

点评

通过关卡1,可以方便教师快速了解班级学生计算板块的掌握情况,为后续复习计算板块的时间分配、复习方式,提供依据。关卡2请学生根据算式去寻找不同情境,通过情境表达算式的含义,使学生理解相同的算式在不同情况下表达的含义不同。通过对学生提供的情境进行分析,帮助他们领会"加""减"所代表的不同含义,引导思考加减法之间的内在联系。

三、全课小结

教师:恭喜孩子们,经过重重关卡,你们终于找到了宝藏。

教师:打开准备好的"宝箱",拿出里面的大冒险获胜者小奖状和金币巧克力。

教师:在领取奖品之前,数学王国还想要问你们一个问题。在今天的这次复习大冒险里,大家从数学王国里得到了哪些收获?

学生回答略。

点评

对课堂内容的总结并不是可有可无的,整体总结能够使学生形成更加清晰、准确的思维网络,同时也有利于教师对本堂课的有效性进行评估,以便作出后续的补充或教学方式的调整。

(四川省成都市东坡小学　李永恒)

第3课时 总复习(3)

教学内容

教科书第103页“认识图形”第6题，第104页“认识位置”第7题。

教学目标

1.通过对物体分类和对比，加深对物体(或图形)的认识，能准确辨认长方体、正方体、圆柱和球等几何物体。

2.通过熟悉的生活情境和有趣的活动，描述物体的上下、左右、前后位置关系，从而加深认识、体会位置关系的相对性。

3.结合分一分、比一比、说一说等活动，体会图形与几何在生活中的应用，感受学习数学的乐趣。

教学重难点

教学重点：能准确区别几何物体，了解其特征。

教学难点：体会位置关系的相对性。

教学准备

多媒体课件、视频展示台、长方体、正方体、圆柱和球等。

教学过程

一、结构化导入，揭示课题

PPT展示教科书第101页一年级上册知识结构图。

教师：小朋友们，瞧一瞧，图中还有哪些知识没有复习呢？

学生回答，教师板书。(板书：图形与几何——认识图形；综合与实践——认识位置)

教师：我们认识了哪些几何物体呢？

学生回答，教师板书。(板书：长方体、正方体、圆柱和球)

教师：你会用什么来与同学交流物体的位置关系呢？

学生回答，教师板书。(板书：前后、上下、左右)

教师：今天咱们将对这两部分有趣的内容进行整理和复习。

点评

从知识结构图导入本节课的复习，不仅有助于学生进一步从总体上认识数学知识的基本结构，更有利于学生对图形与几何部分的知识进行分类和整理，逐步内化形成自己的数学知识结构，为进一步的学习和思考奠定基础。

二、分类复习

1.复习认识图形。

(1)找朋友，复习方法。

教师：你能快速说出这些图形的名称吗？说说你是怎么想的。

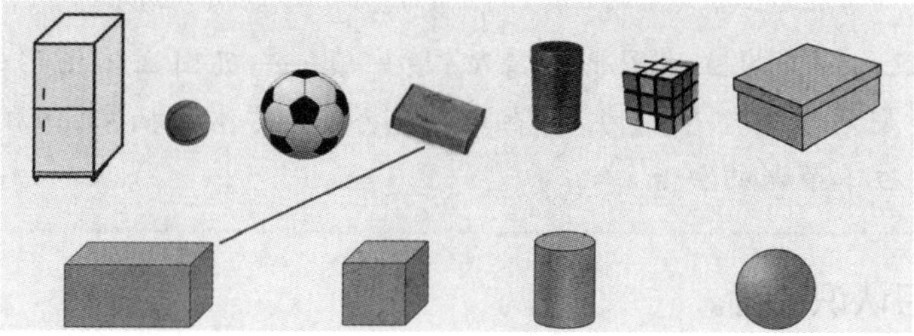

学生回答，教师播放PPT连线。

教师：连一连实际上就是分一分。在比一比中我们认识了不同的立体图形。(教师板书：分一分；比一比)

(2)玩一玩，复习立体图形的特征。

教师逐一出示下列几何物体，带领学生开展比一比、玩一玩、猜一猜等活动。

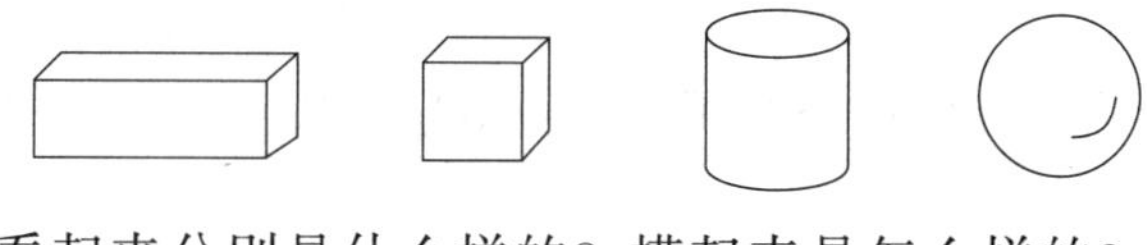

教师：它们看起来分别是什么样的？摸起来是怎么样的？长方体和正方体各有几个面？

学生回答略。

(3)填一填，巩固立体图形的特征。

学生独立完成教科书第103页第6题，然后全班订正。提示学生养成一边做标记一边数的好习惯，做到不重复、不遗漏。

教师：生活中也有许多物体的形状是这样的，你能说一说吗？

学生回答略。

(4)想一想，初步发展空间想象能力。

教师PPT出示下图。

教师:下面每幅图中各有几个小正方体?说一说你是怎么想的。

图1

图2

学生回答略。

教师:图1再添几个小正方体就可以拼成图2,小组合作,摆一摆,说一说。

学生回答略。

点评

玩一玩——复习立体图形的特征;填一填——巩固立体图形的特征;想一想,初步发展空间想象能力,旨在由易到难,从具体到抽象,回顾学习过程和方法,突破本节课的重点。

2.复习认识位置。

(1)认识位置,体会位置关系的相对性。

教师:在刚刚的练习中,我们也用到了前后、上下、左右来描述小正方体的位置呢。想一想,我们还可以用它们介绍谁的位置?

学生:介绍教室里、校园里、生活中人和物的位置。

教师:比一比,看谁能说清楚自己的前后、上下、左右。

学生回答略。

教师:请介绍你的好伙伴坐在哪里?教室里你最喜欢的一件物品在哪里?

学生回答略。

教师:请两位小朋友分别介绍对方坐在哪里?

学生回答,教师板书。(板书:相对性)

(2)联系情境,用序数解释或描述物体的位置关系。

教师：小明的前面有几人？他是第几个？这里一共有几人？说说你是怎么想的。可以用算式表达吗？

学生回答略。

(3)说一说，巩固认识。

学生独立完成教科书第104页第7题，然后全班订正。

教师：你还想介绍一下几号车的位置？1号车和10号车是什么位置关系呢？

学生回答略。

教师：第一层13号车的后面有几辆车？左面呢？第一层一共有几辆车？说说你是怎么想的。

学生回答略。

点评

位置关系的相对性较为抽象，是本节课的复习难点。本环节主要通过师生互动、生生互动等方式，引导学生在想一想、比一比、说一说、写一写、算一算等活动中，进一步认识位置关系的相对性，并能够进行简单的应用。

三、全课小结

教师：通过今天的复习，你有哪些收获呢？你还有什么疑问呢？还想学习什么知识呢？

学生：……

点评

位置关系的相对性较为抽象，是本节课的复习难点。本环节主要通过师生互动、生生互动等方式，引导学生在想一想、比一比、说一说、写一写、算一算等活动中，进一步认识位置关系的相对性，并能够进行简单的应用。

（四川省成都市泡桐树小学绿舟分校　谢美君）

第 4 课 时 总复习(4)

教学内容

教科书第104~105页练习十五第1~6题。

教学目标

1.能熟练地认、读、写20以内的数,能用数表示物体的个数或事物的顺序;通过复习,进一步巩固11~20各数是由1个十和几个一组成的。

2.进一步掌握20以内加减法的计算方法,提高计算速度,形成必要的计算技能。

3.理解上下、前后、左右的位置和顺序。

4.通过一些针对性练习,使学生熟练掌握本单元的基础知识和基本方法,同时提高独立解决问题的能力。

教学重难点

教学重点:进一步认识20以内的数,能正确计算20以内数的加减法。

教学难点:对数位的理解;理解20以内加减法的计算道理;体会具体位置的相对性。

教学准备

多媒体课件、计数器、0~9的数字卡片。

教学过程

一、复习与梳理

教师:小朋友们,我们认识了20以内的数,谁能按照从小到大的顺序数一数呀?两个两个地数?还能从20开始倒着一个一个地数吗?

学生按照要求数数。

教师写出数字宝宝“11”,指着11,问:小朋友们,用你们喜欢的方式表示11吧,把你的想法画一画。

学生独立完成。教师在巡视过程中找到实物图、小棒图、计数器图,投影到白板,便于学生观察。

教师:小朋友们仔细观察这3幅图,它们都是怎么表示11的呢?

学生回答用1个十和1个一表示的,教师板书。

教师:所以11就是由1个十和1个一组成的。11~19的数我们都认识了,你能像老师这样选择一个你喜欢的数,来说一说它是由几个十和几个一组成的吗?(板书:11~19的数)

学生自由选择数来说一说。

教师:这是我们学过的20以内的数数、读数、写数和数的组成。

点评

在回顾数的认识部分,先让学生通过顺着数、倒着数的方式,复习数的读写,体会加法递增、减法递减的特征,感受数的大小顺序;然后把同一个数用多种不同的形式表示出来,通过对比去凸显数位的概念;最后通过说一说让学生明确11~19各数的组成,加深学生对20以内数的理解。

在黑板上贴出3,4,7,10这4张卡片。

教师:小朋友们,你们能用3个数写出2个加法算式和2个减法算式吗?谁来说说你是怎么写的?

学生1:3+7=10,7+3=10,10-3=7,10-7=3。

学生2:3+4=7,4+3=7,7-4=3,7-3=4。

教师:(选一组)你为什么这样写?能说说你是怎么想的吗?

学生1:因为3和7组成10,所以3+7=10,7+3=10。

学生2:因为10可以分成3和7,所以10-3=7,10-7=3。

教师:数的组成和分解能帮助我们计算20以内的加减法,大家在计算20以内的进位加法时,就可以想想“凑十歌”。请一位小朋友来背一背“凑十歌”。

学生回答略。

教师:接下来,我们一起来做一个计算的游戏。完成教科书第105页第6题,学生独立完成,全班订正答案。

(板书:20以内的加减法)

教师:6+8=?是怎么算的呢?你能借助小工具(小棒、计数器、数线)画一画计算过程吗?

呈现学生作品,请学生清楚表达“满十进一”的过程。

学生:6可以分成2和4,2+8=10,10+4=14;8可以分成4和4,6+4=10,10+4=14。

教师:我们是用“凑十法”计算20以内的进位加法的。小朋友们,我们带着刚刚梳理出的知识和方法一起去完成下面的练习。

点评

数的组成和分解是运算的好帮手，其中10的组成与分解是20以内加减法的基石。学生在计算20以内加减法时，需要尝试去说明是如何计算的，在说明的过程鼓励他们借助小棒、计数器、数线等。

二、巩固练习

1.进一步巩固20以内数的认识。

(1)出示练习十五第1题。

教师：你能用相应的数字宝宝表示出图片中的数量吗？

学生独立完成看图写数。

教师：第一幅图片中的9，我们在数的过程中，如何保证不数多，不数漏呢？

学生口答一边数一边做符号，并展示自己的作品。

教师：你能说一说图片3和图片4的“2颗珠子”各自在什么位置吗？分别表示什么意思？

学生口答，说出2颗珠子的位置和分别表示的意义。

(2)出示练习十五第4题。

学生独立完成后，请一位学生说答案，其余学生一起用手势判断。

点评

复习数的组成以及位置值的相关内容，要明确个位、十位上的数表示的意义。

(3)出示练习十五第3题。

教师：题目要求有填、圈，圈什么呀？

学生：圈出戴发箍的同学前面的小朋友和后面的小朋友。

教师读题，学生一起完成。数数时，一边数一边做符号。

教师：戴发箍的女生排在第3个，这里的3表示什么意思？

学生：从前往后数的第3人。

点评

该环节通过圈一圈戴发箍女生前后小朋友个数，以及说一说第3个的3表示的意思，让学生回顾数不仅可以表示数量，还可以表示顺序。

2.进一步巩固上下，左右。

出示练习十五第5题。

教师读题，学生独立完成，一起核对答案，学生用手势做出判断。

教师：为什么“将”一会儿在左边，一会儿又在右边呢？

学生：因为“将”先和“炮”比，它在“炮”的左边；然后“将”又和“象”比，它在“象”的右边。

教师：你还能用上、下、左、右或中间来描述其他象棋的位置吗？说清楚谁在谁的哪一边。

点评

通过语言描述象棋的位置关系，巩固对上下、左右的理解，并在学生交流的时候，用为什么一会儿在左边、一会儿在右边类似问题，引导学生关注是谁和谁在比，体现位置的相对性。

三、课堂小结

教师：通过今天的复习，你有什么收获？

学生：……

（四川省成都市东城根街小学　黄兰香）

第5课时 总复习(5)

教学内容

教科书第105~106页练习十五第7~11题及思考题。

教学目标

1. 复习20以内的不进位加法和不退位减法的口算和混合运算及算理;复习比较大小的方法。

2. 能在具体情境中,理解加减法的含义,经历解决简单数学问题的过程,解决涉及加或减关系的简单数学问题。

3. 学会用数学的眼光看待生活中的数学问题,学会解决问题的方法和策略。

4. 感受数学与生活的联系,提高提出问题、分析问题、解决问题的能力。

教学重难点

教学重点:能结合图、情境感知加减法模型,理解加减法含义。

教学难点:理解加减法含义并解决较复杂的数学问题。

教学准备

多媒体课件。

教学过程

一、游戏引入,回顾旧知

教师:孩子们,还记得我们之前玩过的"不说它就是它"的游戏吗?今天我们一起再来玩一次这个游戏。老师这里有一个算式"6+8",你觉得它能解决什么问题呢?看谁说的既正确又完整。

学生回答。

教师:孩子们说得真好!那关于加减法,我们学习了那么多知识,你能给同学说说都有哪些知识吗?

学生相互补充回答(包括算法、算理等)。

教师:大家真是会思考的孩子,不仅会思考,而且善总结。既然大家都有这么多的本领,我们来挑战一下看谁算得又快又准。(出示练习题)

学生计算并订正。

点评

游戏导入环节符合一年级学生的认知规律和年龄特征，从逆向角度促进学生对于加减法模型的感悟，会思考，会用语言表达，以此践行核心素养统领下的“三会”目标。

二、进一步回顾加减法与感悟

1.回顾一步加减法计算的算理及算法。

教师：刚刚大家对于加减法的正确计算都没问题，那谁能说说“2+7”你是怎么算的？

学生结合计数单位说清计算过程。（注意言语表达的规范，可以全班再说一遍）

2.回顾混合运算的计算顺序和算法。

教师：刚刚是加法的一步计算，那混合计算也是这样算的吗？我们来看看这个算式（出示“3+7+5”），又是怎么算呢？

引导学生思考和表达，感悟混合运算也是计数单位的累加与递减。

教师：加减混合运算的计算顺序是什么呢？你能举个例子说明吗？学生可以借助上下车的情境来说明。

点评

数学来源于生活，计算的模型主要依托于实际情境。通过关联一步计算与多步计算，引导学生感悟计算的本质是计数单位的累加、递减，体现计算一致性，并借助学生能够接触到的实际情境，再次强化加减法的意义。

3.寻找生活情境中的加减法（看图说话）。

找一找图中的加减法。

出示练习十五第10题情境图。

教师：看来在我们生活中藏着很多加减法算式宝宝，那看看这一幅图，你找到了哪些数学信息？能不能完整大声地和大家说一说。

学生回答略。

（评价语：你有一双会观察的眼睛，而且你的数学表达特别完整，为你点赞！）

教师：刚刚同学找到了两幅图里的数学信息，你能看懂这两幅图要解决什么问题吗？你是怎么看懂的呢？

引导学生读懂问题,体会加减法模型及其含义。

学生1:篮子里有7个苹果,篮子外有4个苹果,一共有多少个苹果?

学生2:一共有16支笔,一个盒子里有6支,另一个盒子里有几支?

教师:那这两个问题可以怎么解决呢?

学生:第一个列式为4+7=11(个),第二个列式为16-6=10(支)。

教师:这两道题为什么这么算呢?

引导学生说出把两个数合并起来,用加法计算;知道总数和一部分数,求另一部分数,用减法计算。

教师:是的,我们在分析时要学会读懂问题最终在求什么,这里的"?"就是在悄悄告诉我们,我们不知道的是什么。

点评

从纯数学学习角度的"会算"到链接生活的"会利用算式解决问题",让学生经历数学学习的具象化与抽象化过程,落实计算技能的同时,也发展了学生的应用意识。

4.自主提问并分类,加深加减法意义的理解。

出示练习十五第11题的图。

教师:刚刚大家已经能够看图并能用数学语言表达和解决问题了。现在看看这幅图,你又知道了什么?这次你能自己提出问题吗?

教师简单板书学生提出的问题。

教师:刚刚大家提出这么多问题,现在老师想考考大家,你能给这些问题分分类吗?同桌间交流:你是怎么分的?

引导学生从加法、减法两个角度进行自主提问,进一步加深对两种模型的理解,并从分类角度对应感悟加减法意义。

点评

这一环节鼓励学生从不同的角度去观察图,获取数学信息,从而得到不同意义下的问题解决,并结合分类的知识进行跨领域综合学习。学生已经具备加减法计算和分类的知识经验,而这一环节进行知识融合,旨在引导学生综合思考,多角度促进其对加减法意义的理解。

5.掌握多角度比较数的大小。

教师:看来大家已经能熟练解决加减法的问题了,有两个算式正在为谁大谁小争得面红耳赤,我们一起去看看吧!

出示:4+1 ◯ 4−1。

教师:聪明的你能帮帮忙吗? 你是怎么比较的呢?

学生:我通过计算,发现左边等于5,右边等于3,5>3,所以这里填">"。

教师:你能结合刚刚复习的知识解决这个问题,而且表达得既清楚又完整,真棒!">"可是谁大,开口朝谁笑哦。

教师:还有不同的方法吗?

学生:我觉得也可以不用计算。这两个算式中都有4,左边是4+1,右边是4−1,我们知道加法会变得越来越多,所以左边大于右边。

教师:谁听明白了她的意思?

学生复述解释。

教师:你能从加减法意义来说明它们的关系,太了不起了! 看来解决问题的路有很多,我们要多去探索。

教师:刚刚我们比较了算式的大小,有三只小狗觉得大家都特别厉害,所以它们打算考考你们,有信心接受挑战吗?(激发兴趣)

出示练习十五第9题图。

教师:它们想请大家比较谁的家最近? 在解决这个问题前,老师有一个问题,它们的家都在哪儿啊?

学生上去指,进一步明确要比较的对象。

教师:怎么比较呢?

学生1:我们先数出每一只小狗家有这样的几格,然后比较。

全班一起数并比较。引导学生做好标注,从左往右数。

教师手指(一条线):观察这三条路,你发现什么了?

学生:这三条路都把这一条格子占满了(学生用自己的话说即可),但还有剩余的部分,我们比较剩余部分就好了。

教师(表疑惑):咦? 他是什么意思呢? 谁能边指边说?

引导学生明白这里有相同的部分,比较时可以比较其不同的部分。

教师:刚刚在比较算式大小和路长短的过程中,它们有没有什么相同点呢?

引导学生结合比较"同"与"不同"来小结。

教师:哇! 大家能想到这么多的办法进行比较,既能比较算式的大小,还能帮小狗判断哪条路更长,真厉害!

点评

这一环节重点体现多角度比较大小、长短，发散学生的思维。方法一具有普适性，本环节的生长点就是方法的多样化思考，让学优生或中上水平的学生能结合同与不同比较大小。不管是算式大小还是路的长短，学生都能体会比较的方法是多样的，进而发展学生的数感和运算能力。

三、回顾提升，巩固练习

1. 回顾课堂。

教师：我们一起回顾这节课学了什么？

2. 完成练习十五第8题。

学生独立完成，集体订正。

教师布置课后作业：思考第106页思考题，可以画一画、写一写。

点评

课后小结通过知识和方法两条学习路线升华本节课学习过程，通过总结让学生形成学习的闭环；同时结合即时的练习，让学生在掌握基本技能的同时进一步促进方法的理解。这节课是在学生学完本期所有知识基础上进行的，利用学生已有的学习经验，为学生提供具有趣味性的广阔学习空间。通过层层递进的教学环节，更加系统地将减法计算的意义、算理、算法融于一体，综合所学，让学生能够初步感悟知识的结构化；通过跨领域的知识复习，让学生综合运用所学知识，促进学生的深度学习。这节课的目标不仅仅停留在回顾旧知，更多体现方法的理解和知识的结构化，从而落实学生核心素养的发展。

（四川省成都市东城根街小学 景玲玲）